Wilson **Tanz der Teufel**

Colin Wilson

Tanz der Teufel

Scharlatane
Gurus
Sektenführer

Aus dem Englischen von Almuth Reich

Diederichs

Die Originalausgabe erschien unter dem Titel
The Devil's Party – A History of Charlatan Messiahs
bei Virgin Publishing Ltd, London

Die Deutsche Bibliothek – CIP-Einheitsaufnahme
Wilson, Colin:
Tanz der Teufel : Scharlatane, Gurus, Sektenführer / Colin Wilson.
Aus dem Engl. von Almuth Reich. – Kreuzlingen ; München :
Hugendubel, 2001
(Diederichs)
Einheitssacht.: The devil's party <dt.>
ISBN 3-7205-2260-1

Textredaktion: Alice Grünfelder, Berlin
Umschlaggestaltung: Zembsch'Werkstatt, München
Produktion: Maximiliane Seidl
Satz: EDV-Fotosatz Huber/Verlagsservice G. Pfeifer, Germering
Druck und Bindung: GGP Media, Pößneck
Printed in Germany

ISBN 3-7205-2260-1

Inhalt

Einleitung

Am Morgen des 20. März 1995, kurz nach sieben Uhr, spürten die Passagiere der U-Bahn in Tokio plötzlich ein immer stärker werdendes Kratzen in der Kehle und ein Brennen in Augen und Nase; bald darauf war die Luft von einem stechenden Geruch nach Senf und brennendem Gummi erfüllt. Innerhalb weniger Minuten würgten Dutzende von Menschen und brachen zusammen.

Dies ereignete sich gleichzeitig in zahlreichen U-Bahnhöfen der japanischen Metropole, aber niemand wusste zu dem Zeitpunkt, was die Ursache war. Eine Armada von Krankenwagen lieferte keuchende oder bewusstlose Fahrgäste in die Krankenhäuser ein – die Zahl der Verletzten stieg letztendlich auf 5 500 an. Viele schienen gelähmt zu sein; für ein Dutzend Menschen kam schließlich jede Hilfe zu spät. Doch erst Stunden später wagte ein Militärarzt eine vorsichtige Diagnose: Er meinte, die Opfer würden an einer Vergiftung durch das Nervengas Sarin leiden – ein Stoff, den die Nationalsozialisten in ihren Todeslagern verwendet hatten.

Schon bald hatte die Polizei einen dringenden Verdacht, wer die Schuld an der Katastrophe trug: eine sehr reiche religiöse Sekte namens Aum Shinrikyo, das bedeutet »Aum Höchste Wahrheit«, angeführt von einem 40-jährigen Guru, der sich Shoko Asahara nannte. In den vergangenen sechs Monaten hatte die Polizei zahlreiche Anrufe erhalten, in denen dieser Gruppe Betrug, Entführungen und andere Brutalitäten zur Last gelegt worden waren. Vor einem Monat hatten sich die Dinge zugespitzt, als der 68-jährige Rechtsanwalt Kiyoshi Kariya auf offener Straße von vier kräftigen

Männern in einen Lieferwagen gezerrt und gekidnappt worden war. Kariyas Schwester hatte der Sekte angehört, sich der Gruppe aber durch Flucht entzogen. Daraufhin hatte Kariya einen Drohanruf erhalten mit der Aufforderung, ihren Aufenthaltsort zu nennen. Nach der Entführung des Rechtsanwalts fand sein Sohn einen Zettel mit der Nachricht: »Falls ich spurlos verschwinde, bin ich von Aum Shinrikyo entführt worden.« Die Polizei leitete zwar eine Untersuchung ein, konnte Kariya aber weder tot noch lebendig aufspüren.

Nun war Aum Shinrikyo endgültig zum Hauptverdächtigen des Giftgasanschlags geworden. Trotz Protesten seiner Gruppe mit dem Tenor »Unsere religiösen Aktivitäten bewegen sich auf der Basis der buddhistischen Lehre, die sich gegen das Töten ausspricht« stürmten Einheiten der Polizei Asaharas Hauptquartier am Fuß des Fujiyama. Die meisten Sektenmitglieder waren jedoch verschwunden und mit ihnen kistenweise Dokumente. Die Beamten fanden ein großes Lager mit Chemikalien wie Natriumzyanid und Pepton zum Züchten von Bakterien. Doch die Sprecher der Sekte bestanden hartnäckig darauf, dass diese Dinge ausschließlich für friedliche Zwecke verwendet würden. Dann wurde am 23. April Hideo Murai, der leitende Wissenschaftler der Gruppe, vor einer Ansammlung von Reportern und laufenden Kameras ermordet. Ein bis dahin unbedeutender Kleinkrimineller namens Hiroyuki Jo stach ihn mehrmals in den Bauch und fragte dann provokativ: »Will mich denn niemand verhaften?« Die Polizei kam der Aufforderung unverzüglich nach.

Aber wo war der Guru? Asahara war spurlos verschwunden. Am 5. Mai, zwei Monate nach der Sarinattacke, wurde im Tokioter Bahnhof Shinjuku eine herrenlose, brennende Tasche gefunden. Noch ehe umsichtige Angestellte der Verkehrsbetriebe die Flammen löschen konnten, stieg beißender Rauch aus der Tasche auf. Im Nachhinein stellte die Polizei fest, dass es sich dabei um Wasserstoffzyanid handelte, das tödliche Gas, das die Nazis als Zyklon B bezeichnet hatten. Es konnte gerade noch rechtzeitig verhindert werden, dass dieses Gift von den Ventilatoren aufgesaugt und auf die Bahnsteige geblasen wurde.

Einer der Hauptverdächtigen war dieses Mal Yoshihiro Inoue, ein junger Anhänger der Aum-Sekte und der »Geheimdienst-Chef« des Gurus. Er wurde in einem Wagen festgenommen, in dem sich Chemikalien zur Herstellung hochexplosiver Stoffe befanden. Dies entlarvte die Beteuerungen der Sekte, sie setze sich ausschließlich für Liebe und Frieden ein, endgültig als Unwahrheit. Am 16. Mai durchsuchte die Polizei ein weiteres Mal das Hauptquartier beim Fujiyama; dieses Mal wurde ein geheimer Raum entdeckt, in dem ein bärtiger Mann in Meditationsstellung auf dem Boden saß. »Ich bin der Guru«, bekannte er. »Berührt mich nicht. Ich erlaube nicht einmal meinen Anhängern, mich zu berühren.«

Die Gerichtsverhandlung nach Asaharas Verhaftung verfolgte ich anhand der Presseberichte, die mir mein japanischer Literaturagent schickte. Einige Wochen vor dem Giftgasanschlag waren meine Frau und ich selbst noch am Bahnhof Shinjuku aus einem Zug gestiegen und hatten ganz in der Nähe in einem netten kleinen Restaurant gegessen – wir konnten uns also die Szene an jenem Märzmorgen lebhaft vorstellen. Doch der Prozess, der mit Asaharas Verurteilung wegen Mordes endete, konnte die Frage nicht beantworten: Weshalb hatte eine wohlhabende, ständig expandierende Sekte beschlossen, Massenmord zu begehen?

Asahara, der mit bürgerlichem Namen Chizuo Matsumoto hieß, war von Geburt an auf einem Auge blind und auf dem anderen sehbehindert. Er war in armen Verhältnissen aufgewachsen, aber als hervorragender Schüler aufgefallen. Eines seiner Lebensziele war gewesen, ein radikaler Politiker wie Mao Tse-tung zu werden, doch dann begann er zu meditieren und behauptete, spüren zu können, wie die Kundalini-Kraft in seiner Wirbelsäule emporsteige. Die achtziger Jahre in Japan waren in etwa mit den Sechzigern in Europa und Amerika vergleichbar – eine Ära, die Asaharas Biografen* als »die große Stunde der Götter« bezeichneten. Asahara gründete eine Yogaschule, die so gut lief, dass er gleich weitere eröffnete. Dann ging er zum Meditieren in den Himalaya und ließ sich dort mit dem Dalai Lama fotografieren, der

* David E. Kaplan und Andrew Marshall, *Aum – eine Sekte greift nach der Welt*, 1996.

zu ihm sagte, er habe den Geist eines Buddha. Nach Asaharas Verhaftung war dem Dalai Lama diese Bemerkung allerdings äußerst peinlich. Dort, so Asahara, habe er die Erleuchtung und übersinnliche Kräfte erlangt.

Zurück in Tokio änderte er den Namen seiner Yogaschulen in »Aum Höchste Wahrheit« (»Om« oder »Aum« ist die Hindu-Silbe, die während des Meditierens gesprochen wird) und war schon bald von Hunderten Jüngern umgeben. Da er ihnen versicherte, große Bargeldspenden würden ihre Erleuchtung beschleunigen, wurde er bald ein reicher Mann. Hoch begabte Studenten der Tokioter Universitäten schlossen sich seiner Sekte an. Einer dieser jungen Männer, Hideo Murai, entwickelte eine Art Kopfbedeckung mit Elektroden, die zu höherem Bewusstsein verhelfen sollte. Außerdem erfand Murai einen so genannten »Astral-Teleporter«.

Wenn jemand die Gruppe verlassen wollte, steigerte sich Asahara jedoch in eine Art Wahn hinein. Als ein Anhänger ankündigte, aus der Sekte austreten zu wollen, sagte man ihm, er brauche dringend materielle und psychologische Hilfe und müsse große Mengen Eiswasser trinken. Davon bekam er einen Schock und starb. Ein anderer desillusionierter Jünger, Shuji Taguchi, wurde einfach erwürgt und seine Leiche verbrannt. Einem dritten wurde nach der Rückkehr zu seiner Familie mit einem Hammer der Schädel eingeschlagen; auch seine Frau und sein Kind wurden von Angehörigen der Sekte getötet.

Asahara praktizierte Sex mit ausgewählten Anhängerinnen, die er absolute Verschwiegenheit schwören ließ. Seine Jünger mussten sich jedoch zu sexueller Enthaltsamkeit verpflichten – wie es auch bei so manchem anderen falschen Messias der Fall war.

In den neunziger Jahren verbreitete sich die Aum-Sekte weltweit. Wahrscheinlich hat es seit Ron Hubbards Scientology keine dermaßen erfolgreiche Sekte mehr gegeben. Vor allem in der postkommunistischen Sowjetunion stieß die japanische Sekte auf große Sympathien, und ihre Verbreitung in Russland dauert bis zum heutigen Tage an.

Sein weltweiter Erfolg verführte Asahara zum Griff nach der Weltmacht. 1993 befahl er seinem »Chefingenieur« Kiyohide Hayakawa, er solle versuchen, eine Atombombe zu kaufen. Als dies misslang, wollte die Gruppe ein großes Stück Land mit Uranvorkommen in der Nähe von Tokio erwerben. Doch auch dies scheiterte, und so beschloss man, in Australien Land zu kaufen, und zwar mehrere hunderttausend Hektar Buschland, das unter der Bezeichnung Banjawarn Station bekannt war. Die Gruppe bezahlte dafür 400 000 Dollar in bar und weitere 110 000 Dollar für Bergbaurechte. Auf diesem Gelände begann sie mit Nervengastests an Schafen; die australische Polizei fand später die Skelette der Tiere.

Im Lauf des Jahres 1994 reiste Hayakawa achtmal nach Russland, um einen atomaren Sprengkopf zu kaufen.

Wie es scheint, nahm mit steigendem Erfolg der Sekte auch die Paranoia ihrer Mitglieder zu. Das mag zunächst seltsam erscheinen, doch im weiteren Verlauf dieses Buches werden wir immer wieder auf dieses Phänomen stoßen. Im Falle der Aum-Sekte stieg die Paranoia sprunghaft an, nachdem die japanische Polizei sich für das Verschwinden von Kiyoshi Kariya zu interessieren begann, und diese »Verfolgung« ihrerseits scheint schließlich der entscheidende Auslöser für den Sarinanschlag in der Tokioter U-Bahn gewesen zu sein. Natürlich war er absolut sinnlos, denn welchen Grund könnte es dafür geben, Hunderte von Menschen in der U-Bahn zu vergasen? Aber eine solche Gewalttätigkeit musste zwangsläufig zu jener Art von Gegenreaktion führen, die auch schon viele andere Sekten zerstört hatte.

Falsche Erlöserfiguren werden von zwei grundlegenden Bedürfnissen getrieben: Sex und Macht. Natürlich gibt es auf dieser Welt wahrscheinlich nur wenige Menschen, für die dies nicht mehr oder weniger zutrifft. Doch wenn diese Bedürfnisse gewisse Grenzen überschreiten, scheinen sie normalen Naturgesetzen nicht mehr zu unterliegen – etwa wie überhitzte Gase, die sich anders verhalten als Gase bei gewöhnlichen Temperaturen. Daraus resultiert dann eine Aktion wie der Anschlag auf die U-Bahn in Tokio oder die Massenselbstmorde in Jonestown oder Waco, Texas.

Beginnen wir mit der ersten dieser beiden potenziell explosiven Kräfte, dem Sex. Und weil nichts langweiliger ist, als zu versuchen, über Sex abstrakt zu diskutieren, möchte ich ganz persönlich darüber sprechen.

Zur Zeit meines eigenen sexuellen Erwachens, zu Beginn meiner Jugendzeit, war schon allein die Intensität des Geschlechtstriebs ein permanentes Problem für mich. Ich fühlte mich wie der Mann in dem Witz, der seinen Penis ans Bein binden muss, um nicht ständig mit einer »ausgebeulten« Hose herumzulaufen. Selbst der Anblick einer Schaufensterpuppe in Unterwäsche oder Dessous an einer Wäscheleine reichten schon aus, mir einen kräftigen Adrenalinstoß zu versetzen.

Als ich etwa zwölf Jahre alt war, kam eines Tages ein Mädchen mit dem Rad um eine Ecke gefahren, und in diesem Augenblick blies der Wind ihr den Rock hoch und gab den Blick auf ein blaues Höschen frei. Sie lächelte amüsiert und schämte sich offenbar überhaupt nicht, doch für mich war diese Szene wie ein Hieb in die Magengrube. Noch Wochen später sah ich dieses Bild immer wieder vor mir, und es erschien mir unfair, dass Gott so unendlich verführerische Geschöpfe in die Welt setzte, die aber nur für ältere Männer reserviert waren. Was sollten denn all die sexbesessenen zwölfjährigen Jungen tun?

Mein Hunger nach Sex sollte noch viele Jahre ungestillt bleiben – bis ich fast neunzehn war. Und obwohl ich mich zu einem »Intellektuellen« entwickelte und mich ständig mit Literatur, Wissenschaften und später Philosophie befasste und große Freude daraus zog, bildete dieses grundlegende Verlangen nach Sex eine Basis zu allem, was ich las oder dachte.

Aber auf den wichtigsten Punkt bin ich noch gar nicht zu sprechen gekommen.

Mein erstes sexuelles Erlebnis entsprach ganz und gar nicht den aufregenden Tagträumen der frühen Jugendzeit. Da war keine intensive Ekstase, kein überwältigendes Gefühl totaler Erfüllung. Sie war ein Mädchen aus einem Armenviertel meiner Heimatstadt, und sie starrte mich voller Bewunderung an, während ich auf dem Jahrmarkt Karten für einen Glücksspielapparat verkaufte. Als ich sie fragte, ob sie eine kaufen wolle, fragte sie mich, ob ich mich verkaufen wolle. Ich war achtzehn, sie war vierzehn Jahre alt. Sie übernahm beim Sex die Initiative – ich war zu schüchtern und verklemmt. Bei unserem zweiten Treffen machte sie mir den Reißverschluss auf und überprüfte mit kritischem Blick meine Erektion. Und zwei Tage darauf gab sie mir auf einem Feld zu verstehen, ich solle mich auf den Rücken legen, dann zog sie ihr Höschen aus, senkte sich ganz langsam und vor Schmerzen keuchend auf mich und begann, sich auf und ab zu bewegen. Schon nach einigen Sekunden musste ich sie bitten herunterzusteigen.

Wir liebten uns an diesem Tag noch ungefähr sechsmal, und was mich erstaunte, war das Fehlen jeglicher Ekstase oder enthüllender Offenbarung. Und als wir abends die Landstraße entlang zur Bushaltestelle zurückspazierten, fühlte ich eine seltsame Erleichterung darüber, dass alles so gewöhnlich und unspektakulär verlaufen war. Auf einmal war mir vollkommen klar, dass Sex eine Illusion war.

Aber obwohl es fast wie eine plötzliche Enttäuschung gewesen war, sie von der Taille abwärts nackt zu sehen – sobald sie ihren Rock wieder anhatte, war der Wunsch zu sehen, was sich darunter »verbarg«, so stark wie eh und je. Die Illusion entstand einfach aufs Neue. Und eines Abends, als wir uns in einem Haus, wo wir zum Babysitten waren, geliebt hatten und ich mich danach absolut wunschlos glücklich fühlte – was fast einer neuen Erfahrung entsprach –, bemerkte ich, dass sich sofort wieder Begierde einstellte, nachdem sie ein fleischfarbenes Höschen angezogen hatte.

Durch Erfahrungen wie diese lernte ich, dass Sex eine Art Betrug oder Hochstapelei ist. Beim bloßen Anblick eines Mädchens in Unterwäsche reagierte ich wie ein pawlowscher Hund, *aber dennoch ließ sich dieser Wunsch nicht befriedigen*. Sie auszuziehen und mit ihr zu schlafen bot keine Lösung, denn die lag anderswo. Der kurze Blick auf das Mädchen mit dem Fahrrad, dessen Rock vom Wind hochgehoben wurde, war wesentlich aufregender.

Es kam mir vor, als sei die Rolle des Mannes mehr oder weniger die eines Prinzen, der sich in die Tochter eines Zauberers verliebt, und jedes Mal, wenn er sie in eine Ecke drängen kann und versucht, ihr einen Kuss abzuringen, verwandelt sie sich in eine hässliche, schielende Dienstmagd. Schließlich überredet er ihren Vater, ihrer Hochzeit zuzustimmen. Doch nachdem er in der Hochzeitsnacht das Licht ausgeschaltet hat, ergreift ihn ein plötzlicher Verdacht, und er schaltet es wieder ein. Und der Wächter vor der Tür hört, wie er ruft: »Oh nein, nicht du schon wieder!«

Dies war, zumindest meinem Gefühl nach, eine zutreffende Einschätzung der Wahrheit über Sex. Aus eben diesem Grunde schrieb der römische Arzt Calenus: »Post coitum omne animal triste est« (nach dem Sex ist jedes Tier traurig). Wir haben das vage Gefühl, angeschwindelt worden zu sein – als hätte jemand den Goldbarren gegen einen aus Blei vertauscht. Doch wir haben keine Ahnung, wie er es bewerkstelligte. Aus diesem Grunde beneidete ich nach meiner ersten Affäre auch nie mehr berühmte Liebhaber wie Casanova oder Don Juan: Ich hatte einfach erkannt, dass der hauptsächliche Unterschied zwischen ihnen und mir war, dass sie öfter angeschwindelt worden waren. Ein vernünftiger Mensch kommt mit diesem Umstand natürlich so gut zurecht wie mit den Gebühren, die er der Bank für den Umtausch von Geld in ausländische Währung zahlen muss. Außerdem geht es bei der Liebe nicht nur um Sex, sondern auch um Zärtlichkeit, Schutz und gegenseitige Zuneigung. Später sollte ich lernen, dass eine Frau und Kinder mehr sind als ein vollwertiger Ersatz dafür, dass man das Mädchen auf dem Fahrrad nicht haben kann. Auch eine Portion Realismus ist hilfreich – zu erkennen, dass dieses Mädchen nie existierte und auch nie existieren kann.

Was mich immer fasziniert hat, ist die Frage, was geschieht, wenn Männer sich weigern, diese Tatsache anzuerkennen, und diesem Phantom mit einem Schmetterlingsnetz hinterherjagen. Das klingt absurd, denn nur ein Dummkopf würde einen solchen Versuch unternehmen. Aber das ist es nicht. Und wenn wir begreifen, weshalb es nicht absurd ist, können wir auch den eigenartigen Wahnsinn verstehen, von dem so viele »Erlöser« getrieben werden, und weshalb so viele von ihnen im Sex eine Form des Heils sehen.

Noch eigenartiger ist die Tatsache, dass die sexuelle Fantasie, die Selbstbefriedigung sogar eine noch größere Intensität erreichen kann als das Zusammensein mit einem physischen Partner. Im Zeitalter des Viktorianismus lernten Ingenieure, überhitzten Dampf zu erzeugen, und die Pornografen jener Ära schafften es, so etwas wie »überhitzten Sex« zu kreieren. Der Blasebalg, der das Feuer zur Weißglut bringt, heißt »das Verbotene«. Der Marquis de Sade, der in der Pariser Bastille gefangen gehalten wurde und keine Möglichkeit hatte, sich lebendig zu fühlen, außer damit, seine Fantasien bis zum Äußersten zu treiben, war der Erste, der in einem umfangreichen Werk mit dem Titel »Die hundertzwanzig Tage von Sodom« jede Form des verbotenen Sex aufzählte: Inzest, Pädophilie, Sodomie, Folter, ja sogar Mord.

Sexuelle Perversionen können eine größere Intensität erreichen als »normaler« Sex. Allerdings haben sie auch gefährliche Nebeneffekte. Sie machen ebenso abhängig wie Heroin und führen zu einer langsamen Vergiftung, zu einer Form sexuellen Wahnsinns.

Vor einigen Jahren begann ich einen Briefwechsel mit einem amerikanischen Serienmörder namens Danny Rolling und schrieb eine Einleitung zu seiner Autobiografie »Wie ein Serienmörder entsteht«. Als Kind wurde Rolling von einem Freund dazu animiert, Frauen heimlich beim Ausziehen zuzusehen. Als er dabei erwischt wurde, kam es zum Zerwürfnis mit seinem Vater, einem selbstgefälligen, brutalen Schlägertypen. Noch im Teenageralter musste er als Soldat nach Vietnam, wurde aber wegen Drogenkonsums unehrenhaft aus der Armee entlassen. Dadurch verschlimmerte sich die Beziehung zu seinem Vater, der ein Kriegsheld gewesen war, noch mehr. In der Folgezeit erlebte Rolling eine religiöse Bekehrung und heiratete wenig später eine Angehörige seiner Religionsgemeinschaft. Doch als er erneut dabei erwischt wurde, wie er Frauen heimlich beim Ausziehen beobachtete, ließ seine Frau sich scheiden. An dem Tag, als ihm die Scheidungspapiere ausgehändigt wurden, beging er seinen ersten sexuell motivierten Überfall: Er brach in das Haus einer jungen Frau ein und vergewaltigte sie. Aber am nächsten Tag tat es ihm so Leid, dass er sie aufsuchen und sich entschuldigen wollte. Als er jedoch zwei kräftige, grimmig aussehende Männer aus ihrem Haus kommen sah, ließ er von seinem Vorhaben ab. Bald darauf beging er seinen ersten bewaffneten Raubüberfall, der ihn ins Gefängnis brachte. Die Brutalität dort ließ ihn weiter verhärten.

Wieder in Freiheit verspürte er den Zwang, eine Frau zu vergewaltigen. Er gibt zu, dass das, was ihm dabei am besten gefiel, die Kapitulation des verschreckten Mädchens war; er erlebte sie als eine Genugtuung. Zu Hause verbrachte er seine Abende damit, ein hübsches Model namens Julie Grissom durch das Schlafzimmerfenster zu beobachten. Doch an dem Tag, als er wegen zu häufigen Fehlens seine Stellung verlor, reagierte er wie beim Empfang seiner Scheidungspapiere: Er brach in das Haus der Frau ein, bedrohte ihren Vater und ihren achtjährigen Neffen mit einer Schusswaffe, fesselte die beiden und vergewaltigte Julie Grissom. Danach erstach er alle drei.

Von diesem Punkt an kam es zu einer eigenartigen Entwicklung. Rolling gelangte zu der Überzeugung, von zwei Dämonen besessen zu sein, einem Vergewaltiger und einem Mörder. Es klingt wie eine typische Entschuldigung, doch er teilte mir dies schriftlich mit und beschrieb es auch in seiner Autobiografie; deshalb zweifle ich nicht daran, dass er die Wahrheit schildert, jedenfalls so, wie er sie sieht. Mit einer Lüge hätte er ohnehin nichts erreichen können: Er saß in einer Todeszelle in Florida, als er mir das schrieb.

Nach dem dreifachen Mord reiste er im Land herum, schlug sich mit Einbrüchen durch und vergewaltigte noch mehr Frauen. Im August 1990 kam es schließlich zu einer Orgie der Gewalt auf dem Gelände der Universität von Florida in Gainesville die zur panischen Flucht von entsetzten Studenten führte. Die Opfer waren vier Studentinnen und ein männlicher Kommilitone – Rolling erstach ihn, nur weil er sich zufällig in derselben Wohnung aufhielt wie eines der weiblichen Opfer.

Bald darauf wurde er beim Überfall auf ein Lebensmittelgeschäft festgenommen. Eine Blutprobe ergab, dass er der Serienmörder von Gainesville war.

Danny Rollings Werdegang ist ein Beispiel dafür, was ich mit dem Phantom im Schmetterlingsnetz meine. Als Voyeur im Teenageralter hegte er übergroße Erwartungen an Sex. Seine Ehe empfand er als unbefriedigend, Befriedigung fand er schließlich durch Vergewaltigung und das Gefühl der Macht, das er dabei spürte. Von diesem Zeitpunkt an konnte ihn nur noch »überhitzter« Sex wirklich befriedigen.

Rollings sexuelle Gewalttätigkeit entwickelte sich nie zu tatsächlichem Sadismus, doch vermutlich nur deshalb, weil er kaum ein Jahr nach dem Beginn seiner Verbrecherlaufbahn gefangen genommen wurde. Die meisten gewohnheitsmäßigen Sexmörder werden immer sadistischer. Der 1989 hingerichtete Ted Bundy begann seine »Karriere« ebenfalls als Spanner und Pornografie-Konsument. Der nächste Schritt war bei ihm, dass er in die Wohnungen von Frauen, die er beobachtet hatte, einbrach und sie entführte. Ermordet hatte er seine Opfer nach der Nacht, in der er sie vergewaltigte. Bundys Freundinnen sagten später aus, er habe zunehmend ein Bedürfnis entwickelt, sie vor dem Sex zu fesseln – er wollte, dass sie wie hilflose Opfer aussahen. Bundy wurde gefasst, nachdem er in vier Jahren mehr als zwei Dutzend Morde verübt hatte (die Polizei ging sogar davon aus, dass die tatsächliche Zahl seiner Opfer fast doppelt so hoch lag). Bei seinem letzten Geständnis gab er zu, er könne nicht beschreiben, was er dem Opfer, einem zwölfjährigen Mädchen, angetan hatte, weil es zu grausam gewesen sei.

Hier haben wir einen Hinweis darauf, was selbst ernannte »Erlöser« zu immer wahnsinnigeren Verhaltensweisen treibt, mit denen sie die Katastrophe geradezu herbeizuführen scheinen. Der Kick ist die Illusion. Und den psychologischen Kick, der in Rolling und Bundy von der totalen Macht über eine zu Tode verängstigte Frau ausgelöst wird, erhält ein falscher Messias durch die Macht über seine Jünger.

»Überhitzter Sex« ist also nur eine Zutat in diesem Giftcocktail. Noch suchterzeugender ist die Gier nach Macht. Für Danny Rolling war es nicht nur wichtig, seine Opfer zu vergewaltigen – er zwang sie dabei auch noch, ständig Sätze wie »Mach es noch fester, Daddy« zu wiederholen. Täter wie er versuchen, Realität in ihre Fantasien hineinzuchoreografieren.

An dieser Stelle muss ich die Erklärung einfügen, dass sich in jeder Gruppe tierischer – also auch menschlicher – Lebewesen fünf

Prozent der Mitglieder »dominant« verhalten. Das erfuhr ich erstmals von dem Schriftsteller Robert Ardrey; er erzählte mir, eines der am besten gehüteten Geheimnisse während des Koreakrieges sei gewesen, dass keine amerikanischen Kriegsgefangenen flüchteten. Der Grund dafür wurde erst nach dem Krieg bekannt: Anstatt die Amerikaner alle zusammen in einem Lager zu internieren, beobachteten die Chinesen die Gefangenen genau, sonderten alle jene aus, die Tatendrang oder Unternehmungsgeist zu haben schienen, und brachten sie in einem gesonderten Lager unter. Die Chinesen bemerkten schon bald, dass diese dominanten Männer exakt fünf Prozent der Gefangenen insgesamt ausmachten, also einer von zwanzig. Die restlichen 95 Prozent verfielen in Passivität und unternahmen keine Fluchtversuche mehr.

Offenbar war dies aber schon länger bekannt. Zoologen wissen bereits seit vielen Jahren, dass sich fünf Prozent aller Tiere dominant verhalten. Und schon als der Schriftsteller Bernard Shaw im Jahre 1900 den Forscher H. M. Stanley fragte, wie viele Männer im Falle seiner Erkrankung die Führung seiner Expedition in Afrika übernehmen könnten, antwortete dieser: »Einer von zwanzig.«

Stanley gehörte in der Tat zu einem sehr kleinen Prozentsatz, den die Zoologen als »Alphatiere« bezeichnen – Menschen, die so dominant sind, dass sie in jeder Gruppe automatisch die Führungsposition übernehmen. Wahrscheinlich machen sie wiederum fünf Prozent der dominanten fünf Prozent aus. Die meisten falschen Messias-Figuren gehören ebenfalls zu dieser Gruppe. Es wäre ein Fehler anzunehmen, dass jeder, der zu den dominanten fünf Prozent gehört, potenziell ein herausragender Mensch oder gar ein Genie ist. Vielmehr zählt zu dieser Gruppe jeder Vorarbeiter in einer Fabrik, jeder Armee-Unteroffizier oder jeder Angehörige eines professionellen Fußballteams. Die Zahl herausragender Menschen oder Genies ist hingegen wesentlich geringer – sie dürfte bei etwa 0,05 Prozent liegen.

Betrachten wir diese 0,05 Prozent näher, so entdecken wir etwas, was viele dieser Menschen vom Rest der dominanten fünf Prozent unterscheidet. Fast alle dominanten Menschen sind, wenn sie ihre Dominanz zum Ausdruck bringen wollen, auf andere Menschen angewiesen. Der Unteroffizier braucht seine Soldaten, der Schauspieler sein Publikum, der Politiker seine Wähler. Doch die 0,05 Prozent scheinen weitaus weniger von anderen Menschen abhängig zu sein. Es ist zwar richtig, dass ein Platon, Beethoven oder Einstein sich wünscht, dass seine Leistungen von den Mitmenschen anerkannt werden, aber er macht sich dennoch wesentlich mehr um die Kreativität selbst Gedanken als um seinen Ruhm. In ähnlicher Weise scheinen auch ein heiliger Franziskus oder eine heilige Theresa mehr an Gott zu denken als an andere Menschen. Solche Individuen scheinen von einer Sehnsucht nach dem Unpersönlichen beseelt zu sein.

Ich vermute, dass einige der in diesem Buch besprochenen Messias-Gestalten einen kurzen Blick auf dieses Unpersönliche werfen durften – Paul Brunton, »Bruder Zwölf«, Aleister Crowley, vielleicht sogar Asahara, der behauptete, in Indien Erleuchtung erlangt zu haben. Doch wie wir sehen werden, ziehen gerade die aus dem Status eines Gurus erwachsenden Probleme diese Menschen hin zum Verlangen nach Macht.

Dies bringt uns zu einer der eigenartigsten Manifestationen von Dominanz, zum Rechthaber. Dieser Begriff geht zurück auf den Schriftsteller A. E. van Vogt, der im selben Zusammenhang auch vom »Gewalttätigen« spricht, weil ein solcher Mensch nie und unter keinen Umständen zugeben wird, dass er im Unrecht ist. Konfrontiert man ihn mit Beweisen für sein Unrecht, wird er wütend, braust auf und schlägt zu. Van Vogt stieß auf dieses Phänomen bei seinen Studien von Scheidungsfällen, in denen der Ehemann durch ausgesprochen unfaires Verhalten aufgefallen war und seine Familie wie ein verrückt gewordener Diktator behandelt hatte. Häufig waren solche Männer ihrer Frau eklatant untreu, bekamen aber Wutanfälle, wenn sie einen anderen Mann auch nur anlächelte.

Seltsam war ferner, dass etwa Arbeitskollegen von dem paranoiden Verhalten solcher Männer absolut nichts mitbekamen; vielmehr wurden sie als freundlich und normal, ja oft genug als netter Kerl beschrieben. Nur im Kreis der Familie, wo sie absolute Kontrolle ausübten, benahmen sie sich wie Diktatoren.

Der Rechthaber leidet an einem tief verwurzelten und nagenden Minderwertigkeitsgefühl, einem Gefühl, letztlich nicht den Herausforderungen des Lebens gewachsen zu sein. Er verbirgt dies vor seiner Umgebung, indem er alles tut, um ausgeglichen und normal zu wirken. Oft erfährt er durch die Ehe zum ersten Mal wirklich, wie man sich als Eroberer fühlt, als jemand, der die Befehle gibt. Dieses Gefühl ist so berauschend, dass es zu einer Droge wird – und damit zu einer Sucht. Rechthaber sind immer wieder untreu, denn sie müssen diese Erfahrung wiederholen, so oft es geht – diese Freude, der Eroberer zu sein, noch eine und noch eine Frau zu besitzen und zu dominieren. Beim geringsten Anzeichen von Widerspruch oder Opposition von Seiten seiner Familie gerät er in Rage, denn er braucht sie, um das in der Tiefe seines Wesens verborgene Minderwertigkeitsgefühl zu besänftigen und die seltsamen Fantasien, die er sich geschaffen hat, aufrechtzuerhalten. Da aber nur wenige Frauen ihrem Gatten eine derartige Heldenverehrung angedeihen lassen, betrachtet er sie schon bald mit Zorn und Feindseligkeit. Zudem sind die Kinder in einer solchen Ehe Rivalen um die Liebe und Zuneigung seiner Frau, was er sie in der Regel spüren lässt.

Dies erklärt auch, weshalb der Rechthaber völlig in sich zusammenbricht, wenn er von seiner Frau verlassen wird, und dann nicht selten sogar Selbstmord begeht. Sie hat damit das Fundament seiner Selbsttäuschung erschüttert und seine schlimmste Befürchtung, nämlich vom Leben niedergemacht und zerstört zu werden, wieder belebt.

Wenn Rechthaber auch noch tatsächliche Macht ausüben, wie zum Beispiel Hitler, Stalin oder Mao Tse-tung, sind sie besser als irgendjemand sonst in der Lage, den Tod von Millionen Menschen anzuordnen. Das kleinste Anzeichen von Opposition – wie etwa der Widerstand der russischen Kulaken gegen die landwirtschaftliche Kollektivierung– erfüllt sie im wahrsten Sinn des Wortes mit mörderischem Zorn; dass solche Leute den Tod verdienen, ist in ihren Augen nur selbstverständlich.

Es mag eigenartig erscheinen, dass ein Mensch, der politische Macht ausüben kann, sich überhaupt auf die Selbsttäuschungen des Rechthabers stützt, die doch von einer Schwäche herrühren. Doch diese Verblendungen sind ein Teil seines Charakters. Sie entstehen aus einer Verbindung von Angst und seinem Bedürfnis nach Selbstbehauptung. Hitler begann als erfolgloser Künstler und projizierte die Schuld an seinem Scheitern auf die Juden. Sobald der Rechthaber einen Sündenbock gefunden hat, gerät er in einen Teufelskreis aus Hass und Rechtfertigung. Und hat er sich schließlich ganz seinen paranoiden Fantasien unterworfen, käme es einer Form der Selbstzerstörung gleich, wenn er ihnen abschwören würde.

Die meisten der in diesem Buch behandelten falschen Erlöser sind »Alphatiere« und Rechthaber in einer Person. Sie vereinigen in sich das Verlangen des Rechthabers nach Dominanz und die Sucht des Serienkillers nach der ultimativen sexuellen Erfüllung. Und wenn diese beiden Illusionen zusammentreffen, kann das Resultat tödlich sein.

Aber nicht weniger bizarr sind die Anhänger solcher Menschen. In der Fähigkeit der Selbsttäuschung sind die Jünger möglicherweise noch weiter fortgeschritten als ihre Meister. Sie suchen jemanden, an den sie so vorbehaltlos glauben können wie ein Heiliger an Gott und auf den sie alle ihre Sehnsüchte nach einem goldenen Zeitalter und einem Leben ohne moralische Verantwortung übertragen können.

Aus diesem Grunde beschäftigt sich dieses Buch nicht nur mit Rechthabern, sondern auch mit ihren Anhängern, die offensichtlich schikaniert werden wollen. Als Studien dieses Verhaltens sind etwa die Geschichte des im 17. Jahrhundert bekannt gewordenen jüdischen Messias Sabbatai Zwi wie auch der Fall des Mystikers Paul Brunton oder Rudolf Steiners nicht weniger bedeutsam als David Koresh oder der Reverend Jim Jones.

Nur wenigen von den wirklich großen Menschen ist es gelungen, dem korrumpierenden Einfluss der Macht zu entgehen, und die meisten falschen Erlöser sind weit davon entfernt, wirklich große Menschen zu sein. Ihnen unbegrenzte Macht über eine Schar von Anhängern zu gewähren ist, als schenke man einem Alkoholiker eine Kneipe zum Geburtstag.

Schließlich möchte ich noch betonen, dass dieses Buch nicht einfach nur eine Studie der Korruption sein soll. In meinem ersten Roman, »Ritual in the Dark«, schreibt der Held ein Buch mit dem Titel »The Varieties of Human Self-Delusion« (Die Formen menschlichen Selbstbetrugs). Im vorliegenden Buch bin ich diesem Stoff wahrscheinlich am nächsten gekommen, doch es geht hierbei um mehr als Selbsttäuschungen. Meines Erachtens ist der wichtigste hier geschilderte Fall die Geschichte in Kapitel fünf (Die Transformierung der Realität) über den Mann, der sich zum Mars transferieren konnte. John Carter veranschaulicht weit mehr als die bloße übliche Fähigkeit eines Jüngers, sich selbst zu belügen. Er hat irgendwie gelernt, das Unbewusste als verstärkende Kraft des Bewussten zu benutzen und Fantasien in seine eigene Realität umzumünzen.

In diesem besonderen Fall mag das als zweifelhafte Leistung erscheinen, verringerte es doch beträchtlich Carters Fähigkeiten als Wissenschaftler. Doch gleichzeitig bietet er auch eine hervorragende Einsicht in die verborgenen Kräfte des menschlichen Geistes. Der Philosoph Edmund Husserl erkannte, dass Wahrnehmung »intentional«, also zweckbestimmt ist. Wenn wir etwas »sehen«, ist es, als hätten wir einen Speer darauf geworfen. Wenn wir in den Wurf nicht genügend Energie hineingeben, dann »sehen« wir einfach nichts – wie wenn man unaufmerksam auf die Uhr blickt und dann noch ein zweites Mal nachsehen muss, um wirklich zu wissen, wie spät es ist. Husserl erkannte, dass Wahrnehmung ein kreativer Akt ist. Sie ist wie ein Fußballspiel, bei dem man mitspielen muss; nur Zuschauer zu sein ist nicht erlaubt.

Der Fall John Carter, so meine ich, demonstriert, dass die Kraft der Intentionalität noch kreativer ist, als selbst Husserl das erkannte. Zu einem imaginierten Mars zu fliegen mag noch die unbedeutendste ihrer Leistungen darstellen. Wir könnten beispielsweise in der Lage sein, zu einem wirklichen Mars zu fliegen, ohne das Zimmer zu verlassen.

Der Mensch ist ein Produkt der Evolution, und zwar das einzige, das ein beständiges Bedürfnis nach Wandel verspürt. Dieses Buch beschäftigt sich mit den eigenartigen Formen, die ein solches Bedürfnis annehmen kann.

Kapitel 1
Sex als Heil und Erlösung

Am frühen Nachmittag des 19. April 1993 begann der Sender CNN Satellite News, Bilder vom Sturm auf die Niederlassung der Brauch-Davidian-Sekte in Waco, Texas, zu übertragen, wo David Koresh und seine Anhänger seit 51 Tagen Polizei und nationale Einsatzkräfte in Atem gehalten hatten. Die für Alkohol, Tabak und Schusswaffen zuständige Bundesbehörde hatte Koresh – der behauptete, der Sohn Gottes zu sein – verhören wollen, da er und seine Jünger Waffen, Munition und Sprengstoff angehäuft hatten. Am 28. Februar hatten schwer bewaffnete Beamte schon einmal versucht, das Anwesen mit einem Überraschungsangriff zu stürmen. Doch sie waren ihrerseits von Gewehrsalven überrascht worden, die aus dem Hauptgebäude abgegeben wurden, vier Männer töteten und sechzehn weitere verwundeten.

Den ganzen März und bis Anfang April leisteten die eingekesselten Sektenmitglieder Widerstand. Ihr Führer erklärte sich zwar mehrmals bereit aufzugeben, änderte aber jedes Mal im letzten Moment seine Meinung. Dem Fernsehpublikum, das die Belagerung täglich weltweit verfolgen konnte, erschien es offensichtlich, dass David Koresh seinen Spaß daran hatte, die Behörden zum Narren zu halten. Zeitschriftenartikel über den 33 Jahre alten Rockgitarristen beschäftigten sich mit seinem Harem von Ehefrauen – darunter minderjährigen Mädchen – und Horden von Kindern, und ehemalige Anhänger schilderten seine selbstverherrlichenden Predigten, die manchmal bis zu 16 Stunden andauerten. Das Ergebnis war, dass die meisten Menschen mit dem laxen Vorgehen der Behörden unzufrieden waren und ungeduldig auf den Tag warteten, an dem

Koresh vor Gericht stehen und zu einer langen Haftstrafe verurteilt werden würde.

Als die Bundesbeamten an jenem Aprilmorgen beschlossen, die Belagerung mit dem Einsatz von Panzerfahrzeugen zu beenden, konnte es in dem weltweiten Publikum also nur wenige Menschen gegeben haben, die sich nicht darauf freuten, dass Koresh seine verdiente Strafe bekam. Zunächst fuhr eines dieser Gefährte vor das Hauptgebäude, und per Lautsprecher ertönte die Aufforderung zur Kapitulation. Die Antwort war ein Kugelhagel, der an dem Fahrzeug abprallte. Daraufhin rückte es vor und riss eine Ecke des Haupthauses nieder. In der Zwischenzeit demolierten weitere Panzerwagen die anderen Gebäude und versprühten Tränengas. Dann zogen sich die Fahrzeuge zurück und warteten.

In Cornwall hatten mein ältester Sohn Damon und ich die Belagerung am Fernseher verfolgt. Wir empfanden für dieses Ereignis mehr als bloße Neugier, weil wir ein Jahr zuvor zusammen an dem Buch »Cults and Fanatics« gearbeitet und während dieser Zeit beide ein großes Interesse für die Psyche selbst ernannter Erlöser entwickelt hatten. Nun beobachteten wir, wie nach sechs Stunden, in denen anscheinend nichts geschehen war, plötzlich Rauch aus den Gebäuden aufstieg. Es sah aus, als sei durch die Schießerei ein Feuer ausgebrochen, das vielleicht das Tränengas entzündet hatte. Einige Minuten später schlugen Flammen aus den Fenstern in den oberen Stockwerken. Wir warteten darauf, dass Mitglieder der Sekte mit erhobenen Armen aus den Häusern kommen würden – und auch die Angreifer schienen dies zu erwarten. Doch es herrschte Stille, die nur ab und zu durch den Krach einer Detonation unterbrochen wurde, während sich der Ort des Geschehens in ein Inferno verwandelte. In weniger als einer halben Stunde war klar, dass die Belagerung beendet war. Ein paar Leute hatten dem Kommentar des Nachrichtensprechers zufolge aus den brennenden Gebäuden entkommen können, doch Koresh war offenbar nicht darunter gewesen.

Diese abrupte Zuspitzung der Dinge nach sieben Wochen der Belagerung verblüffte uns. Wir wussten, dass sich in dem Anwesen viele Frauen und Kinder aufgehalten hatten; in der vergangenen

Woche waren auch britische Verwandte von Sektenmitgliedern im Fernsehen gezeigt worden, die ihre Angst zum Ausdruck gebracht hatten. Und nun war auf einmal alles vorbei – ohne die Verhaftung von Koresh und seinen »Mächtigen Männern«, den bewaffneten Leibwächtern. Das erschien uns irgendwie enttäuschend. Schon bald kritisierten die ersten Kommentatoren die Bundesbehörden für die Erstürmung des Sekten-Hauptquartiers und Präsident Clinton für seine Zustimmung; auch wurden Fragen laut, weshalb keine Löschfahrzeuge vor Ort gewesen seien. Im Verlauf einer späteren öffentlichen Anhörung erreichten derlei Anschuldigungen einen sarkastischen Höhepunkt in dem Vorwurf, die Behörden hätten die Verteidiger des Anwesens durch Entzündung des Tränengases vorsätzlich getötet.

Am 2. September 1999, nach sechs Jahren des Leugnens, gestand das FBI schließlich, dass die Beamten tatsächlich Leuchtbomben auf die Gebäude gefeuert hatten. Die amerikanische Justizministerin Janet Reno räumte dies unangenehm berührt und mit offenkundigem Ärger ein; ihr war sehr wohl bewusst, dass sie damit gewissen Gruppen Argumente lieferte, die in Koresh einen Märtyrer sahen.

Die Aussagen der neun Sektenmitglieder, die das Drama von Waco überlebten, lassen vermuten, dass – selbst wenn es so war – Koreshs Anhänger ihr Martyrium zumindest bis zu einem gewissen Grad selbst gewählt hatten. Sie berichteten, er sei es gewesen, der entschieden habe, dass seine Jünger den Tod der Flucht vorziehen würden. Viele der gefundenen Leichen lagen mit dem Gesicht zur Erde – eine Position, die für den Tod durch das Einatmen von Rauch typisch ist; andere waren durch Zyanid umgekommen oder erschossen worden. Es sah ganz danach aus, als habe Koresh, ebenso wie Reverend Jim Jones 1978 in Guayana, einen Massenselbstmord angeordnet. Die überlebenden Davidianer bestanden aber dennoch darauf, dass die Beamten als Erste gefeuert hätten, und Einschüsse in der metallenen Eingangstür würden beweisen, dass die Kugeln von draußen gekommen wären. Diese Tür verschwand später – was die Behauptung, die Sektenmitglieder hätten sich lediglich verteidigt, noch plausibler erscheinen ließ.

All dies wurde jedoch erst viel später vorgebracht. Was mich damals beschäftigte, war die Frage, weshalb so viele offenkundig »normale« Menschen alles aufgegeben hatten, um diesem dürren, langhaarigen Texaner zu folgen, der von sich nicht nur behauptete, er sei König David, sondern auch noch der Sohn Gottes.

Nicht weniger verwunderlich war die Frage, was einen Mann trotz der selbstverständlichen Tatsache, dass er nichts dergleichen war, motivieren konnte, sich als Sohn Gottes auszugeben. Es hat viele Gründer von Kulten gegeben, die von sich behaupteten, in einer fliegenden Untertasse zur Venus entführt worden oder ins Zentrum der hohlen Erde geflogen zu sein, doch sie haben zumindest versucht, ihre Fantasien glaubwürdig klingen zu lassen. Aber jemand, der für sich beansprucht, Gott zu sein, fordert bestenfalls eine verächtliche Reaktion heraus.

Noch verwirrender wurde die ganze Problematik, als die ersten beweiskräftigen Einzelheiten über Koresh bekannt wurden. Zunächst sah es so aus, als sei er ein ganz normaler Betrüger. Er war Gelegenheitsarbeiter gewesen, als er sich den Davidianern anschloss, und hatte sofort versucht, die 68-jährige Prophetin der Sekte, Lois Roden, zu verführen mit der Behauptung, er habe in Form einer Offenbarung den Auftrag bekommen, der Vater ihres Kindes zu werden. Ob Roden ihm glaubte oder nicht, ist unbekannt, jedenfalls wurde sie seine heimliche Geliebte und war schon bald überzeugt, schwanger zu sein. Von diesem Zeitpunkt an manövrierte sich Koresh geschickt so lange nach oben, bis er die Führung der Sekte in der Hand hatte. Enthüllungen über sein späteres Sexualverhalten bestärkten den Eindruck, dass er ein Betrüger war. Bald nach der Affäre mit Lois Roden verkündete er, Gott habe ihm befohlen, ein 14-jähriges Mädchen namens Rachel Jones zu heiraten, die Tochter der Sektenmitglieder Perry und Mary Jones. Wenig später verführte er eine weitere Vierzehnjährige, Karen Doyle, deren Vater ebenfalls der Sekte angehörte. Als dieser davon erfuhr, kochte er vor Zorn, doch Koresh gab ihm zu verstehen, er selbst sei nicht weniger schockiert gewesen, als Gott ihm befohlen habe, Karen »meinen Samen zu geben«: »Ich flehte Gott an, es nicht tun zu müssen.« Karen erfuhr erstmals von diesem

»Befehl Gottes«, als sie in einem zum Schlafraum umfunktionierten Bus im Bett lag und plötzlich eine Berührung an der Schulter spürte. Koresh flüsterte ihr zu, Gott habe ihm befohlen, ihr seinen Samen zu geben, worauf sie antwortete: »Ich füge mich, was immer auch Gott von mir will.« Daraufhin stieg Koresh zu ihr ins Bett. Seine erste Ehefrau Rachel hielt sich zu diesem Zeitpunkt gerade in Kalifornien auf.

Dann fuhr Koresh selbst nach Kalifornien, um die zwölfjährige Michele Jones, die Schwester seiner Frau, nach Waco zurückzubringen. Seiner Erklärung zufolge spielte er auch bei ihrer Verführung eine unfreiwillige Rolle. Auf halbem Wege nach Texas spürte er einen mächtigen Drang, sie zu entkleiden und mit ihr zu schlafen. Er hielt den Wagen an, ging ein Stück die Straße hinunter und fragte Gott: »Gott, was geschieht mit mir?« »Ich meine, ich wollte sie einfach haben – das war das Einzige, woran ich denken konnte.« Doch Gott half ihm, seine Begierde zu überwinden, und er fuhr das Mädchen zurück nach Texas. Dort jedoch las er eine Passage im Hohelied des Salomo über ein Mädchen ohne Brüste, und nun wusste er, dass Gott ihm ein Zeichen gab, Michele zu seiner Frau zu nehmen. »Also gehe ich schnurstracks zu Michele und lege mich zu ihr ins Bett. Sie glaubt, ich will mich aufwärmen. Ich gehe ihr an die Unterwäsche und will sie ausziehen. Aber sie wusste nicht, was ich wollte, deshalb hat sie sich gewehrt ... Ich war aber zu stark, und ich habe das für Gott getan und ihr von den Prophezeiungen erzählt. Und so ist sie meine Frau geworden.« Seinen männlichen Anhängern erklärte er, sie sollten ihn nicht beneiden: »Keiner von euch weiß, welches Leid und welche Schmerzen ich ertragen muss.« Sein Leid machte ihn schließlich zum Vater von 22 Kindern.

Das Buch »Preacher of Death« (Prediger des Todes) von Martin King und Marc Breault rundet das Bild ab. Breault war ein hochrangiger Jünger der Sekte, der sich aber von seinen Illusionen befreien konnte und abtrünnig wurde. Als er Koresh kennen lernte, bereitete er sich gerade auf den Priesterberuf vor. Koreshs Schwiegervater Perry Jones stellte sich Breault 1986 als Journalist vor, der sich auf das Thema Religion spezialisiert habe. Er teilte ihm mit, sein

Schwiegersohn habe »göttliche Eingebungen«, woraufhin Breault sich bereit erklärte, den Propheten kennen zu lernen. Koresh kam mit seiner Frau Rachel und Söhnchen Cyrus in Breaults Wohnung. Er schien freundlich und sympathisch zu sein; Breault mochte ihn schon nach kurzer Zeit. Gleich bei diesem ersten Treffen fesselte Koresh sein Gegenüber mit einer drei Stunden dauernden Bibelauslegung; Breault staunte über seine Beredsamkeit und Überzeugungskraft. Koreshs zentrale These war, dass Gott immer durch Propheten zu Werke gehe und ihm ein besonderes Verständnis für die Geheime Offenbarung gegeben habe. Das erschien Breault durchaus plausibel. Am Ende dieser – für Koreshs Gepflogenheiten relativ kurzen – Bibelstunde war Breault bereit, ihm überallhin zu folgen.

Aber weshalb sollte ein junger Mann, der eine viel versprechende Karriere als Priester vor sich hatte, alles aufgeben, um einem untergewichtigen Messias mit starkem texanischem Akzent zu folgen? Beim Lesen von Breaults Beschreibung der Bibelstunde liegt die Antwort auf der Hand. Koresh gab sich als ein offener, freundlicher, wenngleich eindringlich wirkender junger Mann (er war damals 27 Jahre alt), der sich von anderen seines Alters nur durch seine umfassenden Bibelkenntnisse und die Überzeugung unterschied, dass Gott ihn zum Instrument einer besonderen Offenbarung auserwählt habe. Von Hitlers Architekt Albert Speer ist bekannt, dass er unter ähnlichen Umständen zum Gefolgsmann wurde. Speer hatte erwartet, einen mehr oder weniger verrückten Phrasendrescher anzutreffen, nicht aber einen relativ leise sprechenden, vernünftig argumentierenden Mann, der vieles über Deutschland sagte, womit er, Speer, durchaus übereinstimmte. Aber sobald der Intellekt seine Zustimmung gegeben hat, folgt der Rest ganz wie von selbst. Jeder Mensch sehnt sich nach machtvollen Überzeugungen, nach Ideen, die ihm ein neues Leben mit mehr Sinn und Bedeutung versprechen. Als Breault beschloss, Koresh zu folgen, war er überzeugt, den Ideen zu folgen; die Tatsache, dass deren Sprachrohr ein zwar eindringlicher, aber nicht bedrohlich wirkender junger Mann war, ließ das Ganze nur umso natürlicher und unentrinnbar aussehen.

Breaults Darstellung veranschaulicht, dass Koresh nicht einfach nur ein Heuchler war, der sich auf eine Maske der Frömmigkeit verließ, sondern ein gerissener Betrüger mit Verstand und einer Ehrfurcht gebietenden Glaubwürdigkeit. Schon bald nach seinem Eintritt in die Sekte wurde Breault Koreshs Vertrauter und seine rechte Hand; dadurch blieben sie größtenteils gleichberechtigt. Breault kehrte in seine Heimat, nach Hawaii, zurück und verschaffte der Gruppe dort einige einflussreiche Neuzugänge, unter anderem bekehrte er seinen besten Freund Steve Schneider. Sobald er Koresh als Propheten anerkannt hatte, war es nicht mehr schwierig zu akzeptieren, dass dieser – zumindest in einem gewissen Sinn – der Sohn Gottes war. Und sobald er diesen Schritt getan hatte, fiel es ihm auch leichter, Koresh trotz seines obsessiven Verführens junger Mädchen als den Messias anzuerkennen. Koresh selbst erklärte dazu, er wolle lediglich den Mädchen seinen heiligen Samen einpflanzen, mit dem der Grundstein für die Generation gelegt werde, die eines Tages die Erde beerben solle. Das ging alles so allmählich vor sich, dass Breault zu keinem Zeitpunkt das Gefühl hatte, er müsse sich ein X für ein U vormachen.

Seine Desillusionierung begann erst, als er mitbekam, wie brutal Koresh seinen dreijährigen Sohn Cyrus behandelte. Koresh hatte dem Kind befohlen anzuerkennen, dass eine andere Sektenangehörige seine wahre Mutter sei; als Cyrus sich weigerte, schlug er ihn 20 Minuten lang mit einem hölzernen Paddel auf den nackten Po; danach musste das Kind in einer Garage schlafen, in der es Koresh zufolge vor Ratten wimmelte. Als sich der Kleine auch dann noch weigerte, seine leibliche Mutter zu verleugnen, ließ Koresh ihn zwei Tage lang hungern, bis er so schwach war, dass er nicht einmal mehr ein Glas Wasser halten konnte. Koresh war also eindeutig ein Mensch, der es unter keinen Umständen gestattete, sich gegen seinen Willen aufzulehnen.

Eine weitere Desillusionierung folgte, als Koresh eine 16-stündige Predigt hielt, deren Inhalt im Wesentlichen in der Erklärung bestand, dass alle Frauen im Anwesen der Gruppe ihm gehörten. (Endlose Vorträge und Worttiraden sind eine der grundlegenden Methoden der Gehirnwäsche.) Judy Schneider, die Frau des hochrangigen Mitglieds Steve Schneider, verführte er, während Letzterer sich auf Mitgliederwerbung im Ausland aufhielt; bald darauf war sie schwanger. Zunächst war Steve am Boden zerstört und dachte sogar daran, den Propheten zu töten, doch der Gedanke, was seiner Frau passieren könnte, wenn er es nicht schaffen sollte, hielt ihn davon ab. Die Verführung Judys diente einem doppelten Zweck: Koresh unterwarf sich damit Steve, der ihm gegenüber immer gemischte Gefühle gehegt hatte, und sie überzeugte zudem alle Frauen der Gruppe, dass es besser war, Judys Beispiel zu folgen.

Erst als Koresh einer anderen frisch Konvertierten Avancen zu machen begann, in die wiederum Marc Breault verliebt war, fand dieser die Zeit gekommen, die Gruppe zu verlassen. Es geschah in Kalifornien, nachdem Koresh ihm befohlen hatte, sich zu demütigen und zu Kreuze zu kriechen. Breault begehrte auf und wurde daraufhin nach Texas zurückbeordert. Stattdessen aber reiste er nach Australien und begann dort, andere Davidianer zum Abfall zu bewegen. Als Koresh dies erfuhr, flog er ihm sofort nach, und es kam zur Konfrontation. Koresh ging mit wehenden Fahnen als Sieger daraus hervor – mit einer Show, in der er unter anderem zum Himmel aufgeschaut und erklärt hatte, nun müsse er die ganze Kreuzigung noch einmal durchleiden. Breault gab vor, klein beizugeben. Doch bald, nachdem Koresh gegangen war, traf die Polizei ein – er hatte seinen Bruder gebeten, sie zu alarmieren, falls er bis zehn Uhr nicht zu Hause sei. Koresh entkam durch die Hintertür und nahm das nächste Flugzeug zurück nach Amerika.

Es war hauptsächlich auf Breaults Einsatz zurückzuführen, dass wegen der riesigen Mengen an Waffen und Munition, die Koresh im Hauptquartier der Gruppe gelagert hatte, die Belagerung der Davidianer-Sekte begann. Die Polizei fand über eine Million Schuss Munition in der unterirdischen Waffenkammer des festungsähnlich ausgebauten Anwesens. 72 Leichen wurden aus der Brandruine geborgen. Alle von Koreshs mehr als 20 »Gattinnen« und 14 seiner 22 Kinder starben in den Flammen – vier von ihnen waren mit Kopfschüssen getötet worden. Ein Mann wurde gesehen, der von den brennenden Gebäuden weglief, und sogleich entstanden Gerüchte, dass Koresh womöglich entkommen sei. Doch fast zwei Wochen nach der Belagerung wurde seine Leiche anhand zahnärztlicher Befunde identifiziert; er hatte sich wahrscheinlich durch einen Kopfschuss selbst gerichtet.

Bei einem Fall wie diesem drängt sich die nahe liegende Frage auf: War Koresh einfach nur ein Betrüger, oder glaubte er, zumindest bis zu einem gewissen Grad, selbst an das, was er behauptete? Die Antwort lautet: beides ist richtig. Und wenn wir begreifen, wie das möglich sein kann, haben wir einen der Schlüssel zum Verständnis des gesamten Messias-Phänomens in der Hand.

Zunächst müssen wir über Vernon Wayne Howell – der sich später David Koresh nannte – wissen, dass er den ersten Teil seines Lebens mit der Suche nach Sicherheit verbrachte. Im Jahre 1959 als uneheliches Kind einer 14-jährigen Mutter geboren, von einem groben Stiefvater erzogen, unter nachteiligen Umständen aufgewachsen (er litt an einer Lesestörung) und gehänselt, weil er klein war (einmal wurde er sogar von älteren Jungen vergewaltigt), war er ein schüchternes Kind, das sich nicht gerade hervortat. Einen Schutz vor seinen Problemen fand er in der Religion: Seine Schule war den Sieben-Tags-Adventisten angegliedert, und er las die Bibel wie andere Kinder Comics. Stundenlang betete er auf den Knien.

Mit zwölf Jahren kannte er das Neue Testament auswendig. Dann änderte sich plötzlich sein Leben: Am Schulsporttag stellte ihn sein Lehrer für ein Wettrennen auf. Vernon hatte sich nie für sportlich gehalten und physischen Wettbewerb immer gemieden, aber er war oft auf der Farm mit seinem Bruder um die Wette gelaufen und konnte losrennen wie ein Windhund. Er gewann diesen Wettlauf und auch noch einige andere, und die Glückwünsche waren für ihn wie ein Rauschmittel. Plötzlich lud man ihn ein, Mannschaften beizutreten; er wurde der Held des Schulsports. Entschlossen, diesen neuen Status aufrechtzuerhalten, begann er mit Bodybuilding und entwickelte einen enormen Stolz auf seine Kraft. Mit 13 Jahren war aus dem schüchternen, verschlossenen Kind ein Führer geworden.

Rückblickend ist offensichtlich, dass Howell zu der Gruppe gehörte, die in der Einleitung als die »dominanten fünf Prozent« beschrieben wurde. In der Tat zeigte sich später, dass Vernon Howell ein »Alphatier« war. Wir alle werden mit der Sehnsucht nach Selbstbestimmung geboren, und wenn ein Kind lernt, über den Boden zu kriechen, sich an einem Stuhl hochzuziehen und nach einer Schachtel mit Süßigkeiten zu greifen, dann erlebt es seinen ersten freudvollen Moment bei einer Eroberung. Doch bei den dominanten fünf Prozent nimmt diese Sehnsucht den Charakter einer Obsession an, von der die Protagonisten erbarmungslos getrieben werden. Howell war von Dominanz und dem Willen nach Selbstbestimmung und Kontrolle geradezu besessen.

Biologen haben bemerkt, dass Evolution in Schüben abzulaufen scheint und nicht etwa in einem langsamen, kontinuierlichen Entwicklungsprozess, vergleichbar einem stetigen Marsch auf einen Berg. Dies trifft auch auf den einzelnen Menschen zu – das Wachstum unserer Persönlichkeit ist weniger einem allmählich ansteigenden Hügel vergleichbar als vielmehr einem Hang, aus dem in Abständen steile Absätze und Terrassen herausgeschlagen wurden. Wir klettern schwitzend, keuchend und immer wieder ein Stück zurückrutschend eine Böschung hinauf und stellen dann plötzlich fest, dass wir auf einer Art Plateau anhalten, Atem schöpfen und die Landschaft betrachten können. In diesem Augenblick spüren wir Erleichterung und das überwältigende Gefühl, etwas *geleistet* zu haben.

Das Wettrennen zu gewinnen war für Vernon Howell wie das Erreichen eines solchen Plateaus. Und wenn jemand aus der Gruppe der dominanten fünf Prozent sich einmal an so einem Erlebnis berauschen konnte, sein altes Selbst mit all seinen Frustrationen hinter sich zu lassen, fühlt er sich, als habe er eine Offenbarung bekommen. Er hatte einen flüchtigen Blick auf die Chance erhascht, dass das Leben sehr wohl eine Serie von Triumphen sein kann. Und an eben diesem Punkt sieht sich das dominante Individuum – vor allem jenes männlichen Geschlechts – mit einem der unangenehmsten Probleme seiner schubweise verlaufenden Entwicklung konfrontiert: Sex.

Das war Koreshs Problem (und wie wir sehen werden, auch das der meisten anderen Messias-Figuren des vergangenen Jahrhunderts). Als Teenager war er aufgrund seines natürlichen Charmes und seiner Dominanz beim anderen Geschlecht beliebt gewesen und hatte darüber das Interesse an der Religion verloren. Im Alter von 19 Jahren hatte er dann eine Affäre mit einer 16-jährigen, die ein Kind von ihm bekam. Er wollte sie heiraten, doch sie glaubte, er könne kein Kind großziehen, und verließ ihn. Das war ein schmerzhafter Schlag für sein Ego. Gefangen in seinem emotionalen Aufruhr, suchte er Trost in der Religion seiner Kindheitstage und wurde ein wieder geborener Gläubiger der Southern Baptist Church. Doch nun, da er wieder religiös war, begann sein starker sexueller Drang ihn zu beunruhigen. Er wandte sich an seinen Priester und erklärte ihm, er leide unter dem Zwang, sich häufig selbst befriedigen zu müssen. Der Priester meinte, wenn er zu Jesus bete, würde er Kraft bekommen, dieses Übel zu besiegen. Doch als dies nicht geschah, entschied Howell, dass die Southern Baptist Church nicht wahrhaftig mit Gott in Verbindung stehe, und kehrte zu den Sieben-Tags-Adventisten zurück.

Er verliebte sich in die Tochter seines neuen Predigers, und während er im Gebet Rat und Führung erflehte, meinte er Gottes Stimme zu hören, die ihm sagte, dieses Mädchen werde ihm gegeben. Als er die Augen öffnete, sah er seine Bibel dort aufgeschlagen, wo geschrieben steht, niemand solle einen Gatten begehren. Überzeugt, dass dies ein Zeichen sei, ging er zu dem Priester und teilte ihm mit, Gott habe ihm seine Tochter zur Frau gegeben. Der Mann warf ihn hinaus. Und als er hartnäckig blieb, wurde er aus der Kirchengemeinde ausgeschlossen. (Das Mädchen schien mit dem Vater übrigens einer Meinung gewesen zu sein.) Ein entrüsteter Angehöriger der Gemeinde warf ihm vor, sein Denken finde »lediglich unterhalb der Gürtellinie statt«.

Der Konflikt zwischen seiner natürlichen Dominanz und der Unfähigkeit, seinen Willen durchzusetzen, wurde zu einem großen Problem für Howell und raubte ihm zunehmend den Glauben an sich selbst. Für ein potenzielles »Alphatier« gibt es keine schlimmere Qual als die Unmöglichkeit, seiner inneren Kraft zum Ausdruck zu verhelfen. Keine Dominanz und keine Überzeugung der Welt kann das Fehlen vermarktungsfähigen Talents oder einer Nische innerhalb der Gesellschaft wettmachen. Also wanderte Vernon Howell von Ort zu Ort und hielt sich mit Gelegenheitsjobs über Wasser (er war gelernter Mechaniker). Zunächst arbeitete er lange Zeit als Geschirrspüler. Später beschrieb er sich selbst als »Mädchen für alles, der ewig Letzte, dem alle schmutzigen Jobs zugeschoben wurden«. Wegen seiner Arroganz und seines Geltungsbedürfnisses war er bei den meisten ziemlich unbeliebt. Irgendwann gelangte er nach Mount Carmel in der Nähe von Waco, Texas, wo er sich der Sekte der Davidianer anschloss.

Lois Roden hingegen, die Führerin der Sekte, verkörperte alles, was er sich erträumte. Mit ihren 68 Jahren war sie noch immer eine attraktive Frau, eine berühmte Fernsehpredigerin, eine Freundin der Reichen und Schönen, und reiste außerdem viel in der Welt herum. Aufgrund ihrer Überzeugung, dass Gott weiblich sei, war sie auch in feministischen Kreisen beliebt; das Vaterunser pflegte sie mit den Worten »Mutter unser, die du bist im Himmel« zu beginnen. Lange Zeit teilte sie die allgemeine Ansicht der Gruppe über das neue Sektenmitglied und ließ Howell im Versuch, seine Selbstgefälligkeit zu heilen, in einem unmöblierten Zimmerchen wohnen. Ihre Meinung über ihn änderte sich jedoch allmählich, als er ihr nach zwei Jahren mitteilte, der Herr habe ihm offenbart, er sei dazu bestimmt, der Vater ihres Kindes zu werden, und dieses Kind sei der Auserwählte. Als Rodens Sohn George – der die Erwartung hegte, eines Tages von seiner Mutter die Leitung der Gruppe zu übernehmen – dies erfuhr, versuchte er, den Eindringling hinauszuwerfen. Doch sie verteidigte Howell im Glauben, sie sei schwanger. Der Machtkampf endete abrupt, als Howell bekannt gab, Gott habe ihm befohlen, Rachel Jones zu heiraten. Dies beschwichtigte George zunächst für einige Zeit, doch dann brach sein Zorn erneut hervor, und er eröffnete mit einer Maschinenpistole das Feuer auf Howell. Zum Glück traf er daneben, doch Vernon und die wenigen, die sich seiner brennenden Überzeugung unterworfen hatten, beschlossen, Mount Carmel zu verlassen.

Die nächsten zwei Jahre lebten Vernon Howell und seine Jünger – etwa 25 Personen – in einem Lager an einem Ort namens Palestine und durchlebten eine schwierige Zeit. Doch während seine Anhänger mit dem Fehlen von fließendem Wasser und sanitären Einrichtungen zu kämpfen hatten, rekrutierte Vernon in Kalifornien, Israel und sogar Australien neue Anhänger. In San Diego wurde er mit Gewalt aus einer Kirche der Sieben-Tags-Adventisten gezerrt, als er den Gottesdienst unterbrach und verkündete, er sei der Messias. Aber obwohl viele potenzielle Konvertiten ihn zunächst für einen Verrückten hielten, ließen sich letztlich immer wieder einige von seinem unglaublichen Redefluss oder seinem Beharren mitreißen, dass sie in die Hölle kämen, wenn sie ihm nicht folgten. So wuchs die Siedlung in Palestine zusehends und mit ihr die Anzahl von Howells minderjährigen Geliebten. Wenn Anhänger eine Tochter im Teenageralter hatten, wurde sie normalerweise Vernons »Frau«.

In Waco zeigte George Roden – dessen Mutter inzwischen verstorben war – zunehmend Anzeichen von Paranoia, wie es bei religiösen Fanatikern erfahrungsgemäß des Öfteren vorkommt. Er verkündete, er sei Gott, und beendete Gebete mit »Im Namen von George Roden, Amen«. Und obwohl Vernon und seine Jünger fast 150 Kilometer weit enfernt waren, dachte er ständig darüber nach, wie er den Betrüger demütigen könnte. 1987 kam ihm die Idee zu einer absonderlichen Herausforderung. In Mount Carmel war soeben die 85-jährige Anna Hughes gestorben. George grub den Leichnam aus, bahrte ihn in der Kirche auf und stachelte Vernon zu einem Wettbewerb auf: Derjenige, der Anna Hughes von den Toten auferwecken könne, sei der wahre Prophet Gottes. Mit größter Genugtuung nahm er zur Kenntnis, dass Vernon dieser Aufforderung nicht Folge leistete. Doch als Howell seinem Anwalt mitteilte, was geschehen war, war dieser hocherfreut – George Roden hatte sich der Leichenschändung schuldig gemacht. Vernon setzte umgehend die Polizei von dem Vorfall in Kenntnis.

Die Beamten waren jedoch zurückhaltend – sie wussten aus Erfahrung, dass es reine Zeitverschwendung sein konnte, sich auf religiöse »Spinner« einzulassen. Sie erklärten, ein Foto des Leichnams zu benötigen. Vernon sagte zu, eines zu besorgen. Doch da dies bedeutete, dass er heimlich in Mount Carmel eindringen musste, beschloss er, die Gelegenheit beim Schopf zu packen und zu versuchen, George gewaltsam zu vertreiben. Er kaufte Waffen für sich und seine Anhänger, und am 3. November 1987 schlich ein »Kommando« mit Gewehren auf dem Rücken durch das Unterholz des Mount Carmel auf die Kirche zu. Ein Hund bemerkte jedoch die Männer und schlug an; George Roden kam mit seiner Maschinenpistole angerannt und eröffnete blindwütig das Feuer. Vernon und seine acht Begleiter schossen zurück, aber niemand wurde getroffen. Doch die Gewehrsalven riefen die örtliche Polizei auf den Plan, die alle verhaftete bis auf einen Leibwächter, der entkommen konnte. Vernon und ein anderer seiner »Mächtigen Männer«, der zufällig Millionär war, kamen nach Zahlung von 100 000 Dollar Kaution wieder auf freien Fuß, und diese Gelegenheit nutzte Vernon, um seine Version der Geschichte im lokalen Fernsehsender zum Besten zu geben. Roden schäumte vor Wut, und nun beging er den entscheidenden Fehler: Er schrieb an den Obersten Gerichtshof des Staates Texas und drohte, jeden mit Aids zu infizieren, falls Vernon nicht eine lange Haftstrafe bekäme. Stattdessen wurde nun er selbst wegen Missachtung des Gerichts zu einem halben Jahr Gefängnis verurteilt. Als er vor Gericht erschien, um als Zeuge gegen Vernon und dessen Kommando auszusagen, und erklärte, wie er beabsichtigt hatte, Anna Hughes von den Toten zu erwecken, sprach die Jury Vernon und seine Männer schleunigst frei.

15 Monate später hörte George Roden auf, ein Problem zu sein – er wurde wegen Mordes zu lebenslänglicher Haft verurteilt. Die nun folgende Geschichte demonstriert anschaulich, wie ansteckend der Messianismus sein kann.

Eines schönen Sommertages im Jahre 1988 suchte Dale Adair, ein ehemaliger Alkoholiker, Vernon Howell und Marc Breault auf und erklärte, er wolle zu Gott zurückfinden. Vernon redete drei Tage lang auf ihn ein und versuchte, ihn davon zu überzeugen, dass er, Vernon, der Messias sei. Plötzlich bekam Adair einen glasigen Blick, und er starrte zum Himmel. »Mein Gott, mein Gott. Nach all diesen Jahren begreife ich es endlich. Ich bin der Messias. Ich bin David. Jetzt weiß ich endlich, weshalb ich all diese Jahre so gelitten habe.«

»Dale verlor direkt vor unseren Augen den Verstand«, berichtete Breault später, ohne jedoch erklären zu können, wie er zwischen Dale Adairs Wahnsinn und Vernon Howells Normalität unterschied.

Adair eilte zu George Roden und erklärte ihm, er, Dale, sei der Messias, doch Roden blieb unbeeindruckt; er stellte die Behauptung auf die Probe, indem er Adair mit einer Axt den Schädel spaltete. Daraufhin wurde er des Mordes angeklagt, und da er viele tausend Dollar Steuerschulden hatte, wurde Mount Carmel zum Verkauf ausgeschrieben. Vernons Anhänger brachten die notwendige Summe auf, und noch im selben Jahr wurde Vernon Howell – der sich nun David Koresh nannte – schließlich Eigentümer des Anwesens in Waco. Von dem Zeitpunkt an gerechnet, als er dort angekommen und Lois Rodens Jünger geworden war, hatte er acht Jahre gebraucht, um die Führung in Mount Carmel zu übernehmen.

Fünf Jahre später war er tot, und mit dem Vorteil der nachträglichen Einsicht können wir erkennen, dass es unweigerlich so kommen musste. Vernon Howell war von Anfang an auf Kollisionskurs mit der Realität gewesen. Er hätte es unerträglich gefunden, auf der Anklagebank zu sitzen, in den Medien als religiöser Spinner verspottet oder als Mörder zu lebenslanger Haft verurteilt zu werden. Als er seinem Kommando befahl, durch die Türen auf die Bundesbeamten zu feuern, war klar, dass er sich für Martyrium und Selbstmord entschieden hatte.

Doch wenngleich sein Bild von sich im Widerspruch zur Realität stand, wäre es ein Irrtum anzunehmen, dass er in irgendeiner Weise geisteskrank war. Was Koresh so verzweifelt verteidigte, war seine Selbstachtung – ein Problem, das für jeden Menschen von zentraler Bedeutung ist.

Selbst der bescheidenste und schüchternste Mensch hat das Bedürfnis, sich nicht als ein totales Nichts zu fühlen. Sich als absolut wertlos zu sehen bedeutet, zu keinerlei Entwicklung fähig zu sein. Und wie wir bereits feststellten, ist die Sehnsucht nach Entwicklung der eigenen Persönlichkeit einer der elementarsten Triebe des Menschen.

Aus diesem Grunde war der gefährlichste Augenblick im Leben Vernon Howells jener, als er der Besitzer von Mount Carmel wurde. Damit war er zum unangefochtenen Führer von mehr als hundert Anhängern geworden, einschließlich etwa eines Dutzends schwer bewaffneter Leibwächter. Jede Nacht erneuerte er sein Gefühl, ein Eroberer zu sein, damit, dass er eine seiner minderjährigen Frauen in Besitz nahm. Marc Breault teilte er voller Stolz mit, die meisten Männer würden meinen, einem heranwachsenden Mädchen mangele es an Leidenschaft. Seine Erfahrung sei jedoch, dass sie sexuell ebenso erregt werden könnten wie jede erwachsene Frau.

Aber selbst dies reichte nicht aus, seine Angst, ein Opfer zu werden und zu scheitern, zu beschwichtigen. Damit er seine Selbstachtung aufrechterhalten konnte, brauchte sein Ego ständig neuen Auftrieb. Er musste verkünden, dass er das alleinige Recht auf alle Frauen in Mount Carmel habe – obwohl er andererseits Breault eingestand, dass ständige sexuelle Aktivität zu Impotenz führe. Als Breault dagegen Einspruch erhob, dass auch seine Freundin eine »Gattin« Koreshs werden sollte, beging er die größtmögliche Sünde, nämlich sich gegen den Meister aufzulehnen. Deshalb wurde ihm befohlen, niederzuknien und zu Kreuze zu kriechen. Er rebellierte und verließ die Gruppe – aber er gibt zu, dass es ihm schwer fiel, nach all den Jahren, in denen ihm jede Entscheidung abgenommen worden war, wieder für sich selbst zu denken.

Für den Messias ist jeder Anhänger eine Art Ehefrau, und wenn eine solche ihn verlässt, spürt er, wie ihm der Boden unter den Füßen wegbricht. Als Koresh merkte, dass Breault gegangen war, berief er eine Dringlichkeitssitzung ein und ordnete die Verfolgung des Abtrünnigen an. Doch es war zu spät. Breault war entschlossen, seinen ehemaligen Meister zu stürzen. Er schrieb mehrere Briefe an die Polizei, an staatliche Behörden und an Mitglieder des Kongresses der Vereinigten Staaten. Sein größtes Bravourstück war, den Besuch eines australischen Fernsehteams in Waco zu organisieren. Da Koresh nicht wusste, dass Breault dahinter steckte, ließ er die Fernsehleute in das Anwesen hinein in der Hoffnung auf eine für ihn günstige Berichterstattung – doch nachdem die Sendung im April 1992 ausgestrahlt wurde, hatte niemand mehr einen

Zweifel daran, dass der Anführer der Davidianer-Sekte ein Kinderschänder und ein äußerst gefährliches Subjekt war.

Im Mai 1992 begann die Zeitung *Waco Tribune Herald* mit Nachforschungen über die Sekte der Davidianer, was letztendlich zum Tode von David Koresh führte. Denn Vernon Howell war entschlossen, seine Version der Realität nicht aufzugeben, selbst wenn dies bedeuten sollte, dafür sterben zu müssen.

Im Rückblick erscheint seine Wahl des Namens Koresh auf eigenartige Weise passend: Es ist der Name des vierten Reiters in der Apokalypse, des bleichen Reitersmannes auf dem weißen Pferd, der den Tod symbolisiert.

Kapitel 2

Das Tausendjährige Reich naht

Zu Beginn des Jahres 1666 erwartete ganz Europa das größte Ereignis der Menschheitsgeschichte: das Kommen des Messias, der das jüdische Volk wieder zu seiner einstigen Größe führen würde. Dieser Botschafter Gottes war ein 40-jähriger Jude namens Sabbatai Zwi, der in Smyrna, dem heutigen Izmir, lebte und von dem man erwarte, dass er bald den türkischen Sultan entmachten und dann auf einem Drachen in die Stadt Jerusalem einziehen werde. Danach würde er alle seine Feinde auf dem Schlachtfeld besiegen und der König der Welt werden. Selbst die Christen begannen sich zu sorgen, als die Juden zu ihnen sagten: »Bald werden wir eure Herren sein!«

Schon seit mehreren Jahren hatten Puritaner angekündigt, im Jahr 1666 beginne das Millennium, und nun sah es ganz danach aus, als würden sie Recht behalten. Samuel Pepys schrieb in sein Tagebuch, ein Jude in London würde Wetten in der Höhe von zehn zu eins annehmen, dass dieser neue Messias binnen zwei Jahren der König der Welt sein werde, und er habe bereits insgesamt 11 000 Pfund eingesetzt.

In zahlreichen großen Städten waren wegen dieser Hoffnung bereits chaotische Verhältnisse ausgebrochen. In bedeutenden Handelszentren hatten Juden den Geschäftsverkehr eingestellt, um sich auf das Jüngste Gericht vorzubereiten. In Amsterdam tanzten sie in den Straßen. Viele trafen Vorbereitungen, die Gebeine verstorbener Verwandter auszugraben und ins Heilige Land transportieren zu lassen, weil in Briefen aus Konstantinopel beschrieben wurde, wie der Messias Tote auferwecken konnte. In Hamburg verkauften viele in Erwartung des Tausendjährigen Reiches ihre Häuser und ihren Grundbesitz. In Polen schwärmten ganze Menschenmassen davon, wie der Messias sie auf einer Wolke in den Himmel emporheben werde, und wann immer eine unerwartete Wolke am Himmel erschien, wurde sie hoffnungsvoll und erwartungsfreudig angestrahlt. Die Nachricht verbreitete sich bis in die jüdischen Siedlungen in Russland und erreichte sogar Amerika. In Prag, einer der größten und bedeutendsten jüdischen Gemeinden in Europa, führte die Aufregung in der dortigen Bevölkerung zu Übergriffen verängstigter Christen: Viele Juden wurden Opfer von Anschlägen, und beim Prager Karneval wurde eine Spottparade von Juden im glückseligen Zustand messianischer Ekstase gezeigt. Doch nichts konnte die überschäumende Erwartungshaltung dämpfen – nicht einmal die Nachricht, der Messias sei von dem Sultan, den er eigentlich vom Thron stoßen sollte, verhaftet und ins Gefängnis geworfen worden. Stattdessen kursierten Gerüchte, dass Sabbatai einfach durch die verschlossenen Türen gegangen sei, nach dem sich seine Ketten aufgelöst hätten und von ihm abgefallen wären.

Gegen Ende des Jahres schließlich verwandelte sich die Freude in Bestürzung, denn plötzlich machten unglaubliche Geschichten die Runde. Sie besagten, es sei Sabbatai ganz und gar nicht gelungen, aus dem Gefängnis des Sultans zu entkommen und, schlimmer noch, dass er sogar zum Islam übergetreten sei. Zunächst hielten viele diese Neuigkeiten für Erfindungen böswilliger Christen, doch diese Hoffnung wurde durch detailliertere Berichte von jüdischer Seite zerstört: Sabbatai Zwi sei vor den jungen Sultan Mehmet IV. gebracht worden, der ihm erklärt habe, wenn er sich nicht zum Islam bekehre, werde er bei lebendigem Leibe gepfählt. Da habe der Messias unverzüglich seinen Judenhut zu Boden geworfen, darauf gespuckt und sich bereitwillig einen weißen Turban aufsetzen lassen.

Seltsamerweise bestürzte dieser Bericht aber die Juden gar nicht so sehr, wie ihre Kritiker es vermutet hatten. Das Ausmaß ihrer religiösen Ahnung hatte den Juden offenbar ihre religiöse Identität deutlicher vor Augen geführt. Manche beharrten sogar auf der Überzeugung, Sabbatai wolle lediglich ihren Glauben prüfen; so hielt etwa sein bedeutendster Anhänger, Nathan Ashkenazi, weiter an ihm fest. Doch selbst jene, die jetzt hinnahmen, dass Sabbatai auch nur ein Mensch war, glaubten weiterhin, dass das Jahr 1666 nur ein Vorspiel für große, ihr Leben verändernde Ereignisse sein konnte. Die ungeheure Enttäuschung zwang sie, sich der grundlegenden Frage zu stellen: War die Erwartung des Messias nur eine Selbsttäuschung gewesen, oder würde Gott ihnen eines Tages einen wahren Führer senden? Bei der Antwort auf diese Frage trug der Glaube den Sieg davon und verursachte im jüdischen Bewusstsein einen grundlegenden Wandel, wie der jüdische Historiker Gershom Scholem schrieb. Man konnte also gewissermaßen doch argumentieren, dass Sabbatai Zwi mehr war als nur ein Betrüger.

Die Juden hatten den Messias schon seit etwas mehr als 2 000 Jahren erwartet, seit nämlich König Nebukadnezars Armeen das Volk Juda im Jahre 587 v. Chr. nach Babylon verschleppt hatten. Der Ausdruck Messias (hebräisch *hammaschiach*) bedeutete der Gesalbte; er sollte die Juden aus dem Exil führen, ihre nationale Unabhängigkeit wieder herstellen und der Welt Frieden bringen. Es waren seither schon viele solcher Erlöser aufgetreten, doch keiner hatte den in den Messias gesetzten Erwartungen gerecht werden können.

Als die Juden nach 50-jährigem babylonischem Exil nach Palästina zurückkehrten, wurde ein Mann namens Zorobabel zum ersten Mann des Staates Judäa ausgerufen, und weil er den Tempel wieder aufbaute, hielten viele ihn auch für den Messias. Doch Zorobabel hegte diesbezüglich keine Ambitionen und ignorierte entsprechende Hinweise der Propheten Haggai und Sacharja. Zwei Jahrhunderte später hielten viele Juden Alexander den Großen wegen seiner unglaublichen Eroberungen für den Messias, doch er starb bereits mit 33 Jahren an einem Fieber.

200 Jahre lang war Jerusalem von den Ägyptern regiert worden, dann von Alexander, und auf diesen folgte die syrische Dynastie der Seleukiden. Letztere bewunderten die Griechen, weshalb sie die jüdische Kultur zeitweise für ungesetzlich erklärten und auf den Altar im Tempel eine Zeus-Statue stellten. Aber das Priestergeschlecht der Makkabäer vertrieb die Syrer. Der Triumph des Judas

Makkabäus verhalf rasch dem Glauben zum Auftrieb, er sei der Messias, doch er wurde 161 v. Chr. in einer Schlacht getötet. Daraufhin ging die Führerschaft an seine Brüder über, aber auch diese wurden umgebracht.

Im Verlauf der nächsten 100 Jahre zerstritten sich die Makkabäer zunehmend untereinander, was schließlich die Römer ausnutzten und Jerusalem einnahmen. Doch sie waren mit den Juden und deren fanatischen religiösen Überzeugungen noch unduldsamer als dereinst die Syrer, und das Resultat ihrer Unterdrückung war eine Flut militanter Messias-Gestalten: Simon, Judas von Galiläa, ein Ägypter, dessen Name historisch nicht gesichert ist, der aber eine dreißigtausend Mann starke Armee bis vor Jerusalem führen konnte, ehe die Römer sie vernichteten, und ein Mann namens Theudas, der behauptete, ein Zauberer zu sein und das Wasser des Jordan teilen zu können – gegen das römische Schwert, das ihn enthauptete, konnte sein Zauber allerdings nichts ausrichten.

Der einzige Messias jener Zeit, an den man sich heute noch erinnert, hieß Jeshua; besser bekannt wurde er unter seinem griechischen Namen Jesus. Eigenartigerweise hat wahrscheinlich gerade Jesus von Nazareth sich nicht selbst für »den Messias« gehalten. Als sein Jünger Petrus zu ihm sagte: »Sie nennen dich den Christus, den Messias«, wies Jesus ihn an zu schweigen. Offenbar war ihm diese Erwartungshaltung unangenehm, und zwar deshalb, weil die Juden einen Krieger wie Judas Makkabäus als Messias erwarteten, einen, der die Römer vertreiben würde. Jesus aber war viel zu realistisch, um mit dem Ende der Römerherrschaft zu rechnen. Seine Lehre handelte von völlig anderen Dingen. Das Studium der Schrift hatte in ihm den Glauben reifen lassen, dass die Welt noch zu Zeiten der damals lebenden Menschen enden würde; es werde zu Kriegen, Hungersnöten und Erdbeben kommen, und die Toten würden zum Leben wieder erweckt werden. Die Sonne werde sich verdunkeln, der Mond blutrot verfärben, und die Sterne würden vom Himmel fallen.

Die Botschaft, bei der wir an Jesus denken, nämlich den Nächsten zu lieben und andere so zu behandeln, wie man selbst behandelt werden möchte, war bereits Bestandteil der religiösen jüdischen Überlieferung. In mehr als tausend Jahren der Unterdrückung – die Juden waren schon 1250 v. Chr. von Pharao Ramses II. versklavt worden – hatten sie einen Geist des Pazifismus und der Unterwerfung unter den göttlichen Willen entwickelt. Und das Gebot Jesu, seinen Feind zu lieben, war so gesehen lediglich eine Neuformulierung der mosaischen Lehre.

Heute glauben immer mehr Wissenschaftler, dass Jesus den Essenern angehörte, einem religiösen Orden, der sich in die Höhlen von Qumran am Toten Meer zurückgezogen hatte, wo die Angehörigen dieses Bundes ein streng asketisches Leben führten. Es wurde sogar ernsthaft behauptet, Jesus sei gar nicht am Kreuz gestorben, sondern man habe ihm ein Mittel verabreicht, von dem er sich erholte, und er habe über sechzig Jahre lang gelebt.*

Was auch immer die Wahrheit sein mag, fest steht, dass die Geschichte seiner Kreuzigung und der Auferstehung eine wichtige Rolle dabei spielte, Jesus als den bislang überzeugendsten Messias zu etablieren. Hierbei ist von Bedeutung, dass seine Anhänger in dem Glauben lebten, das Ende der Welt stünde in wenigen Jahren bevor. Und nicht zu vergessen ist ferner, dass Jesus selbst sich *nicht* als Sohn Gottes sah – als gläubiger Jude wäre er über einen solchen Gedanken zutiefst empört gewesen.

In den Jahren nach seinem Tod hatte Jesus hauptsächlich zwei Gruppen von Anhängern. Die Messianisten (oder Nasoräer) glaubten, er sei nach wie vor am Leben und werde bald eine Armee anführen, um Rom in Schutt und Asche zu legen. Die andere, von dem bekehrten Juden Paulus geleitete Gruppe nannte sich Christen und vertrat eine eher pazifistische Lehre. Einer der grundlegendsten Glaubensinhalte des Judaismus war, dass die Leiden der Juden durch die Sünde ihres Vorvaters Adam verursacht worden seien. Paulus verkündete, diese Erbsünde sei durch den Kreuzestod Jesu gesühnt, sodass jeder, der Christ werde, nun erlöst sei. Diese Lehre gefiel sowohl Juden als auch Nichtjuden; deshalb unternahm

* Hugh J. Schonfield, *The Passover Plot* (1966); Michael Baigdent, Richard Leigh und Henry Lincoln, *The Holy Blood and the Holy Grail* (1982); Barbara Thiering, *Jesus von Qumran* (1993).

Paulus so viele und weite Reisen, auf denen er zahllose Menschen bekehrte. Das hatte jedoch zur Folge, dass die Christen erheblich verstreuter lebten als die Messianisten und deshalb früher oder später zu einer Minderheit würden.

Dass es anders kam, ist einem historischen Zufall zu verdanken. Im Jahre 66, 33 Jahre nach der Kreuzigung Jesu, erhoben sich jüdische Rebellen gegen die Römer und besetzten den Tempel, in dem Kaiser Nero täglich Opfer dargebracht wurden. Unter Nero waren die römischen Streitkräfte desorganisiert, und sein Selbstmord im darauf folgenden Jahr komplizierte die Situation noch mehr. Aber als im Jahre 70 der Feldherr Vespasian den Thron bestieg, beauftragte er seinen Sohn Titus, die Juden zu zähmen. Der Tempel wurde belagert und niedergebrannt; über eine Million Aufständische kamen grausam zu Tode. Als im April 73 Masada, ihre letzte Festung, fiel, war das Ende des jüdischen Widerstandes besiegelt und die Hoffnung auf die Unabhängigkeit der Juden erstorben.

Der Großteil der Messianisten überlebte den Aufstand nicht; somit waren es nur noch Paulus' Christen, die die Botschaft der Wiederkunft Jesu und das bevorstehende Ende der Welt predigen konnten. Und nun konzentrierten Juden wie Christen gleichermaßen ihre Hoffnungen auf das Kommen des Messias – wenngleich die Juden daran festhielten, dass er ein Sohn des Hauses David sein und sie zum militärischen Sieg führen würde, während die Christen glaubten, Jesus werde kommen, um das Ende der Welt herbeizuführen.

Aber noch vor dem Jahr 100 war jedem klar, dass die Prophezeiung Jesu nicht in Erfüllung gehen werde. Doch da hatte sich das Christentum bereits so stark verbreitet, dass dies keinen Unterschied mehr machte. Die Erwartung des Weltenendes wurde nun auf das Millennium übertragen – also auf das Jahr 1000 –, und der Begriff Millennium wurde zum Synonym für den Tag des Jüngsten Gerichts. Im Jahre 313 konnten die Christen dann ihren bis dahin größten Erfolg feiern, als der römische Kaiser Konstantin – der vielen seiner geisteskranken Vorgänger in punkto Blutrünstigkeit und Grausamkeit in nichts nachgestanden hatte – ihren Glauben zur Staatsreligion des Römischen Reiches erklärte.

Der nächste »Erlöser« des zweiten Jahrhunderts hätte die messianische Tradition der Juden beinahe beendet. 132 führte Simon Bar Kochba einen Aufstand gegen die Römer an, als er durch ein Gerücht erfuhr, dass Kaiser Hadrian den Tempel wieder aufbauen wolle. Das entsprach zwar nur zum Teil der Wahrheit – Hadrian wollte an der Stelle des alten Tempels einen neuen für Jupiter errichten –, aber es hatte den größten jüdischen Aufstand seit den Makkabäern zur Folge. Als der berühmte Talmud-Gelehrte Rabbi Akiva den Rebellen Simon Bar Kochba mit den Worten »Dies ist der König, der Messias« begrüßte, schien er damit auch diesen überzeugt zu haben. Kochba bildete aus Gruppen von Untergrundkämpfern eine Armee, die es an Schlagkraft und Disziplin mit den römischen Streitkräften aufnehmen konnte. Es kam zu heftigen, blutigen Kämpfen, in denen Kochba zunächst bemerkenswert erfolgreich war. Nachdem er Jerusalem eingenommen hatte, fiel eine Stadt nach der anderen in seine Hand. Als auch eine Garnison nach der anderen dem Erdboden gleichgemacht wurde, sah sich Hadrian gezwungen, einen seiner besten Kommandanten, Julius Severus, aus Britannien abzuziehen. Severus erkannte sofort, wie schwer es sein würde, eine kleine, mit Guerilla-Taktiken operierende Armee zu schlagen, und ging mit Kanonen auf Spatzen los. Er zerstörte Dorf für Dorf und 50 Hochburgen der Rebellen, und schließlich zahlte sich seine Taktik aus: In der Festung Bethar wurde Bar Kochba eingekesselt und getötet. Hadrian benannte Jerusalem um in Aelia Capitolonia und verbot Juden, in der Stadt zu wohnen.

Die Revolte hatte dreieinhalb Jahre gedauert, und die Enttäuschung nach ihrem völligen Scheitern war so immens, dass allein der Gedanke an einen Messias unaussprechlich wurde.

Es sollte 300 Jahre dauern, bis ein neuer Messias erschien. Er kam aus Kreta, nannte sich Moses und versprach seinen Anhängern wie so viele andere nach ihm auch, dass er Wunder vollbringen könne. Wenn sie sich am Ufer des Meeres versammelten, werde er es seinem großen Vorläufer gleichtun und die Wasser teilen, damit seine Armee trockenen Fußes hindurchgehen könne. Als er die Arme über den Kopf hob und den Fluten befahl zurückzuweichen, schritten seine Anhänger vorwärts, bis ihnen das Wasser an die Hüften und schließlich bis zu den Schultern reichte. Da kehrten die Vernünftigen um; viele andere jedoch wurden vom Gewicht ihrer Ausrüstung nach unten gezogen und ertranken. Bis sich die Armee am Strand von neuem formierte, war Moses von Kreta verschwunden.

Viele dieser selbst ernannten Erlöser waren zweifelsohne Geisteskranke, die an Wahnvorstellungen litten. Im Jahr 589 verlor ein Mann den Verstand, nachdem er in einem Wald bei Arles in Südfrankreich von einem Schwarm Fliegen angefallen wurde; zwei Jahre darauf kleidete er sich in Tierfelle und erklärte in der Cevennen-Stadt Gevaudon, er sei Christus und besitze die Gabe, Kranke zu heilen. (Tatsächlich ist die Gabe der Wunderheilung, die so genannte Thaumaturgie, nicht allzu selten.) Er sammelte eine Armee von 3 000 Anhängern um sich und verlangte von jedem Ort, dem sie sich näherten, ihn als Christus anzuerkennen – was in der Regel befolgt wurde, um Ärger zu vermeiden. Schließlich erreichte er die Stadt La Puy, wo er seine Leute in öffentlichen Gebäuden und Kirchen einquartierte und dann nackte Boten zu Bischof Aurelius sandte, um ihm seine Ankunft mitzuteilen.

Als der Bischof sah, wie diese seltsamen Emissäre Purzelbäume schlugen, stand für ihn fest, dass sie vom Teufel inspiriert waren. Seinen Abscheu verbergend, sandte er einige seiner Untergebenen aus, um den Mann, der sich Christus nannte, willkommen zu heißen. Sie verneigten sich, als wollten sie die Knie des Messias küssen, zogen ihn aber stattdessen zu Boden und erstachen ihn. Ohne ihren Führer zerstreuten sich die Anhänger rasch, obwohl seine Geliebte, eine Frau, die sich Maria nannte, gefoltert wurde. Man versuchte, ihr die diabolischen Geheimnisse zu entreißen, die dem Christus von Gevaudon zu seiner Macht verholfen hatten. Doch der heilige Gregor von Tours, der die Geschichte dieses Falles aufgezeichnet hat, fügte hinzu, dass die Anhänger dieses Messias bis zu ihrem Tod an ihn glaubten – ein weiteres bekanntes Phänomen, dem wir noch öfter begegnen werden.

Der bald darauf beginnende Siegeszug des Islam trug wesentlich zur Entmutigung jedweder messianischer Bewegung bei – aber nicht etwa, weil die Moslems ihre jüdischen und christlichen Untertanen unterdrückten, sondern weil sie gegenüber anderen Religionen ungewöhnlich tolerant waren, wie es ihr Prophet sie gelehrt hatte. Bislang waren Messias-Figuren vor allem in Zeiten sozialer Unruhen und religiöser Verfolgung aufgetreten. Nun wurde die Kirche selbst zum hauptsächlichen Verfolger, denn sie verbrannte und massakrierte immer wieder Heiden und Ketzer. Die Moslems ließen die Leute einfach nur ihre Religion ausüben. Als im Jahre 720 in Syrien ein Messias namens Serenus auftrat (er wurde wahrscheinlich nach seiner Heimatstadt Shirin benannt) und eine Armee auf Palästina führte, ließ Kalif Yazid II. ihn nicht einmal bestrafen, sondern übergab ihn zu diesem Zweck einfach den Rabbis. Wie die meisten Erlöser (einschließlich Jesus) wandte sich Serenus gegen die Gesetzesstrenge der Rabbiner – ein weiteres Thema, das sich durch die Geschichte verfolgen lässt – und fand vor allem bei jenen Unterstützung, die wie er der Meinung waren, dass ihre Religion den wahren Geist göttlicher Inspiration zu Gunsten starr gewordener Regeln und Vorschriften eingebüßt hatte.

Zwanzig Jahre nach Serenus, um 742, verkündete ein Messias namens Aldebert aus dem französischen Soissons, er sei ein Heiliger, und seine Anhänger bauten Kapellen, die er nach sich selbst benannte. Er behauptete sogar, einen Brief von Jesus persönlich zu besitzen. Aldeberts Einfluss beunruhigte Papst Zacharias so sehr, dass er mit allen Mitteln versuchte, ihn gefangen nehmen zu lassen. Und als dies fehlschlug, exkommunizierte er ihn. Davon unbeirrt, setzte Aldebert sein Tun noch mindestens zwei Jahre fort, bis er eines offensichtlich natürlichen Todes starb.

Drei Jahrhunderte später hatte ein weiterer Messias, nämlich Eon oder Eudo de Stella, weniger Glück. Er scharte in der Bretagne Horden von Jüngern um sich und organisierte seine Anhänger in einer Kirche mit Erzbischöfen und Bischöfen. Anders als Jesus von Nazareth zögerte er nicht, sich als Sohn Gottes zu bezeichnen. 1144 war für einen Messias ein günstiges Jahr, um Anhänger zu finden, denn wegen eines ungewöhnlich harten Winters mussten viele Menschen hungern. Eons Jünger schlugen ihr Lager im Wald auf, machten die ganze Gegend unsicher und lebten hauptsächlich von Plünderungen. 1148 wurde er schließlich von Soldaten des Erzbischofs von Rouen gefangen genommen und in einen Turm gesperrt, wo man ihn verhungern ließ. Seine Anhänger weigerten sich, ihm abzuschwören; daraufhin wurden die »Bischöfe« und »Erzbischöfe« im inzwischen traditionellen christlichen Geiste bei lebendigem Leibe verbrannt.

Eine der bemerkenswertesten Messias-Figuren des 12. Jahrhunderts, Tanchelm von Antwerpen, war zu diesem Zeitpunkt bereits tot. Er scheint zunächst Mönch gewesen zu sein, wurde dann Diplomat in Diensten des Grafen Robert von Flandern und versuchte in dieser Eigenschaft, den Papst zu bewegen, einen Teil der Stadt Utrecht an seinen Herrn abzutreten. Der Papst weigerte sich, und als Graf Robert starb, endete damit auch Tanchelms Diplomatenlaufbahn. Er wurde Wanderprediger in der Region um Antwerpen. Auch Tanchelm besaß offenbar etwas, was allen Erlösern eignet: eine gewaltige Ausstrahlung als Prediger und Redner. Dabei muss man sich allerdings in Erinnerung rufen, dass der Großteil seiner Zuhörer unwissende Bauern waren, die nie einen wirklich guten Prediger erlebt hatten. Wenn er sich, als Mönch gekleidet, auf offenem Felde an seine Zuhörer wandte, reagierten diese Leute wie heutige Teenager auf ein Popidol. Er verdammte die Kirche wegen ihrer Korruption und erklärte, wenn die heiligen Sakramente von sündigen Priestern gespendet würden, seien sie wirkungslos. Seine Anhängerschaft wuchs so rapide an, dass die Kirchen schon bald leer blieben. Und wenn Tanchelm seinen Zuhörern riet, keine Steuern an die Kirche (den so genannten Zehnt) zu zahlen, folgten sie diesem Rat mit Freuden.

War Tanchelm ein Scharlatan, oder glaubte er wirklich, er sei ein Messias? Mit Sicherheit war er der Meinung, er habe das Recht, wie ein König zu leben. Er kleidete sich in prachtvolle Gewänder und war stets von einem großen Gefolge umgeben, zu dem unter anderem zwölf Männer gehörten, die offenbar die zwölf Apostel versinnbildlichen sollten. Eines Tages gab er bekannt, er werde sich mit der Jungfrau Maria verloben, und hielt eine Zeremonie ab, bei der er vor einer großen Menschenmenge mit einer Heiligenstatue vereint wurde; die Leute boten ihm ihren Schmuck als Verlobungsgeschenk an.

Da er so viele Anhänger hatte, konnte die Kirche nichts gegen ihn unternehmen; er hatte die Städte Utrecht und Antwerpen sowie weite Teile der Landbevölkerung auf seiner Seite. Im Jahre 1115 kam er dann – wie der Messias von Gevaudon – durch Verrat ums Leben: ein Priester, dem gestattet worden war, sich ihm zu nähern, erdolchte ihn. Doch sein Einfluss blieb unvermindert groß, sodass es eines zweiten »Wundertätigen« – Norberts von Xanten, der das Wohlwollen der Kirche genoss – bedurfte, um Tanchelms Anhänger in Antwerpen endlich zu »dekonvertieren« und die Macht der Kirche wieder herzustellen.

Wie konnten diese »Erlöser« derart mächtig werden? Zunächst ist festzuhalten, dass sie alle hervorragende Prediger waren. Das allein hätte jedoch sicherlich nicht ausgereicht. Wie wir gesehen haben, wurde die christliche Kirche – eine einstmals arme und verfolgte Organisation, deren Führer den Löwen vorgeworfen wurden – unter Kaiser Konstantin im Jahre 313 plötzlich zur Staatsreligion des Römischen Reiches.

Sobald die Christen politische Macht errungen hatten, verhielten sie sich noch grausamer als ihre Feinde: Sie zerstörten heidnische Tempel, verbrannten Ketzer und zerstritten sich untereinander. Die Kirche wurde praktisch zum obersten Diktator. Und die Armen, denen befohlen wurde, jeden Sonntag zur Messe zu gehen, die unter hohen Steuern stöhnten und gezwungen wurden, auch noch für die Vergebung ihrer Sünden zu zahlen, wurden zunehmend unzufrieden mit ihren geistigen Herren. Doch sie konnten sich nicht wehren; die Kirche regierte mit derselben eisernen Hand wie die Nazis im Dritten Reich oder die Kommunisten in Russland unter Stalin. Ein aufrührerischer Messias fand deshalb leicht eine willige Anhängerschaft. Wie es auch Jesus getan hatte, attackierten diese Männer das Establishment und erklärten, das Gesetz sei weniger wichtig als der Geist. Zudem hatte die Kirche immer eine starke mystische Tradition. Mystiker waren Menschen, die Augenblicke überwältigender Freude und Erleuchtung erlebt und in denen sie ihrer Überzeugung nach Gott geschaut hatten. Sie lehrten, dass jedermann einen göttlichen Funken in sich trägt und dass deshalb jeder Mensch gewissermaßen Gott oder zumindest teilweise göttlich ist. Ferner betrachteten sie die gesamte Natur als Ausdruck Gottes – die so genannten Pantheisten unter ihnen glaubten sogar, dass die Natur Gott *ist*. Einer der größten Mystiker, Dionysios Areopagita, lehrte um 500, dass Gott eine Art Leere oder Dunkel sei und nur durch die Erkenntnis begriffen werden könne, dass er weder Wissen, Macht noch Ewigkeit oder irgendetwas anderes verkörpere, was der menschliche Geist erkennen könne. Gott, so Dionysios, sei jenseits aller Worte und Vorstellungen.

Obwohl viele der großen Mystiker ihr Leben lang der Kirche angehörten, glaubten sie nicht, dass diese für die eigentliche Erlösung von Bedeutung sei. Sie vertraten vielmehr die Ansicht, dass der Mensch Gott direkt, ohne die Vermittlerrolle von Priestern oder Sakramenten, erkennen kann. Einige, etwa der im 13. Jahrhundert wirkende Meister Eckhart, kamen der Exkommunikation oder gar dem Tod durch den Scheiterhaufen gefährlich nahe. (Eckhart wurde wegen Ketzerei angeklagt, starb aber vor seiner Verurteilung eines natürlichen Todes.) Und von dem Glauben, der Mensch habe direkten Zugang zu Gott, zu dem, dass es keine Sünde gibt, war es nur ein kleiner Schritt. Wenn der Mensch wirklich frei sei, dann habe er die Möglichkeit der Wahl, und wenn er sich dafür entscheide, den Gedanken, etwas sei Sünde, zu verwerfen – etwa sexuelle Promiskuität oder Inzest –, dann habe keine Autorität das Recht, ihn zum Sünder zu deklarieren. Prediger, die diese Lehre vertraten, wurden als Brüder des Freien Geistes bezeichnet.

Im Mittelalter kursierte eine Geschichte über einen reichen Händler, dessen Frau auf einmal viel Zeit in der Kirche zubrachte. Als dem Mann Gerüchte zu Ohren kamen, dass die Kirche einer Bruderschaft des Freien Geistes gehöre, beschloss er eines Tages, seiner Frau nachzugehen. Verkleidet folgte er ihr in eine große unterirdische Höhle, wo der Gottesdienst zu seiner Überraschung mit einem Tanz begann und jeder sich einen Partner bzw. eine Partnerin suchte. Danach wurde gegessen und Wein getrunken. Der Mann verstand nun, weshalb seine Frau diesem Gottesdienst gegenüber der katholischen Messe im Ort den Vorzug gab – hier war einfach alles besser. Dann erhob sich der Priester und verkündete, alle Menschen seien frei, und wenn sie im Geiste des Herrn lebten, könnten sie tun, was ihnen beliebe. »Wir müssen eins werden mit Gott.« Nach diesen Worten nahm er eine junge Frau bei der Hand und führte sie zum Altar. Beide legten ihre Kleidung ab, und der Priester wandte sich an die Versammelten und wies sie an, es ihnen nachzutun. »Dies ist die Jungfrau Maria, und ich bin Jesus. Folgt nun unserem Beispiel.« Die Frau legte sich auf den Altar, der Priester auf sie, und sie begannen vor den Augen der Kirchengemeinde den Geschlechtsakt zu vollziehen. Die Kirchgänger taten es den beiden mit ihren jeweiligen Tanzpartnern nach.

In dem Chaos bemerkte die Frau des Händlers nicht, wie dieser ihre Hand ergriff und ihren Ehering abzog; sie war zu sehr mit ihrem Partner beschäftigt. Da niemand sich weiter um ihn kümmerte, schlich er sich heimlich davon.

Als seine Frau nach Hause kam, fragte er sie zornig, wie sie es, selbst im Namen der Religion, wagen könne, sich einem anderen Mann hinzugeben. Entrüstet stritt sie alles ab und konterte, ob er glaube, sie, die Frau eines wohlhabenden Händlers, würde sich benehmen wie eine Prostituierte. Doch als der Mann sie nach ihrem Ehering fragte, erbleichte sie. Er hielt ihn ihr hin, und nun wusste sie, dass er alles gesehen hatte, und brach in Tränen aus. Die Frau wurde verprügelt, bis sie blutete, dennoch hatte sie mehr Glück als die anderen, die von der Inquisition verhaftet und auf dem Scheiterhaufen verbrannt wurden.

Diese Geschichte mag sich so zugetragen haben oder auch nicht, doch solche kirchlichen Gemeinschaften gab es in der Tat. Ihre Anzahl vermehrte sich kurz nach dem Jahr 1200 in ganz Europa beträchtlich. Die Bruderschaften des Freien Geistes erklärten, Gott sei in jedem von uns und die Kirche deshalb unnötig – sie sei in der Tat die Hure von Babylon. Die großen Dichter seien ebenso »heilig« wie die Bibel. Sex *müsse* ein anerkennenswerter Weg sein, Gott zu verehren, da er ein so starkes Gefühl göttlicher Erleuchtung mit sich bringe. Johanne Nohls beschreibt die Brüderschaften des Freien Geistes in seinem Buch »Der Schwarze Tod« wie folgt:

»Die Flachreliefs ... in den französischen Kirchen ... stellen erotische Szenen dar. Ein Fresko in der Kathedrale von Albi zeigt sogar Sodomiten beim Geschlechtsverkehr. Homosexualität war auch in manchen Regionen Deutschlands sehr wohl bekannt, wie die Verurteilungen der Begarden und Beginen im 14. Jahrhundert zeigen, vor allem die Geständnisse der Brüder Johannes und Albert von Brunn, die im Greifswalder Manuskript enthalten sind. Sie belegen, dass die Brüder des Freien Geistes Homosexualität nicht als Sünde betrachteten. ›Und wenn ein Bruder mit einem anderen Mann Sodomie betreiben will, dann sollte er dies völlig unbehindert und ohne ein Gefühl von Sünde tun, denn ansonsten wäre er kein Bruder des Freien Geistes.‹

In einem Münchner Manuskript ist zu lesen: ›Und wenn sie zur Beichte gehen und zusammenkommen und er ihnen predigt, nimmt er sich die Schönste von ihnen und macht mit ihr alles, was er will, und sie löschen das Licht und fallen übereinander her, Mann über Mann und Weib über Weib, wie es gerade kommt. Jeder muss mit eigenen Augen mit ansehen, wie seine Frau oder Tochter von den anderen mißbraucht wird, denn sie sagen, unterhalb der Gürtellinie könne niemand sündigen. Dies ist ihr Glaube.‹

Andere eigenartige Doktrinen, wie etwa die, dass Inzest zulässig sei, selbst wenn er auf dem Altar ausgeführt werde, dass niemand das Recht habe, seine Zustimmung zu verweigern, dass der von den Toten auferstandene Christus mit Maria Magdalena Geschlechtsverkehr gehabt habe und anderes mehr – all dies ist ein Hinweis auf den Verderb und die Verwirrung der Moralvorstellungen, die durch die großen Pestepidemien, vor allem jene des Jahres 1348, herbeigeführt wurden.«

Die Bemerkung über Christus und Maria Magdalena ist von besonderem Interesse angesichts der Behauptung von Baigdent, Leigh und Lincoln in »The Holy Blood and the Holy Grail« und Barbara Thiering in »Jesus von Qumran«, es gebe triftige Beweise dafür, dass Jesus mit Maria Magdalena verheiratet gewesen sei und mit ihr Kinder gezeugt habe. Die Bruderschaften des Freien Geistes waren sich dieser esoterischen Tradition zweifellos bewusst und betrachteten sie als Rechtfertigung für ihre Doktrin der Promiskuität. Kurz gesagt: Den Brüdern des Freien Geistes zufolge ist jeder Mensch sein eigener Messias. Die Kirche tat ihr Bestes, solche Überzeugungen mit Schwert und Feuer auszumerzen, aber sie brauchte dazu dennoch drei Jahrhunderte. Und selbst als die Bruderschaften endlich verschwunden waren, blieben solche Vorstellungen weiterhin einflussreich.

1626 wurde Sabbatai Zwi geboren, der erfolgreichste Messias seit Jesus von Nazareth. Der türkische Jude, Sohn eines reichen Händlers aus Smyrna, wurde bereits von früher Kindheit an von Rabbis erzogen und entwickelte ein starkes Interesse für alles Religiöse. Seine Lehrer prägten ihm offenbar auch ein, dass Sex mit Sünde gleichzusetzen sei; mit sechs Jahren träumte er, eine Flamme habe seinen Penis verbrannt, und von da an scheint er »von schauerlichen Träumen gequält worden zu sein, deren sexueller Charakter außer Zweifel stand«, so sein Biograf Gershom Scholem*. Sabbatai war ein vorbildlicher Schüler und beendete seine Studien bereits im Alter von 15 Jahren; danach begann er ein Leben der Einsamkeit und des Gebets. Er studierte auch die Kabbala, die mystische Lehre der Juden. Mit 16 Jahren begann er eine Fastenperiode, die sechs Jahre lang andauerte; schon damals war er davon überzeugt, dass Gott für ihn ein außergewöhnliches Schicksal bestimmt hatte.

Seine beunruhigten Eltern kamen zu dem Schluss, dass eine arrangierte Ehe womöglich die Lösung sei. Sabbatai erklärte sich widerwillig mit einer Verheiratung einverstanden, weigerte sich dann jedoch, die Ehe zu vollziehen, sodass sich seine Frau schließlich scheiden ließ. Eine zweite Ehe endete aus demselben Grund.

Gershom Scholem räumt ein, dass Sabbatai Zwi extrem manisch-depressiv war – auf Zustände der Hochstimmung und Ekstase folgten bei ihm Perioden der Schwermut mit Selbstmordgedanken, in denen er nicht imstande war, sich zu konzentrieren. Dieser Zustand sollte sein Leben lang andauern. Seine Nachbarn scheinen ihn für einen Verrückten gehalten zu haben.

* Gershom Scholem, *Sabbatai Swi: Der mystische Messias* (1992).

Die erste große Veränderung in seinem Leben trat 1648 ein, als er 22 Jahre alt war. Nachrichten aus Polen berichteten von entsetzlichen Judenpogromen. Unter der Führung des grausamen und gefürchteten Bogdan Kmelnitzki hatten sich die für ihre Roheit berüchtigten ukrainischen Kosaken gegen ihre polnischen Herren erhoben und gingen besonders rachsüchtig gegen die Juden vor, die diesen dienten. Es kam zu den schlimmsten Gräueltaten: Manchen wurde bei lebendigem Leib die Haut abgezogen, andere lebendig begraben, einigen Hände und Füße abgehackt, Schwangeren der Bauch aufgeschlitzt, Frauen im Angesicht ihrer Männer vergewaltigt, Kinder in den Armen der Mütter getötet. Hunderttausend Juden kamen um, Tausende flohen in andere Länder, unter anderem in die Türkei. Ironischerweise besagte das Buch »Sohar« der Kabbala, im Jahre 1648 würden die Toten wieder zum Leben erweckt.

Die Berichte über diese Grausamkeiten, die Sabbatai wahrscheinlich direkt von Augenzeugen erfahren hatte, scheinen ihn zutiefst erschüttert zu haben. In dieser schweren Zeit wurde ihm die Offenbarung zuteil, dass er der Messias sei. Sie wurde begleitet von einem höchst ungewöhnlichen Phänomen – sein Körper begann einen angenehmen Duft zu verströmen. Als ein Arzt ihn wegen der vermeintlichen Verwendung von Parfum zur Rede stellte, zog sich Sabbatai aus, um zu beweisen, dass der Duft geradewegs aus seiner Haut kam. Dann teilte er dem Arzt mit, was er bislang nur seiner Familie anvertraut hatte – dass er der Messias sei. Der Duft sei der Beweis dafür, dass der Herr ihn gesalbt habe.

Eines Tages im Jahre 1648 schockierte Sabbatai seine Glaubensgenossen damit, dass er in der Synagoge aufstand und den heiligen Namen Jahwes aussprach, was nach jüdischem Gesetz streng verboten war. Wenig später begann er, Anhänger um sich zu scharen, die seine wahnhaften Schübe als Beweis dafür betrachteten, dass er von Gott auserwählt sei.

1651 hatten seine jüdischen Glaubensgenossen genug von Sabbatais seltsamem Benehmen und vertrieben ihn aus Smyrna. Er begab sich mit seinen Anhängern nach Griechenland, wo er geboren worden war, und hinterließ bei den dortigen Juden einen tiefen

Eindruck. Darunter waren zahlreiche Marranen aus Spanien – Juden, die gezwungen worden waren, zum Christentum überzutreten, und deshalb mit Schuldkomplexen zu kämpfen hatten. Besonders für diese Menschen muss es eine wunderbare Erleichterung gewesen sein, von diesem Messias versichert zu bekommen, dass Gott sogar jetzt noch seine heiligen Gesetze änderte und verbesserte – zum Beispiel die Vorschrift, dass der Name Jahwe nicht ausgesprochen werden dürfe. Sabbatai steigerte sich in unglaubliche Exzentritäten hinein. Einmal kaufte er einen großen Fisch, zog ihm Babykleider über und legte ihn in eine Krippe; jenen, die nachfragten, erklärte er, dies sei ein Symbol des kommenden Zeitalters der Fische, in dem die Juden von der Knechtschaft befreit würden. Ein anderes Mal trieb er es noch schlimmer: Er lud die Rabbis von Saloniki zu einem Festmahl ein, und während sie bei Tisch saßen, nahm er eine Gesetzesrolle in die Arme, als sei sie eine Frau, und trug sie zu einem Hochzeitsbaldachin. Diese Andeutung des Geschlechtsakts entsetzte die versammelten Rabbis so sehr, dass sie ihn unverzüglich der Stadt verwiesen. Danach wurde er auch noch aus Konstantinopel hinausgeworfen, weil er die Zehn Gebote für aufgehoben erklärt hatte.

Der Sufi-Mystiker al-Junayd sagte: »Gott bringt über jene, die ihn lieben, einen plötzlichen, die Natur übersteigenden Wahn, in dem ein Mensch sich in Wort und Tat gegen die vom Himmel offenbarten religiösen Vorschriften wenden kann.« Scholem ist der Meinung, dies erkläre Sabbatais erstaunliche Aussagen, mit denen er Gesetze als hinfällig bezeichnete oder bestimmte, dass gewisse Vergehen nun heilig seien. In der Tat war Sabbatai, wenn er wieder zu seinem normalen Selbst zurückgefunden hatte, sehr bestürzt über die Dinge, die er im manischen Zustand gesagt oder getan hatte, und suchte sogar Hilfe, um seine »Dämonen« zu vertreiben.

Während seiner Abwesenheit von Smyrna wurde das über ihn verhängte Aufenthaltsverbot offenbar aufgehoben, und so kehrte er zurück, bis er 1662 nach Jerusalem reiste. Inzwischen hatte er eine ihm ergebene Schar von Anhängern, die ihm ein standesgemäßes Leben ermöglichten. Seinen Einfluss schien er einem gewissen Charme wie auch seinen eigenartigen Lehrmeinungen zu verdanken: Wenn er normal war, wirkte er äußerst freundlich und spendete – vom Geld seiner Anhänger – großzügig für mildtätige Zwecke.

Aus seltsamen Gründen beschloss Sabbatai an diesem Punkt seines Lebens, dass er nun eine Frau haben müsse. Er hörte von einer schönen polnischen Kurtisane namens Sarah, die oft erklärt habe, es sei ihr bestimmt, die Braut des erwarteten Messias zu werden. Zur Zeit der Pogrome in Polen war sie sechs Jahre alt gewesen und in ein Kloster gegeben worden. Es hieß, später habe sie mit ihrem Bruder ganz Europa bereist und sich allen möglichen sexuellen Aktivitäten hingegeben. Als Sabbatai erfuhr, dass sie sich in Livorno in Italien aufhielt, schickte er zwölf seiner Anhänger dorthin und ließ fragen, ob sie ihn heiraten wolle. Sarah war einverstanden, und so kam es 1664 zur Heirat des 38-Jährigen mit der um 16 Jahre jüngeren Frau.

Zu dieser Zeit begann sich ein junger Mann namens Nathan Ashkenazi, der Sohn eines sephardischen Juden aus Jerusalem, zunehmend mit Sabbatai zu beschäftigen. Seine Geschichte ähnelt in vielem dem Lebenslauf Sabbatais. Auch er war schon in der Rabbinerschule wegen seiner herausragenden Leistungen aufgefallen und dann im Alter von 20 Jahren verheiratet worden. Dann hatte er zu fasten und über die Kabbala zu meditieren begonnen und war mit Visionen von Engeln belohnt worden. »Tag und Nacht sah ich Visionen von Gott.« Eine dieser Ekstasen hielt einen ganzen Tag an. Wegen seiner neu gewonnenen Inbrunst wurde er zum geistigen Führer vieler Juden in Gaza, der Heimatstadt seiner Frau, und man brachte ihm schon bald große Ehrfurcht entgegen. Er scheint über eine so große Kraft der Einsicht verfügt zu haben, dass er die Gedanken derer, die zu ihm kamen, lesen und ihnen ihre Sünden ins Ohr flüstern konnte.

Alles, was wir über Nathan wissen, lässt vermuten, dass er wohl ein weitaus geeigneterer Messias gewesen wäre als Sabbatai. Er war ein Visionär, ein Intellektueller und ein Mensch von ungewöhnlicher Energie und Entschlossenheit (Sabbatai war dagegen vergleichsweise willensschwach). Doch anscheinend wurde ihm in einer Vision im März 1665 enthüllt, dass Sabbatai der Messias sei.

Aus unbekanntem Grund behielt er dies jedoch für sich und verlautbarte lediglich, Gott habe ihm eine Vision des Messias gewährt. Mit dieser Botschaft löste er heftige Unruhe aus, und viele suchten ihn auf, um mehr zu erfahren.

Und nun folgt der vielleicht seltsamste Teil der ganzen Geschichte. Sabbatai war gerade auf einer Art Mission für seine jüdischen Glaubensbrüder in Ägypten, als er die Nachricht von Nathans Vision erhielt und beschloss, diesen auf dem Rückweg aufzusuchen. Das Treffen fand im April 1665 statt, und dabei scheint Sabbatai Nathan mitgeteilt zu haben, dass er von seinen manisch-depressiven Anfällen geheilt sei. Er war verblüfft, als Nathan ihm sagte, er, Sabbatai, sei der Messias. Zuerst lachte er darüber. »Ich *war* ein Messias, aber das habe ich aufgegeben.« Doch in der darauf folgenden Woche überzeugte Nathan ihn. Sie besuchten die heiligen Gräber in Jerusalem und Hebron, Nathan hörte sich Sabbatais Lebensgeschichte an, und dabei wuchs in ihm immer mehr die Überzeugung, dass Sabbatai der Gesalbte sei, den die Juden erwarteten. Dieser aber zweifelte noch immer.

Das nächste bedeutungsschwere Ereignis ist noch mysteriöser. Sabbatai verfiel in einen seiner schwermütigen Zustände und begab sich nach Hause. Nathan in seiner Eigenschaft als Spiritus rector der ortsansässigen Juden hingegen ging in die Synagoge, wo er in eine Art Trance versank, in der er an mehrere Personen appellierte, ihre Sünden zu bereuen. Dann »war eine Stimme zu hören« – ob sie aus dem Munde Nathans kam, ist nicht klar –, die ihnen auftrug, »Sabbatai Zwi zu folgen«. Als Nathan aus der Trance erwachte, fragten ihn die versammelten Rabbis, was dies alles zu bedeuten habe, und Nathan verkündete, dass Sabbatai Zwi der Messias sei und würdig, der König ganz Israels zu sein.

Sobald sich Sabbatai von seiner Depression erholt hatte, besuchte er Nathan und erfuhr, was sich in der Synagoge zugetragen hatte. Und nun endlich war auch er überzeugt. Er hatte den größten Teil seines Lebens in seelischer Qual verbracht; nun fing er an zu glauben, dass die Lösung darin lag, endlich sein Schicksal als Messias anzunehmen. Drei Tage darauf verfiel er wieder seiner manischen Depression und verlor plötzlich jeglichen Zweifel. In der

Synagoge stand er »mit strahlendem Antlitz« vor den Gläubigen, die sein majestätisches Auftreten als Beweis dafür betrachteten, dass er der Messias sei. Offenbar sprach er volle drei Stunden zu ihnen und wählte schließlich zwölf Rabbinerschüler aus, die für die zwölf Stämme Israels stellvertretend sein sollten.

Bald darauf hatte Nathan eine weitere Vision; er sah ein handgeschriebenes Buch, aus dem er eine Seite abschreiben durfte. Darin hieß es, Sabbatai Zwi sei der Messias, aber er werde von einer »gemischten Menschenmenge« – ein Ausdruck, der die Bedeutung »Kinder des Satans« zuließ – verschmäht und verfolgt. Wie viele andere Dokumente, denen göttlicher Ursprung zugeschrieben wurde, gehörte diese Vision bald zu den grundlegendsten heiligen Schriften der Anhänger Sabbatais.

Umgeben von einer großen Schar Gläubiger, nahm der Messias seine Rolle nun endlich ernst. Anlässlich eines bevorstehenden bedeutenden religiösen Fasttags hatte er eine Offenbarung und verkündete, das Fasten werde an diesem Tag abgeschafft und stattdessen ein großes Fest gefeiert. Dann ritt er in Begleitung von vierzig Getreuen nach Jerusalem, und nachdem sie die Stadt siebenmal umrundet hatten, sorgte er mit seinem exzentrischen Auftreten für weitere Aufregung, indem er Blasphemien aussprach und seine Anhänger aufforderte, verbotenes Nierenfett zu essen, das er zuvor segnete. Daraufhin wurde er von den Rabbinern erneut der Stadt verwiesen.

Nathan erhielt für sein neues Wirken als »Werbeagent« inzwischen großzügige Geschenke und schrieb Briefe an jüdische Gemeinden in ganz Europa und dem Nahen Osten, in denen er das Kommen des Messias ankündigte und diesen mit Simon Bar Kochba verglich. Die gewaltige Wirkung dieser Briefe ist auf ihre immense Überzeugungskraft wie auch auf Nathans überragende literarische Fähigkeiten zurückzuführen. Wie bereits am Beginn dieses Kapitels angedeutet, war aber auch für Juden wie Christen die Zeit reif für die Erwartung eines Messias. Letztere beriefen sich darauf, dass 666 die Zahl des Tieres in der Offenbarung sei, und hielten es für undenkbar, dass das Jahr 1666 ohne ein die Erde erschütterndes Ereignis vorübergehen könne. Aber da die Prophezeiungen auch besagten, das Millennium könne erst stattfinden, wenn die Juden wieder in Palästina vereint seien, glaubten viele Christen, das Kommen eines jüdischen Messias werde auch der erste Schritt nach Armageddon sein. Gerüchte kursierten, dass im Nahen Osten große Armeen unterwegs seien. Und als Sabbatai beschloss, in einem ersten Schritt seiner Mission König der Welt zu werden, und nach Smyrna zurückkehrte, verursachte er überall, wo er hinkam, helle Aufregung und wurde von riesigen Menschenmassen begrüßt. In Aleppo wurde er sogar offiziell und mit allen Ehren empfangen. Als die Nachrichten von seiner Reise Europa erreichten, tanzten die Juden dort in den Straßen, und viele verkauften ihr gesamtes Hab und Gut, um sich für den Himmel auf Erden vorzubereiten, wo es nicht mehr nötig sein würde, einem Beruf nachzugehen oder für seinen Lebensunterhalt zu arbeiten.

Zwischenzeitlich war Sabbatai im September 1665 in aller Stille in Smyrna eingetroffen. Er verhielt sich so ungewöhnlich zurückhaltend, dass es aussah, als habe er ein neues Leben begonnen – er befand sich gerade in einer ruhigen Phase seines manisch-depressiven Wahns. Doch als im Dezember eine Delegation aus Aleppo eintraf, um ihm Respekt zu bezeugen, riss er in einer Hochstimmung einmal mehr alle mit sich. Heute würde man sagen, es kam zu einem Ausbruch von Massenhysterie: Dutzende von Menschen verkündeten Prophezeiungen und erlebten Visionen – beliebte Bilder waren vor allem Feuersäulen –, und Geschichten von Wundern begannen zu zirkulieren.

Als die orthodoxen Rabbiner zusammenkamen, um zu beraten, was angesichts dieser bedrohlichen Vorgänge zu tun sei, ordnete Sabbatai einen Tag des öffentlichen Gebets an, was von der Mehrheit der Juden in der Stadt befolgt wurde. In der Synagoge tauchte Sabbatai in prachtvollen Gewändern an der Spitze einer Prozession auf, die eines Papstes würdig gewesen wäre; wie gewöhnlich, sprach er laut den verbotenen Namen Gottes aus und segnete die Gläubigen mit einem Königszepter. Am 14. Dezember rief er sich selbst zum Messias aus und verteilte dann königliche Titel an getreue Anhänger mit dem Hinweis, sie könnten ihr Reich sofort nach dem Millennium in Besitz nehmen. Smyrna war in Hochstimmung; Leute strömten in die Stadt, und Delegationen trafen ein, um ihre Reverenz zu erweisen.

Vollkommen überzeugt, dass Gott eingreifen werde, um den Erfolg seiner Mission sicherzustellen, brach Sabbatai dann per Schiff nach Konstantinopel auf. Ihm voraus eilten Briefe, die von Zeichen und Wundern berichteten, sodass sich Konstantinopel schon bald in derselben fieberhaften Erwartungshaltung befand wie Smyrna. Die Geschäftsleute der Metropole erkannten die Möglichkeit hoher Gewinne und brachten geradezu groteske Berichte von Wundern und dergleichen in Umlauf, die bei leichtgläubigen Enthusiasten reißenden Absatz fanden; selbst die Christen der Stadt ließen sich von der allgemeinen Hochstimmung anstecken.

Doch das Schiff des Messias hatte mit schlechtem Wetter zu kämpfen und brauchte statt der üblichen zwei Wochen mehr als einen Monat. In der Zwischenzeit teilten Sabbatai feindlich gesinnte Rabbis dem Großwesir Ahmed Koprulu mit, ein falscher Messias sei auf dem Weg in die Stadt und wolle Sultan Mehmet IV. stürzen. Da der Messias offensichtlich keine Armee hatte, war der Großwesir von dieser Nachricht nicht sonderlich beeindruckt; allerdings sorgte er sich um eine eventuelle Störung des Handels in der Stadt. Deshalb ließ er Sabbatais Schiff auf hoher See anhalten und ihn am 8. Februar 1666 unter Arrest an Land bringen.

Jeder rechnete damit, dass Sabbatai sofort hingerichtet würde. Doch als man ihn vor den Großwesir brachte (der Sultan war verreist), erwiesen ihm offenbar sein Charme und seine hohe Intelligenz einmal mehr gute Dienste. Sein Arabisch war perfekt, und der Wesir war ein kultivierter Mann mit einer besonderen Vorliebe für diese Sprache. Als er Sabbatai fragte, ob es wahr sei, dass er der Messias sei, erwiderte dieser, er sei nur ein jüdischer Gelehrter, der Geld für die Armen sammle. Doch das Verhalten seiner Anhänger, die Abordnungen an den Wesir sandten, zeigte, dass dies nicht die ganze Wahrheit sein konnte. Sie bezahlten überdies große Summen, um sicherzustellen, dass es dem Messias wohl erging und sie ihn besuchen konnten.

Zwischenzeitlich kam es in Konstantinopel wie schon zuvor in Smyrna zu spontanen Prophezeiungen, und Menschenmassen strömten in die Stadt in der Hoffnung, den eingekerkerten Messias zu sehen. Der Wesir machte sich Sorgen über die zunehmende Unruhe in der Stadt und ließ Sabbatai deshalb in eine Festung auf der anderen Seite der Dardanellen schaffen, nach Gallipoli. Nun strömten die Besucher dorthin. Sabbatai aber verfiel in eine seiner manischen Phasen, verkündete neue Gesetze und Befehle und benahm sich, als würde er Hof halten.

Trotz alledem wuchs die messianische Bewegung weiter an. Nun sollte auch noch der Prophet Nathan aus Gaza in Konstantinopel eintreffen; die Inhaftierung des Messias indes war der allgemeinen Meinung zufolge lediglich eine unbedeutende Episode, die bald durch seine sieggekrönte Mission beendet würde.

Stattdessen aber kam es zu einem völlig unerwarteten Desaster.

Der Grund dafür war die Ankunft des polnischen Rabbis Nehemiah Kohin, der sich mit Sabbatai im theologischen Diskurs ergeben wollte. Einige Quellen meinen, er habe sich selbst für den Messias gehalten; wahrscheinlicher ist jedoch, dass er ein engstirniger, sich an die Buchstaben des Gesetzes klammernder Mann war, der für Sabbatais Charme nichts übrig hatte und ihn wegen seines Anspruchs, der Gesalbte zu sein, heftig attackierte. Dabei scheint Zwi den Fehler begangen zu haben, sich zu verteidigen. Nach drei Tagen zunehmend erbitterter Wortgefechte kam Nehemiah aus dem Raum gestürmt und schrie den Wachen zornig zu, er wolle ein Moslem werden. Man brachte ihn vor den Sultan (oder, was wahrscheinlicher ist, vor einen seiner Beamten), wo er seinem Glauben abschwor und »den Turban nahm«. Das Motiv seiner Konvertierung wurde offensichtlich, als er gleich darauf eine Reihe von Anklagepunkten gegen Sabbatai Zwi vorbrachte, die von sexueller Ausschweifung über die Misshandlung der heiligen Bücher bis zur Staatsrevolte reichten. Offenbar glaubte er, er habe als Moslem bessere Chancen, Sabbatai ins Verderben zu stürzen, denn als Jude. Danach kehrte er nach Polen zurück, wo er »bereute« und sich wieder zum Judaismus bekannte.

Am 15. September 1666 wurde Sabbatai Zwi nach Adrianopel, dem heutigen Edirne, gebracht; dorthin war inzwischen der Hof des Sultans umgezogen. Überzeugt, dass nun der Zeitpunkt gekommen sei, da der Messias den Sultan entthronen werde, legten aufgeregte Juden Teppiche auf den Straßen aus. Als ein Franzose sich diesbezüglich eine spöttische Bemerkung erlaubte, bekam er zur Erwiderung: »Bald werdet ihr durch die Macht des Messias unsere Sklaven sein!«

Sabbatai musste vor den Rat treten; der Sultan verfolgte die Szene von einem vergitterten Nebenraum aus. Die Berichte über das folgende Geschehen widersprechen sich, doch am wahrscheinlichsten ist, dass man Sabbatai bis ins kleinste Detail beschrieben hatte, wie er langsam zu Tode gefoltert würde, wenn er sich weigerte, dem Judaismus zu entsagen. Unter diesen schwierigen Umständen zeigte er wie üblich seine Schwäche und Passivität. Er erklärte, er sei nicht der Messias und wolle Moslem werden. Einer Quelle zufolge soll er sogar seinen Judenhut zu Boden geworfen und darauf gespuckt haben, bevor er sich den Turban aufsetzen ließ. Die meisten Berichte sind sich zudem darüber einig, dass er für seine Anhänger nur wenig schmeichelhafte Worte fand. Der Sultan akzeptierte den Konvertiten gnädig und gab ihm den neuen Namen Mehmet Effendi sowie einen Posten als Türsteher für 50 Silbertaler im Monat. Dann wurde er ins Bad geleitet, wo man ihm »Ehrenkleider« anlegte und ihm drei Beutel mit je 500 Silbermünzen sowie weitere großzügige Geschenke überreichte. Der Abfall eines derart berühmten Messias war ein großer Triumph für den Islam.

Als die Türken Sabbatais Konvertierung bekannt gaben, weigerten sich die Juden zunächst, die Nachricht zu glauben, doch nachdem sie von jüdischen Quellen bestätigt wurde, blieb ihnen keine Wahl mehr. Sie waren am Boden zerstört, denn sie hatten fest daran geglaubt, dass 2000 Jahre des Elends und der Unterdrückung nun endlich in einem spektakulären Triumph enden würden. Stattdessen hatte das Ganze nun diesen jämmerlichen Ausgang genommen, der die Juden der Lächerlichkeit preisgab. Christen wie Moslems verspotteten die Juden von Konstantinopel so sehr, dass sich diese tagelang in ihren Häusern verkrochen und nicht mehr auf die Straße wagten.

Es war einfach unglaublich. Sie hatten erwartet, vom Triumph Sabbatais zu hören oder von seinem grausamen Martyrium; aber dieser feige Übertritt zum Islam war einfach nur unerhört, und noch dazu entbehrte er nicht einer gewissen Komik. Schmähschriften kursierten nun, Pamphlete, auf denen Sabbatai und sein Prophet Nathan als Heuchler und Betrüger abgebildet waren, und viele verschämte Gläubige konnten dem nur zustimmen.

Doch als die erste Enttäuschung überwunden war, erkannten die Juden von Konstantinopel, dass sie eigentlich guten Grund hatten, erleichtert zu sein. Vor Sabbatais Konversion war ihre Haltung den Ungläubigen gegenüber auf Rebellion hinausgelaufen, deshalb befürchteten viele zunächst ein Pogrom. (Aus Briefen geht hervor, dass der Sultan ein solches tatsächlich geplant hatte für den Fall, dass Sabbatai auf seinem Martyrium bestanden hätte.) Der Umstand, dass Sabbatais Übertritt zum Islam den Zorn der Türken abgewendet hatte, war ein Grund zur Freude; ja, es dauerte nicht lange, bis einige meinten, Sabbatai sei gar nicht wirklich konvertiert, sondern er habe nur mit einem Scheinübertritt das Leben seiner jüdischen Glaubensgenossen retten wollen. In fernen Städten wie Hamburg oder Amsterdam zweifelten die Juden nicht daran, dass Sabbatai entweder gar nicht konvertiert war oder dass er es nur aus gutem Grund getan hatte; andere beharrten darauf, dass er zum Himmel aufgefahren und nur sein Schatten auf Erden verblieben sei.

Die große Frage war nun, wie der Prophet Nathan auf den Glaubensabfall reagieren würde. Tatsächlich war er zunächst verblüfft, doch dann begann er, die kabbalistischen Texte zu durchforschen, und schon nach kurzer Zeit fand er obskure Stellen, denen zufolge der Messias erst vom Glauben abfallen müsse, bevor er seinen Auftrag erfüllen könne. So als wäre nichts geschehen, konnte Nathan weiter verkünden: »Dies ist ohne jeden Zweifel das Jahr unserer Rettung; unsere Erlösung steht bevor.«

Diese, so erklärte er, werde sich im folgenden Frühjahr 1667 ereignen. Und als die Monate kamen und gingen, ohne dass Zeichen oder Wunder geschahen, verwandte Nathan seine ganze Erfindungsgabe darauf zu erklären, weshalb der Messias sich zur Vollendung seines Auftrages vom Glauben lossagen musste. Angesichts der Möglichkeit, dass seine eigenen Visionen und Ekstasen nichts als Selbsttäuschung gewesen waren, zog er es vor, weiter zu glauben. Er scheint Sabbatais Konversion etwa so gesehen zu haben wie die Jünger Jesu dessen Kreuzigung – als ein mystisches Ereignis, das man nur verstehen konnte, wenn man es als absolute Notwendigkeit begriff.

Leider ist nicht verlässlich belegt, was geschah, als sich Nathan und Sabbatai schließlich Mitte des Jahres 1667 wieder trafen, doch der alte Zauber war eindeutig so mächtig wie ehedem. Nathan brach danach zu einer von Sabbatai finanzierten Reise nach Rom auf. Er blieb dem Glauben an den Messias treu bis zu seinem Tod – wie auch viele von Sabbatais Anhängern in Smyrna.

Sabbatai selbst, der im Alter von vierzig Jahren Moslem geworden war, lebte die nächsten zehn Jahre in Adrianopel. Er wurde weiterhin von manischen Schüben gequält, in denen er sich als der Messias bezeichnete und sich außerordentlich exzentrisch gebärdete. Seine Gläubigen, die sich in der Türkei niederließen, konvertierten ebenfalls zum Islam und suchten ihn, der nach wie vor auch Offenbarungen empfing, häufig auf. Gäste waren in der Regel tief beeindruckt vom Strahlen seines Antlitzes während seiner Visionen und reisten ab in dem sicheren Glauben, den Messias gesehen zu haben.

1671 beschloss er, sich von seiner Frau Sarah zu trennen, die ebenfalls zum Islam übergetreten war. Nathans Darstellung zufolge hatte sie dauernd mit ihm gestritten. Doch nach der Verlobung mit einer anderen Frau namens Esther, der Tochter eines Rabbis, verfiel er wieder in eine depressive Phase und nahm Sarah erneut zur Frau. Nathan, der zu seinem Meister zurückgekehrt war, hatte sich gefreut, als dieser sich von Sarah trennte, die er nie gemocht hatte; entsprechend bedauerlich fand er es, als Sabbatai sie wieder zu sich nahm.

1672 geriet Sabbatai erneut in Schwierigkeiten – dieses Mal hatte er sich in einer seiner manischen Phasen blasphemisch über den Islam geäußert. Er kam ins Gefängnis, und für eine Weile sah es aus, als würde er hingerichtet. Der Sultan und der Großwesir hatten genug von dem absonderlichen Benehmen ihres Gastes und seiner Horden von Anhängern. Doch nachdem einer von diesen eine beträchtliche Bestechungssumme aufgebracht hatte, um das Leben des Messias zu retten, wurde Sabbatai ins Exil nach Dulcigno, einer Stadt an der Adria im heutigen Jugoslawien, verbannt. Einige seiner Jünger folgten ihm dorthin; Nathan zog es vor, wie Paulus herumzureisen und neue Anhänger zu gewinnen.

Als 1674 Sarah im Alter von nur 32 Jahren starb, verlobte sich Sabbatai erneut mit Esther. Doch auch sie verstarb, noch ehe sie ihm ins Exil nachfolgen konnte, obwohl Sabbatai erklärte, er werde sie von den Toten auferwecken, wenn er dazu die Erlaubnis bekäme.

Schließlich heiratete Sabbatai 1675 noch einmal, dieses Mal ein Mädchen namens Michal, die Tochter eines griechischen Gelehrten. Die neue Ehe ließ die Hoffnungen Tausender treuer Anhänger wieder aufleben, die immer noch glaubten, dass der göttliche Auftrag des Messias nun jeden Augenblick erfüllt werde. Und tatsächlich kam es im darauf folgenden Jahr noch einmal zu einer Welle messianischer Verheißungen.

Sabbatai hatte wieder eine manische Phase; er bestieg einen Turm, wahrscheinlich das Minarett einer Moschee, und begann, laut zu singen und zu prophezeien. Das verärgerte die Türken zwar, doch sie hatten beschlossen, ihn als einen »privilegierten Verrückten« zu behandeln. Überzeugter denn je, dass er der Messias sei, schrieb Sabbatai Briefe an seine Anhänger, in denen er ihnen befahl, das Passah- und das Laubhüttenfest zusammenzulegen, und verkündete, er sei Jehova.

Einige Monate später, am 17. September 1676, starb Sabbatai Zwi 50-jährig und überließ seine Anhänger einmal mehr bestürzt und verwirrt sich selbst. Nathan war entsetzt und versank in tiefe Melancholie. Womöglich inspiriert von dem Gedanken, dass der Einfluss Jesu nach dessen Wiederauferstehung noch zugenommen hatte, erholte er sich jedoch rasch und verkündete, Sabbatais Tod sei nicht wirklich; er müsse vielmehr als ein zeitweiliges »Verschwinden« verstanden werden. Er predigte seine Botschaft weiterhin vor Tausenden Gläubigen, bis er im Januar 1680 im Alter von 36 Jahren in Mazedonien starb.

Die faszinierendste Frage in dieser Geschichte ist jedoch, warum Nathan so sehr von Sabbatai eingenommen war? In einem gewissen Sinne war er ja besser qualifiziert, der Messias zu werden, als sein weltfremder Meister. Nathan war eine weitaus kraftvollere Persönlichkeit als Sabbatai, außerdem war er intelligent, äußerst beredt, tief religiös und ein geborener Organisator. Aber jedes Mal, wenn er mit Sabbatai sprach, schien er wie gebannt zu sein.

Die Antwort darauf ist, wie ich meine, sehr einfach.

Sabbatai war anscheinend von einer Macht beherrscht, die größer war als er selbst. Und jedes Mal, wenn diese Macht von ihm Besitz ergriff, verwandelte er sich. Nathan hingegen war ein Intellektueller mit einem uns recht bekannten Leiden: Ichspaltung, die Krankheit Hamlets. Wenn Sabbatai hingegen »besessen« wurde, schien er zu einem Instrument der göttlichen Macht zu werden.

Eigenartigerweise war der große Denker, der dies wahrscheinlich am besten nachvollziehen konnte, Friedrich Nietzsche, der sich selbst als Atheisten betrachtete. In seinem ersten Buch, »Die Geburt der Tragödie« von 1872, befasst sich der junge Professor mit der Ekstase, die durch den griechischen Gott Dionysos ausgelöst wird, dessen Anhänger »besessen« werden: »die glückselige Ekstase, die den innersten Tiefen des Menschen, ach, der Natur, beim Zusammenbruch des principium individuationis erwächst«, dem Prinzip der Individualität.

Nietzsche schrieb aus seiner eigenen Erfahrung heraus. Als Lazaretthelfer im Deutsch-Französischen Krieg ging er einmal, nachdem er den ganzen Tag lang Verwundete und Sterbende gepflegt und versorgt hatte, erschöpft und deprimiert zu seinem Quartier zurück. Da hörte er herannahende Pferde und trat zur Seite, um sie passieren zu lassen. Es war sein altes Regiment, das auf dem Weg zur Schlacht, vielleicht in den Tod, an ihm vorübergaloppierte, und in diesem Augenblick erfasste ihn ein gewaltiges Gefühl der Erhabenheit, das seinen Ausdruck in den Worten fand: »Der stärkste und höchste Wille zum Leben liegt nicht in dem schwächlichen Kampf ums Dasein, sondern in dem Willen zum Kampf, dem Willen zur Macht.«

Verständlicherweise verwerfen wir diesen Gedanken als unlogisch und gefährlich – eine Gesellschaft mit derartigen Prinzipien würde rasch auf die Stufe des Faschismus oder der Anarchie herabsinken. Doch die meisten von uns können sich auch an Nietzsches Stelle versetzen und verstehen, was er empfand, als sein altes Regiment an ihm vorbeiritt: ein Aufwallen von Lebenskraft, das unseren konventionellen moralischen Normen zu widersprechen scheint. Es ist, als löse sich die Alltagspersönlichkeit mit ihren Zweifeln und Hemmungen auf. Dasselbe Gefühl hatte Nietzsche auch einmal bei einem Gewitter erlebt; später schrieb er darüber: »Der reine Wille, ohne die Verwirrungen des Intellekts – wie glücklich, wie frei.«

Dies muss auch Sabbatai Zwi gefühlt haben, wenn er »besessen« war. In solchen Augenblicken muss ihm der jüdische Moralkodex mit all seinen Hemmnissen und Verboten absurd erschienen sein. Wie die Bruderschaften des Freien Geistes spürte er plötzlich einen Zwang, die alte Moral zu verwerfen. Er mag durchaus der Meinung gewesen sein, dass der Islam für ihn besser geeignet war als der Judaismus, denn der Islam hatte weniger Gesetze und Verbote.

Doch das, worum es hier eigentlich geht, ist keine Frage von Moralität oder Immoralität, sondern die Frage nach der Einstellung des Individuums zu sich selbst. Nathan war schwach und in sich gespalten; er suchte einen Sinn, der ihn einte. Als er zum ersten Mal von Sabbatai und dessen seltsamen ekstatischen Anwandlungen hörte, muss er den Eindruck gewonnen haben, dass ein solcher Mensch gut und gern der Messias sein konnte. Deshalb war er von Sabbatai besessen, lange bevor er ihn persönlich kennen lernte. Und als er ihn dann traf, hegte er keinerlei Zweifel mehr. Dieser Mann, der so freundlich und gutmütig und so frei von jeglichen Selbstzweifeln schien, konnte zeitweise zum Gefäß des Heiligen Geistes werden. Anders als Nathan verfügte er über die Macht, mit Gott zu sprechen.

Doch um den wesentlichen Unterschied zwischen Nathan und Sabbatai, dem Jünger und dem Meister, zu verstehen, müssen wir begreifen, dass es hier nicht um unterschiedliche Veranlagungen geht, sondern um unterschiedliche Seinsweisen. Der Mensch ist an und für sich ein passives Wesen. Wir werden in eine Welt der Autoritäten hineingeboren – eine Welt der Eltern, Lehrer und Gesetzeshüter. Die meisten von uns möchten erfolgreich sein und geachtet werden. Wir können es uns jedoch nicht leisten, uns zu sehr von den anderen zu unterscheiden – das würde auf Ablehnung hinauslaufen.

Aber manche müssen diesen Weg des Andersseins und der Ablehnung beschreiten, ob sie es wollen oder nicht. Es mögen Künstler, Denker oder Wissenschaftler sein, die sich gezwungen sehen, mit alten Traditionen zu brechen und neue Wege zu erkunden. Und wenn sie es schaffen, andere von ihrer Sicht der Dinge zu überzeugen, dann begründen sie damit selbst eine »Tradition«, die nachfolgende Generationen beeinflusst. Oft genug ist ein solches Ringen mit Schmerzen oder gar Selbstzerstörung verbunden. Doch jene, die diesen Weg eingeschlagen haben, sehen die Welt mit anderen Augen als ihre Mitmenschen. Ihr Tun scheint aus einer ihnen innewohnenden Kraft herzurühren. Nietzsche bezeichnete solche Menschen als »aus sich rollende Räder«. Sie fragen sich beispielsweise nicht: »Warum hat das Schicksal mir dieses Unglück geschickt?« oder »Warum hat Gott diese Tragödie geschehen lassen?«, denn sie begreifen den Willen als eine positive Kraft und sind sich bewusst, dass die meisten Menschen eine passive Einstellung haben, deretwegen ihnen ihre Stärke verborgen bleibt.

Der Großteil alles Religiösen basiert auf dieser passiven Einstellung. Wir sind hilflose Puppen in der Hand des Schicksals. Wir werden von Kräften getrieben, die unsere Größe bei weitem übersteigen. Und wenn wir religiös veranlagt sind, dann suchen wir uns eine Gemeinschaft, in der wir uns zusammen mit anderen Gläubigen wohl fühlen. Die meisten von uns sind dem Wesen nach Anhänger, Mitläufer, Jünger.

Dieser Unterschied zwischen aktiver und passiver Einstellung ist in der Tat so dünn wie ein Blatt Papier. Er besteht lediglich in einer Veränderung des Standpunkts, die in den meisten Religionen »Erleuchtung« genannt wird.

Nur wenn wir dies verstehen, können wir den grundlegenden Unterschied zwischen Nathan und Sabbatai begreifen und erkennen, dass dies der vielleicht fundamentalste Unterschied ist, den es zwischen zwei Menschen geben kann.

Kapitel 3

Die Psychologie der Jüngerschaft

Mitte der siebziger Jahre nahm ich einen Briefwechsel mit einem amerikanischen Professor auf, der am Ukiah Institute in Kalifornien arbeitete. Er vermittelte den Eindruck eines angenehmen und intelligenten Menschen, und eines Tages besuchte er uns mit seiner Frau in Cornwall. Bei dieser Gelegenheit erst erfuhr ich zu meiner Überraschung, dass die beiden der Sekte des Reverend Jim Jones angehört hatten. Tatsächlich waren sie nicht einmal sicher, ob der Professor wirklich der Vater ihrer beiden Kinder war.

Sie erklärten mir, in den Anfangstagen von Jones' Gemeinschaft habe es »Gruppenehen« gegeben, in denen ein Mann mehrere Frauen haben konnte und umgekehrt. Ferner erzählten sie, dass nach Jones' Tod viele Mitglieder der Gemeinschaft, die in Kalifornien geblieben waren, glaubten, er sei noch am Leben und werde zurückkommen, um sie umzubringen. Für mich blieb das Ganze vor allem deshalb unverständlich, weil die beiden so intelligent und gebildet schienen und jeder sie für ein ganz normales Ehepaar der Mittelklasse gehalten hätte. Es fiel mir schwer zu glauben, dass sie Gefolgsleute eines Mannes gewesen waren, der sich selbst als Gott bezeichnet und seine Anhängerinnen öffentlich wie seinen Harem behandelt hatte.

Glücklicherweise hat Jeannie Mertle – unter ihrem Mädchennamen Mills – ausführlich beschrieben, wie sie und ihr Mann Al Anhänger dieser Sekte wurden. In ihrem Buch »Six Years With God« (Sechs Jahre mit Gott) erzählt sie, wie sie von einem ortsansässigen Priester überredet wurden, eine Glaubensgemeinschaft mit dem

Namen »People's Temple« in Ukiah im kalifornischen Redwood Valley zu besuchen. Diese Gemeinschaft wurde geleitet von einem »Reverend« Jim Jones, einem Geistlichen, der als liberal und antirassistisch bekannt war und dem sogar heilerische Kräfte nachgesagt wurden.

Der erste Eindruck war durchaus positiv. Eine große Menge von Gläubigen, mehr als 500 Menschen, versammelte sich in einer Kirche, die man wie eine Scheune gebaut hatte. Der Chor klang professionell – eine Voraussetzung, deren sich heute alle amerikanischen Evangelisten von Billy Graham bis Jimmy Swaggart bewusst sind. Erstklassiger Gesang versetzt eine Versammlung von Gläubigen in gute Stimmung und wirkt dem Gefühl der Langeweile entgegen, das man mit Gottesdiensten leicht in Zusammenhang bringt. Dann trat ein großer Chor, weiße und schwarze Kinder, vor und sang voller Wärme und Enthusiasmus. Jeannie war sehr beeindruckt; sie musste an ihre eigenen Kinder und Stiefkinder denken, die so egozentrisch waren, und immer wieder auf diese strahlenden Kleinen blicken, die hier soziale Gerechtigkeit und Liebe erfuhren.

Der nächste Teil war etwas weniger eindrucksvoll. Eine lange Menschenschlange bezeugte, wie der Pastor sie von verschiedensten Krankheiten, einschließlich Krebs, geheilt hatte. Eine Frau beschrieb, wie der Reverend Jones während eines Gottesdienstes plötzlich geschrien hatte: »Jemand braucht mich!«, und zum Haus eines Mannes geeilt war, der mit einer Kugel in der Stirn auf dem Boden lag. Sie berichtete, wie Jones den Kopf des Mannes in den Schoß gelegt habe, die Kugel dann zu Boden gefallen sei und der Mann das Bewusstsein wiedererlangte. Das klang alles ziemlich absurd.

Aber es kam noch schlimmer. Jim Jones, ein Mann mit langen, schwarzen Koteletten, dunkler Brille und einem braunen Rollkragenpullover, sprach auf eine Art über Religion, die geradezu gotteslästerlich war. Mit kräftiger, tiefer Stimme erklärte er, die Sklavenbesitzer hätten die Schwarzen gezwungen, die Bibel anzuerkennen, und »dass jeder Schwarze, der heute noch an die Bibel glaubt, ein Verräter ist«. Im Folgenden verurteilte er die Bibel wegen ihrer

Widersprüchlichkeit mit zunehmend widerlichen Worten, bis die Mertles schließlich nur mehr entsetzt darauf warteten, ihn im nächsten Augenblick, von einem Blitzschlag getroffen, tot umfallen zu sehen. Und als ob Jones ihre Gedanken lesen könne, blickte er zum Himmel auf und rief: »Wenn es einen Gott im Himmel gibt, dann soll er mich erschlagen!« Als nach einer beklemmenden Stille nichts geschah, brach die Versammlung in ein erleichtertes Lachen aus. Stundenlang predigte Jones Dinge, die gefährlich subversiv klangen; er lobte die Black Panthers, verurteilte den Krieg in Vietnam und die Korruption in der Regierung. Dann verkündete er seiner Gemeinde, er habe in einer göttlichen Offenbarung die Zerstörung der westlichen Zivilisation durch einen Atomkrieg gesehen. Die einzigen Überlebenden seien seine Anhänger, die er in eine große Höhle führen werde. Das wiederum beeindruckte die Mertles, die sich wegen der Gefahr eines Atomkrieges schon lange Sorgen machten. Trotzdem empfanden sie Jones als abstoßend grob.

Im weiteren Verlauf demonstrierte der Prediger, wie er anscheinend eine Art geheimnisvolle Einsicht in das Leben einzelner Zuhörer und ihre persönlichen Probleme hatte; manchmal beschrieb er sogar Details ihrer Wohnungen, die von den Betreffenden eilfertig bestätigt wurden. Einer Frau sagte er, ihre Bauchschmerzen würden von einer Krebserkrankung herrühren, doch er werde veranlassen, dass sie den Krebs über den Darm ausscheiden könne. Eine Krankenschwester begleitete die Frau zur Toilette; einige Minuten später kam sie zurück und zeigte der Versammlung ein übel riechendes Stück Fleisch, von dem sie behauptete, die Frau habe es mit dem Stuhl ausgeschieden. Mittlerweile waren Stunden vergangen, und die Mertles fühlten sich erschöpft und gelangweilt, doch nun gab es ein hervorragendes Essen, während dessen Jones allerdings weiter predigte. Als sie danach endlich gehen konnten, stellten Helfer bereits für den nächsten Gottesdienst Stühle auf – offenbar war Jones' Energie unerschöpflich. Die Mertles hatten jedoch von diesem People's Temple genug. Aber in den folgenden Tagen fanden sie eine wahre Flut von netter Post und sogar Süßigkeiten im Briefkasten, und nachts träumten sie beide seltsame Dinge über Jones. Der Gottesdienst, der fast einen ganzen Tag angedauert hatte, beschäftigte sie innerlich weiter. Jeannie war eine streng gläubige Christin, ihr Mann Al eher ein Agnostiker mit liberaler Grundeinstellung. Doch als Jeannie in der Bibel nachschlug, um Jones' Behauptungen auf Irrtümer und Widersprüche hin zu überprüfen, stellte sie fest, dass sie alle absolut korrekt waren. Sechs Wochen später gingen die Mertles erneut zum People's Temple; Jones begrüßte sie persönlich und reichte ihnen die Hand: »Wir hatten alle gehofft, dass Sie zurückkommen würden«, sagte er mit einem freundlichen Lächeln.

Der Gedanke, dass 500 Leute auf ihr Wiederkommen gehofft hatten, war natürlich sehr schmeichelnd für die Mertles. Dieses Mal hörte Jeannie der Predigt mit weitaus weniger Vorbehalten zu und fand sie inspirierend. Auch den Kindern gefiel es. Plötzlich waren sie Teil einer warmen, freundlichen Gemeinschaft, in der sie sich wie zu Hause fühlen konnten. Es war ein Gefühl, als seien sie in den mütterlichen Schoß zurückgekehrt.

Bald danach beschlossen die Mertles, ihr Haus zu verkaufen und nach Redwood Valley zu ziehen. Ihr neues Heim war wunderschön. Als sie bemerkten, dass es mit der Kanalisation Probleme gab, kam ein ganzer Trupp Männer ihrer neuen Glaubensgemeinschaft zu Hilfe und arbeitete einen ganzen Tag lang an der Abwasserleitung, ohne außer einer Mahlzeit sonst irgendeine Bezahlung anzunehmen. Alle waren freundlich und hilfsbereit; es schien zu schön, um wahr zu sein.

Einige Zweifel begannen sich zu regen, als Jeannie an einer »Katharsis« genannten Sitzung teilnahm, bei der Angehörige der Gemeinschaft für verschiedene Fehler in schärfster Weise kritisiert wurden. In einem Fall handelte es sich um eine Frau, die einfach nur mit einem neuen Mitglied einen Hotdog essen gegangen war. In der heilenden Zeremonie im Anschluss an diese Sitzung fragte sich Jeannie, ob es sich bei einem »Krebs«, der mit einem Gang zur Toilette ausgeschieden werden konnte, auch wirklich um einen solchen handeln konnte.

Aber einige Tage später verschwanden ihre Zweifel schlagartig. Ihr achtjähriger Sohn Eddie brach mit einem Herzleiden zusammen, und während sie ihn ins Krankenhaus fuhr, betete Jeannie,

Jim Jones möge ihn heilen. Als der Arzt das Kind untersuchte, konnte er nichts feststellen; das Problem war verschwunden. Nun hatte Jeannie selbst ein »Wunder«, über das sie vor der versammelten Gemeinde berichten konnte.

Im Verlauf des Jahres 1971 kam es bei Jones zu den ersten Anzeichen der Paranoia, die früher oder später jeden Messias zu befallen scheint. Die Gottesdienste waren nun nicht mehr für die Öffentlichkeit zugänglich, denn eine mysteriöse Gruppe versuchte, Jones in Misskredit zu bringen. Jeder Besucher des Tempels musste ihm nun schon Tage vorher gemeldet werden, damit er »durch eine Offenbarung« feststellen konnte, ob es sich um einen »Spion« handelte oder nicht. Ferner mussten alle Angehörigen der Sekte endlos lange Briefe wie jene schreiben, die die Mertles bewogen hatten, den Tempel wieder aufzusuchen. Tausende von Briefen wurden verfasst, um den Kandidaten einer Jones missliebigen politischen Partei aus dem Rennen zu werfen – mit Erfolg. Doch als Jeannies Chef bemerkte, dass sie solche Briefe während ihrer Arbeitszeit schrieb, wurde sie entlassen. Dafür wurde sie nun von der Gemeinschaft mit vollem Gehalt als Mitarbeiterin eingestellt.

Nach einem weiteren »Wunder« wurde Jones' Paranoia vollends ersichtlich. Als eines Abends nicht genug zu essen für alle vorhanden war, kündigte er an, er werde das Vorhandene segnen und vermehren, so wie es Jesus mit den Broten und Fischen getan habe. Wenig später wurden große Tabletts mit Brathähnchen aus der Küche gebracht. Ein Mitglied scherzte, er habe gesehen, wie die Hähnchen vom »Kentucky Fried Chicken«-Schnellrestaurant in der Stadt angeliefert wurden. Daraufhin wies Pastor Jones ihn als Lügner zurecht und fügte nach einer Weile hinzu: »Er muss dafür bezahlen – jetzt übergibt er sich gerade.« Eine Stunde darauf schleppte sich der Mann bleich und erschöpft aus der Toilette. Später brachte Jeannie in Erfahrung, dass Jones die Möglichkeit hatte, in das Essen von jenen, die er bestrafen wollte, Gift zu mischen.

Auch sie selbst geriet schon bald in Schwierigkeiten. Sie ließ ihren Kindern von einigen Pädagogikstudenten, die mit dem Tempel nichts zu tun hatten, Nachhilfeunterricht geben. Das missbilligte die Planungskommission des Tempels. In scharfen Worten wurden die Mertles dafür kritisiert, dass sie ihre Kinder von »moralisch unhaltbaren« Außenstehenden unterrichten ließen, und unter Druck gesetzt, bis sie diese Entscheidung rückgängig machten. Doch als Al Mertle aufgetragen wurde, für eine Veranstaltung in der Kirche Eintrittskarten zu verkaufen, und man ihn dann noch wissen ließ, dass er alle Tickets, die er nicht verkaufen könne, selbst bezahlen müsse, wurde er wütend und weigerte sich. Kleine Reibereien wie diese ließen die Mertles schließlich den Entschluss fassen, die Gemeinschaft des People's Temple zu verlassen. Als Jones dies erfuhr, lud er sie sofort für einen Abend ein und versuchte, sie mit seiner bemerkenswerten Überredungskunst umzustimmen, doch sie blieben standhaft. Erst als ihre Kinder sagten, sie wollten die Kirche nicht verlassen, gaben sie nach und kehrten wieder in die Gemeinschaft zurück – die sie mit offenen Armen und größter Zuneigung erneut aufnahm.

An einem sonnigen Nachmittag, als alle bei einem Picknick draußen saßen, waren plötzlich Schüsse aus dem Wald in der Nähe zu hören, und Jones sank vornüber auf den Tisch. Nach kurzer Zeit richtete er sich mit schmerzverzerrtem Gesicht wieder auf und stöhnte: »Ich bin noch nicht zum Sterben bereit.« Dann ging er langsam in die Kirche. Als er wieder herauskam, erklärte er, er habe die Kugeln in seinem Körper neutralisiert. Doch als es nach einiger Zeit zu einem ähnlichen Vorfall kam, bei dem durch ein Fenster des Speisesaals geschossen wurde und Jones sich daraufhin krampfhaft den Kopf hielt, war offensichtlich, dass die Kugeln ihn nicht getroffen haben konnten; es wurde sogar einer seiner Wächter entdeckt, wie er mit einem Gewehr in der Hand davonschlich. Spätestens zu diesem Zeitpunkt war den Mertles endgültig klar, dass Jones seine »Wunder« selbst inszenierte.

Dass der Reverend über keinerlei Selbstbeherrschung verfügte, stellte sich heraus, als ein schwarzes Mitglied der Sekte aus dem Gefängnis entlassen wurde. Während der Haftzeit hatte sich die Gemeinschaft um die Familie des Mannes gekümmert. Nach einer zweistündigen Predigt fragte Jones ihn, wie er über die Gemeinschaft denke. Der Mann dankte ihm höflich für die Freundlichkeit und Hilfe, die seiner Familie zuteil geworden waren. Doch dann fuhr er fort, dass er die Heldenverehrung, die Jones seinen Anhängern mehr und mehr abverlange, nicht billigen könne und er und seine Frau aus diesem Grunde die Kirche verlassen wollten. Daraufhin verlor Jones die Beherrschung, bezeichnete ihn als ein »undankbares Miststück« und fragte die Frau, ob sie wirklich vorhabe, die Gemeinschaft zu verlassen. Sie erwiderte, sie müsse bei ihrem Mann bleiben. Jones explodierte vor Wut und ordnete an, »diese undankbare Familie zur nächsten Busstation« zu bringen. »Und gebt ihnen keinen Pfennig!«, befahl er noch. Alle Anwesenden waren bestürzt; dies war das erste Mal, dass viele der Verdacht befiel, ihr Idol sei auch nur ein Mensch mit Schwächen wie jeder andere. Nachdem Jeannie das Paar um zwei Uhr nachts zur Busstation gebracht hatte, spürte sie plötzlich Hass gegen Jim Jones in sich aufbranden.

Ab 1972 wurde Jones' Regiment noch autoritärer. Alle Kirchenmitglieder wurden angewiesen, ihre Haare kurz zu schneiden, und dieser Befehl wurde mit Hilfe eines Teams von Friseuren umgesetzt. Als Jones hörte, dass Father Divine – ein schwarzer Messias, der sich als Gott bezeichnet hatte – gestorben war, versuchte er, dessen Kirchengemeinde in Philadelphia für sich zu gewinnen. Mit Bussen fuhr die gesamte Gemeinschaft des People's Temple dorthin; Jones hielt eine Predigt, in der er Father Divine pries und erklärte, er, Jones, setze die Lehre des schwarzen Predigers in die Tat um. Aber als er am nächsten Tag in seiner zweiten Predigt Mother Divines Anhänger aufforderte, der Lehre abtrünnig zu werden und ihm nach Kalifornien zu folgen, warf Mother Divine ihn hinaus. Ein Dutzend ihrer Anhänger reiste dennoch mit Jones nach Kalifornien, was dieser zum Anlass nahm, allen klarzumachen, dass er von nun an als »Father« anzusprechen und ihm derselbe Respekt entgegenzubringen sei wie ehedem Father Divine. Dessen Anhänger gingen allerdings schon bald wieder zurück nach Philadelphia, weil sie Jones' Attacken auf ihren verstorbenen Geistlichen widerwärtig fanden, doch Jones bestand weiterhin darauf, künftig als »Vater« tituliert zu werden.

Als Nächstes wählte er sechs Leibwächter aus, die ihn von nun an ständig begleiteten. Seinen Anhängern erzählte er, er sei in früheren Inkarnationen Buddha, der Bab (der Gründer der Bahai-Religion), Jesus und Lenin gewesen, doch nun, in seiner letzten Inkarnation, sei er Gott selbst. Bei der Eröffnung einer neuen Kirche in San Francisco lieferte ihm die Presse einen Vorwand für seine Paranoia, indem sie seine prätentiöse, anmaßende Haltung aufs Korn nahm – vor allen Dingen seine Behauptung, er könne Tote wieder auferwecken. Vor dem Redaktionsgebäude einer Zeitung mussten seine Anhänger drei Tage lang als Streikposten stehen, bis sie alle völlig erschöpft waren, aber schließlich erklärte sich das Blatt bereit, Jones' Version der Geschichte unredigiert abzudrucken. Das daraus resultierende öffentliche Aufsehen brachte ihm viele neue Anhänger aus den gesamten Vereinigten Staaten ein; Jones konnte in Los Angeles eine weitere Kirche eröffnen.

Ein Vorfall mit einem neunjährigen Jungen, der eine Diebesbande anführte, zeigte jedoch, wie brüchig Jones' Autorität in Wirklichkeit war. Er fragte den Jungen vor der versammelten Gemeinde, ob er wisse, dass Stehlen eine Sünde sei. »Nur wenn man sich dabei erwischen lässt«, war die respektlose Antwort. Nach einigen weiteren erfolglosen Einschüchterungsversuchen drohte Jones dem Jungen, er könne ihn ins Jenseits befördern. Der verschränkte die Arme vor der Brust und sagte nur: »Mach doch.« Nun flüsterte Jones einem seiner Leibwächter etwas ins Ohr, woraufhin der Mann verschwand und mit einem Glas Wasser wiederkam. Der Junge trank es gehorsam aus; Jones gestikulierte über ihm herum und fragte, ob er wirklich sterben wolle. Dem Jungen war anzusehen, dass ihm übel wurde, doch er blieb widerspenstig. Man gab ihm ein zweites Glas Wasser, und plötzlich brach er zusammen. Jones befahl, ihn hinauszutragen, und beruhigte die versammelte Gemeinde: »Keine Angst. Anthony bleibt nicht tot.«

Ehe der Junge das Bewusstsein wiedererlangte, befahl Jones, alle Lichter zu löschen, und flüsterte dann, er sei der Teufel und dies die Hölle. Anthony fiel erneut in Ohnmacht. Für den Rest der Nacht mussten die Kirchenmitglieder jedes Mal, wenn er aufwachte, Geräusche wie die Verdammten in der Hölle von sich geben. Am nächsten Tag versprach Anthony, der vollkommen eingeschüchtert war, nie wieder zu stehlen.

Bald darauf wies Jones öffentlich einen Angehörigen der Gemeinde zurecht, der sich betrunken hatte. Der Mann verteidigte sich, indem er die Namen weiterer Mitglieder nannte, die ebenfalls Alkohol konsumierten. Jones fragte sie alle, ob sie es etwa für richtig hielten, ruhig dazusitzen, während er einen anderen wegen des Genusses von Alkohol kritisierte, und befahl jedem von ihnen, sich vornüberzubeugen und als Strafe drei Schläge mit einem Lederriemen in Empfang zu nehmen. Jeannie war verblüfft, denn der Tempel hatte kein Alkoholverbot. Aber wie Dutzende andere ließ auch sie sich züchtigen.

Als Nächstes wurde Kathy, ein Mädchen im Teenageralter, wegen schlechter Noten in der Schule öffentlich gerügt. Einer der »Berater« fragte sie, ob der Grund dafür sei, dass sie an Sex denke. Sie blickte ihn verständnislos an und verneinte. Daraufhin meinten andere, sie habe ein lesbisches Verhältnis mit ihrer Schwester. Schon bald drängte selbst die Stiefmutter des Mädchens auf ein Geständnis, nur damit die peinliche Fragerei eine Ende habe. Kathy sagte schließlich, was sie von ihr hören wollten – dass sie die Vagina ihrer Schwester lecken wolle und diese dasselbe mit ihr tun solle.

Nach dieser Sitzung war Jeannie so sehr angeekelt, dass sie ihre Tätigkeit als »Beraterin« aufgab. Jones hatte schon seit langem Sex mit Kirchenmitgliedern, die er attraktiv fand – offenbar war er bisexuell. Nun verteilte er einen Fragebogen, auf dem unter anderem die Frage stand: »Möchtest du mit Father Sex haben?« Jeannie antwortete mit »Nein«. Den vielen Mitgliedern, die bejahten, teilte seine Sekretärin telefonisch mit: »Wenn Father zu der Überzeugung gelangt, dass es dir hilft, wenn er näher mit dir in Kontakt tritt, wird er sich bei dir melden.« Bald danach verkündete er seinen Anhängern, dass jeglicher Sex verboten sei – ausgenommen mit ihm. Seine Frau Marceline erklärte vor der versammelten Gemeinde, sie habe beschlossen, ihren Mann um der guten Sache willen mit anderen Frauen zu teilen. Danach brüstete sich Jones öffentlich mit der großen Zahl von Frauen, die er befriedigt habe.

(Seltsamerweise schlief er aber nur mit weißen Frauen, obwohl seine Anhängerschaft mehrheitlich aus Schwarzen bestand.)

Je mehr die Machtgelüste des »Father« wuchsen, desto unerhörter wurde sein Verhalten. Eines Abends, als während einer seiner langen Predigten ein Anhänger namens Clifford einnickte, redete er so lange auf dessen Frau ein, bis sie zugab, dass ihr Mann für oralen Sex zu prüde sei. Dann befahl er einem schüchternen schwarzen Mädchen, das Höschen auszuziehen und Clifford »ihre Möse lecken« zu lassen. Das Mädchen war starr vor Scham und entsetzt, dass Jones schließlich einlenkte, als sich eine zweite junge Frau dazu bereit erklärte, obwohl sie gerade ihre Periode hatte, und sich mit gespreizten Beinen auf einen Tisch legte. Clifford weigerte sich zunächst, wurde aber so sehr eingeschüchtert, dass er schließlich tat, was Jones ihm befohlen hatte; danach verließ er fluchtartig den Raum.

Bis 1974 hatte sich Jones' Einstellung zu allem, was mit Sex zu tun hatte, zur Obsession gesteigert. Es gab keine Sitzungen mehr ohne dieses Thema. »Ich kann es nicht mehr hören, dass andauernd irgendwelche Frauen mit mir vögeln wollen. Der nächsten werde ich es besorgen, dass sie es nie mehr vergisst. Mein Organ ist so groß, sie wird eine Woche lang wund sein.« Dann fügte er noch hinzu: »Wenn ich mit einer Frau vögle, dann geht das nicht unter acht oder neun Stunden ab.« Die Geschichte über die Größe seines »Organs« wurde eines Tages widerlegt, als er sich hinter einer Decke erleichterte, die von zwei Frauen gehalten wurde, und die eine sie aus Unachtsamkeit fallen ließ. Da sah die Gemeinde, dass er auch diesbezüglich gerade mal durchschnittlich war. Er entschuldigte seine Lüge mit dem Hinweis, dass er »der guten Sache wegen« ein gewisses Image aufrechterhalten müsse.

Jones verkehrte auch mit männlichen Anhängern und verkündete, jeder Mann sei im Grunde homosexuell und sehne sich insgeheim nach einem gleichgeschlechtlichen Liebhaber. Eines Tages beschuldigte er einen Mann, so schmutzig zu sein, dass er seinetwegen einen Hautausschlag bekommen habe. Der Betreffende musste die Hose herunterlassen, die Pobacken auseinander ziehen und sich so der Gemeinde zeigen. Die meisten Frauen wandten entsetzt den Blick ab, doch die, die gehorsam hinsahen, sagten, sie könnten kein Anzeichen eines Ausschlags entdecken.

Bei einer anderen Gelegenheit forderte Jones jeden auf, der oder die schon einmal Sex mit ihm gehabt hatte, die Hand zu heben. Ein junger Mann errötete und wandte den Blick ab, doch Jones zögerte keinen Augenblick, ihn bloßzustellen: »Neulich, als wir's miteinander getrieben haben und du vor Lust geschrien hast, da hast du dich gar nicht geschämt, stimmt's, Harry?« Der Angesprochene pflichtete eilfertig bei, er sei voll und ganz befriedigt worden.

Auch Schläge wurden mehr und mehr zu einem Bestandteil der öffentlichen Zeremonien; dazu ließ Jones sogar ein spezielles »Schlagbrett« anfertigen. Jeannie Mertle musste einmal mit ansehen, wie ihre 16-jährige Tochter 75 Peitschenhiebe erhielt, nur weil sie ihren Freund umarmt hatte. Als Mitglieder versuchten, sich vor Beginn der Disziplinierungsmaßnahmen davonzustehlen, ließ Jones die Türen bewachen und verbot während der Bestrafungen sogar die Benutzung der Toiletten. Eine Frau, die dringend zur Toilette musste, ließ er vor aller Augen ihre Notdurft in eine Blechdose verrichten.

Liest man Jeannies Buch, ist nur schwer nachvollziehbar, weshalb die Mertles so lange blieben. Sie mussten ein Opfer nach dem anderen bringen – sie verloren ihr Haus, ihre Ersparnisse, ihre Privatsphäre – und mussten eine Demütigung nach der anderen hinnehmen, ja, sogar falsche Geständnisse bezüglich verschiedenster sexueller Vergehen ablegen. Al Mertle wurde gezwungen zuzugeben, ein Mädchen im Teenageralter verführt zu haben, das bei ihnen wohnte. Erst als der »Father« Jeannie Mertle kein Gehalt mehr bezahlte und sie und ihr Mann weder aus noch ein wussten, entschlossen sie sich, die Gemeinde zu verlassen. Ihre siebzehnjährige Tochter Linda blieb jedoch bei Jones.

In der Folgezeit waren die Mertles allen möglichen Schikanen, Bedrohungen und Erpressungsversuchen ausgesetzt. Man teilte ihnen mit, die Black Muslims, die Mafia und die Black Panthers seien beauftragt, sie auf ihre »Abschussliste« zu setzen. Sogar als sie nach Berkeley umgezogen waren, standen noch immer »Wachen« des People's Temple mit verschränkten Armen vor ihrer Haustür.

Zudem wurden sie mit anonymen Hasstiraden bombardiert. Als Jeannie einen Brief an den Präsidentschaftskandidaten Ralph Nader schrieb, der gerade Wahlkampf führte – Nader war fotografiert worden, als er Jones die Hand schüttelte –, erfuhr Jones' Kirche innerhalb weniger Tage davon. Die Folge waren weitere Drohungen per Telefon. Jones schien inzwischen fast alle einflussreichen Politiker Kaliforniens für sich zu gewinnen und wurde zum Vorsitzenden der kalifornischen Wohnungsbau-Kommission ernannt. Doch erst als auch Linda, die Tochter der Mertles, die Gruppe verließ und ihren Eltern berichtete, wie sehr sich die Zustände dort seit ihrem Weggang verschlimmert hätten, entschlossen sie sich, aktiv gegen Jones vorzugehen.

Zuerst wollte ihnen niemand zuhören – die Beziehungen des »Reverend« Jones zu Politikern waren mittlerweile zu gut gediehen. Doch zwei Vorteile waren auf ihrer Seite: Zum einen der Umstand, dass manche Reporter immer bereit sind, jeden zu attackieren, der zu erfolgreich geworden ist; zum anderen, dass Jones durch seine Paranoia früher oder später zu seinem eigenen Ende beitragen würde. Dies geschah auch, als er erfuhr, dass die Zeitschrift *New West* einen kritischen Artikel über ihn veröffentlichen wolle. Daraufhin befahl er seinen Anhängern, Tausende von Protestbriefen an die Redaktion zu schreiben. Doch der Herausgeber ließ sich nicht einschüchtern. Nun wurde in das Büro des Blattes eingebrochen und ein Entwurf des Artikels gestohlen. Dies veranlasste Jeannie Mertle, einen Reporter der Zeitschrift anzurufen und ihm ihre Geschichte anzubieten. Andere Abtrünnige entschlossen sich, ihrem Beispiel zu folgen. Am 17. Juli 1977 erschien ein ausführlicher Artikel, in dem über Erpressungen, Prügelstrafen und erzwungene Geständnisse berichtet wurde. Die Mertles machten sich auf weitere Bedrohungen gefasst – und nun auch darauf, dass diese in die Tat umgesetzt würden. Doch plötzlich hörten alle Drohungen auf.

Jones hatte sich seit 1973 in dem südamerikanischen Staat Guyana einen Zufluchtsort eingerichtet, den er gerne als das »Gelobte Land« bezeichnete. Er versicherte seinen Anhängern, es sei wunderschön, liege in einer Zone gemäßigten Klimas und sei sicher –

in Wirklichkeit war es dort drückend heiß und schwül und der Dschungel um Jonestown voller Schlangen, Krokodile und Moskitos.

Bei seiner ersten Public-Relations-Aktion dort unterlief Jones ein schwerer Fehler: Er wies einen seiner Helfer an, einen Magenkrebs zu simulieren, den er, Jones, dann »heilen« würde. (Die Mertles entdeckten, dass das »tumorgeschädigte« Gewebe Hühnchenleber war.) Auch die Presse durchschaute das angebliche Wunder, und die guyanesischen Regierungsbeamten weigerten sich, gegen die darauf einsetzende negative öffentliche Meinung etwas zu unternehmen.

Jones' Reaktion auf die Attacken der Presse – dem kritischen Artikel in *New West* folgte schon bald einer in *Newsweek* – war, dass er seinen Anhängern befahl, nach Jonestown zu ziehen. Innerhalb weniger Wochen waren die Kirchengemeinden in San Francisco und Redwood Valley verlassen und Jonestown auf über tausend Einwohner angewachsen. Die Menschen lebten in Hütten mit nur einem Raum oder in überfüllten Schlafsälen, die Disziplin war härter denn je. Überall waren Lautsprecher aufgestellt, die pro Tag durchschnittlich sechs Stunden lang Jones' Predigten und Anordnungen herausplärrten. Er sprach unaufhörlich über Verschwörungen gegen ihn und erklärte, falls die Regierung zu intervenieren versuche, werde er mit seinen Anhängern Massenselbstmord begehen. Einmal wöchentlich mussten sich alle 1100 Einwohner von Jonestown versammeln und den Massenselbstmord proben.

Der Anfang vom Ende kam am 14. November 1978, als der kalifornische Kongressabgeordnete Leo Ryan die US-Bundesbehörden ersuchte einzuschreiten. Ein ehemaliger Anhänger des People's Temple hatte Ryan geschildert, wie sein Sohn nach dem Austritt aus der Gemeinschaft unter mysteriösen Umständen ermordet worden war, und um Hilfe gebeten, damit er seine Enkelinnen aus Guyana zurückholen könne. Ryan hatte seine Unterstützung zugesagt, und schon bald darauf waren auch noch andere Familien mit ähnlichen Fällen an ihn herangetreten. Nun beschloss Ryan, sich persönlich vor Ort umzusehen und sicherzustellen, dass niemand gegen seinen Willen in Jonestown festgehalten wurde. Die guyanesischen Behörden behinderten seine Bemühungen zunächst ebenso wie Jones' Anwalt Mark Lane. Ryan und die mit ihm reisenden Journalisten brauchten drei Tage, bis sie Jonestown erreichten. Dort angekommen, wurden sie mitten in der Nacht von Jones empfangen, der erschöpft und krank aussah – »wie ein Mann mit Altersschwäche«, drückte ein Zeuge sich aus. Aber nach wie vor trug er seine Sonnenbrille. Er gab sich höflich, bewirtete die ungeliebten Gäste mit einem Mahl und ließ sogar ein Rockkonzert für sie veranstalten. Eine Frau drückte einem der Reporter heimlich einen Zettel in die Hand mit der Bitte, er möge sie und drei andere Personen nach Amerika mitnehmen; andere nahmen Presseleute zur Seite und berichteten ihnen von brutalen Bestrafungen. 20 Personen baten Ryan, sie mit in die Vereinigten Staaten zurückzunehmen.

Jones spielte die Prügelstrafen in einem ausführlichen Presseinterview herunter, bekannte aber freimütig, zahlreiche Geliebte und uneheliche Kinder zu haben. Auf die Frage, ob es Verheirateten verboten sei, miteinander zu schlafen, erwiderte er: »Quatsch. Hier wurden seit dem letzten Jahr 30 Babys geboren.« Vor laufenden Fernsehkameras wurde er dann immer hysterischer: »Ich habe für meine Leute mein Leben gegeben! Ich lebe doch nur für meine Leute ...!«

Ryan schien die in der Luft liegende Bedrohung gespürt zu haben, denn beim Abendessen erklärte er: »Es gibt hier viele, die glauben, dies ist das Beste, was ihnen je zugestoßen ist«, worauf begeisterter Applaus aufbrandete. Am Nachmittag des 18. November, einem Samstag, wurden er und seine Begleiter – einschließlich einiger Überläufer – mit Lastwagen zum Flughafen gefahren. Bevor sie Jonestown verließen, versuchte einer von Jones' Anhängern, Ryan die Kehle durchzuschneiden, wurde jedoch überwältigt. Aber als sich die Reporter anschickten, an Bord des Flugzeugs zu gehen, kamen ein großer LKW und ein Traktor angefahren. Jones und drei andere Männer sprangen herunter und eröffneten das Feuer. Ryan wurde tödlich ins Gesicht getroffen. Der Kameramann Bob Brown wurde erschossen, während er drehte; zwei der Journalisten sowie zwei Abtrünnige starben ebenfalls, viele wurden verwundet. Doch eines der beiden Flugzeuge schaffte es abzuheben, obwohl einer von Jones' Begleitern, der sich als Überläufer ausgegeben hatte, gewaltsam in die Maschine eingedrungen war und zwei wirkliche Überläufer ermordete. Die Überlebenden auf dem Boden warteten die ganze Nacht in Todesangst darauf, dass Jones' Leute zurückkommen und sie umbringen würden. Doch dieser war geradewegs nach Jonestown zurückgefahren und hatte seinen Anhängern in einer langen und wirren Predigt befohlen, sich mit Zyanid zu töten. Als Erstes wurde es den Babys eingeflößt, dann den älteren Kindern. Zuletzt mussten die Erwachsenen es einnehmen, während Jones' Wachen mit dem Gewehr im Anschlag danebenstanden und jeden erschossen, der sich weigerte. Über die Lautsprecher ertönte Jones' Stimme und versicherte allen seinen Anhängern, sie würden »an einem besseren Ort« wieder zusammenkommen. Innerhalb von zwei Stunden fanden mehr als 900 Menschen den Tod.

Einiges spricht dafür, dass sich Jones bis zur letzten Minute nicht sicher war, ob auch er sterben würde, denn er hatte eine Aktentasche mit Geld und seinem Pass vorbereitet. Aus irgendeinem Grund überlegte er es sich jedoch anders und erschoss sich. Seine Frau Marceline scheint sich vergiftet zu haben. Nur zwei oder drei Menschen überlebten die Katastrophe, indem sie sich im Dschungel versteckten. Jones' Sohn Stephen überlebte, weil er gerade weg war, um Basketball zu spielen. Er sagte über seinen Vater: »Ich kann fast behaupten, dass ich diesen Mann hasse. Er hat so ziemlich alles zerstört, wofür ich gelebt habe.« Die Furcht der Überlebenden, einem Mordanschlag zum Opfer zu fallen, war durchaus nicht nur Einbildung: Jeannie und Al Mertle wurden später tot in ihrer Wohnung aufgefunden; man hatte sie gefesselt und dann erschossen.

Die Parallelen zu David Koresh sind zu offensichtlich, als dass sie besonders hervorgehoben werden müssten: der Größenwahn, das obsessive Bedürfnis, Anhängerinnen als Geliebte zu besitzen und ihre Männer zu demütigen, und die stetig zunehmende Paranoia. Von noch größerer Relevanz sind in diesem Fall jedoch die Parallelen zu Hitler und anderen Diktatoren, denn Jones errang tatsächlich eine gewisse politische Macht, bevor seine Exzesse gegen ihn zu arbeiten begannen. Aber die interessanteste Einsicht, die sich aus Jeannie Mertles Buch »Six Years With God« gewinnen lässt, ist die, wie normale, vernünftige Menschen einen paranoiden Verrückten als Messias anerkennen können. Die Antwort liegt offenbar in dem Gefühl der Liebe und Zugehörigkeit, das die Mertles empfanden, als sie der Kirche des Reverend Jones beitraten. Sie erschien ihnen wie ein sicherer Hafen, wie eine Großfamilie unter der weisen Führung eines Vaters, der für sich beanspruchte, übernatürliche Kräfte zu besitzen.

Weshalb aber ging dann alles so schief? Das liegt wohl an Jones' Charakter. 1931 als Sohn armer Bauern in Ohio geboren, war er schon als Kind von den Predigern regionaler Kirchengemeinden – die er mehrmals wechselte – fasziniert und fand Gefallen daran, vor Freunden lange Reden zu halten. Als Junge galt er als ein Heißsporn, der immer seinen Willen durchsetzen musste und unflätig wurde, wenn ihm dies nicht gelang.

Mit 18 Jahren heiratete er, zog nach Indianapolis und schaffte es trotz einiger Hindernisse, dort Pastor einer Kirche zu werden. Doch mit seinem Ideal der Brüderlichkeit über die Rassenschranken hinweg und wegen seines Einsatzes für die Bürgerrechte handelte er sich so viele Schwierigkeiten ein, dass er schließlich eine eigene Kirche mietete und sich nebenbei als Hausierer über Wasser hielt. Ein Besuch in Philadelphia bei Father Divine ließ in ihm den Entschluss reifen, künftig autoritärer aufzutreten; dazu gründete er unter anderem eine »Vernehmungskommission«, die seine Gläubigen zur Rechenschaft ziehen und – falls notwendig – Bestrafungen durchführen konnte. Im Alter von wenig mehr als 20 Jahren war Jones bereits ein überzeugender Prediger, der absolute Loyalität forderte.

Die stürmischen Veränderungen jener Zeit arbeiteten für ihn – 1960 wurde er Direktor der Menschenrechtskommission und bezog ein Jahresgehalt von 7 000 Dollar. Zur weiteren Verbreitung seines Rufes und zur Vergrößerung seiner Kirchengemeinde trugen nicht zuletzt Angriffe auf ihn – manche sogar physischer Natur – wegen seines Images als »Negerfreund« bei. Deshalb kaufte er nach einiger Zeit mit Spenden der Kirchenmitglieder eine ganze

Armada von Bussen und kündigte an, sie würden nach Ukiah in Kalifornien umziehen, wo sie vor nuklearer Strahlung sicher sein würden, wenn der Atomkrieg ausbreche. Dort begegneten ihm die Mertles 1969 zum ersten Mal und waren von seiner Lästerlichkeit und Extravaganz gleichermaßen schockiert und fasziniert.

Schon damals behauptete Jones, er empfange göttliche Offenbarungen und könne mit der Kraft des Glaubens heilen. Das sagte er zweifellos hauptsächlich in betrügerischer Absicht, wenngleich dabei auch ein gewisses authentisches Element mit im Spiel gewesen sein mag. Wissenschaftliche Studien der Thaumaturgie, der Wunderheilung, deuten darauf hin, dass die meisten Menschen über Heilkräfte verfügen. Madame Blavatskys Stellvertreter Colonel Henry Steel Olcott wurde 1882 in Colombo, Ceylon, von einem buddhistischen Priester um Hilfe gebeten: Katholiken waren im Begriff, einen Heilungsschrein zu errichten, und der Priester meinte, ein bisschen Autosuggestion könne seine Gläubigen davon überzeugen, dass die Katholiken nicht das Monopol auf Wunder hätten. Der Colonel versuchte es bei einem Mann mit gelähmtem Arm und machte über ihm geheimnisvolle Gesten. Tatsächlich besserte sich der Zustand des Mannes rasch, sodass nun auch andere von Olcott behandelt werden wollten. Er war zwar überzeugt, dass er die Menschen täuschte, stellte jedoch bald fest, dass er so viele heilte, dass die Autosuggestions-Hypothese zunehmend brüchiger wurde. Nach einiger Zeit hatte er das Gefühl, tatsächlich eine übernatürliche Kraft zu dirigieren, und dass diese nur wirkte, *weil* er sie dirigierte.

Auch Olcotts Erfahrung scheint nahe zu legen, dass die meisten Menschen heilende Kräfte entwickeln könnten, wenn sie es wollten und das nötige Selbstvertrauen hätten. Ob solche Kräfte mit Hypnose oder Autosuggestion in Zusammenhang stehen, ist irrelevant, so lange sie eine Wirkung erzielen. Jones' hypnotische Persönlichkeit war ihm sicher hilfreich bei seiner Behauptung, Wunder vollbringen zu können, doch im Fall von Jeannie Mertles Sohn Eddie – bei dem er nicht einmal zugegen war – hatte er offensichtlich keinen direkten Einfluss. Nach Lage der Dinge war es entweder ein Zufall oder aber Jeannies unbeirrbarer Glaube.

Das ist ein wichtiger Punkt, denn es wäre falsch anzunehmen, dass ein Messias sich einfach nur auf seine Fähigkeit verlässt, andere täuschen zu können. Der Einfluss, den er über seine Anhänger ausübt, scheint zur Entstehung einer hellseherischen – oder psychischen – Kraft beizutragen, die seltsame Dinge bewirken kann.

Was bei David Koresh und Jim Jones allerdings absolut klar und unvermeidbar erscheint, ist ihr zunehmender Wahnsinn. Die meisten im Lichte der Öffentlichkeit stehenden Menschen – seien es nun Politiker, Priester oder sogar Schauspieler – sehen sich durch die Beziehung zu ihren Anhängern oder Bewunderern in eine Rolle gedrängt, und daraus erwächst eine gewisse Verantwortung und Selbstbeherrschung. Der Messias hingegen legt es sozusagen darauf an, seine Jünger davon zu überzeugen, dass er alles besser weiß; er fordert absoluten Glauben und totale Unterwerfung unter seinen Willen. Doch wie wir gesehen haben, lässt er dadurch den negativsten Elementen seines Wesens freien Lauf. Aus diesem Grunde legt ein echter oder ernst zu nehmender Religionsstifter so viel Wert auf den Willen Gottes und darauf, dass seine Person völlig unerheblich ist. Bei jemandem wie Koresh oder Jones ohne echte religiöse Inspiration, der nur dem Wunsch folgt, Macht über andere auszuüben, werden Kräfte in Bewegung gesetzt, die den Betreffenden bei weitem überfordern.

Dass dies sogar auf jemanden zutreffen kann, der aus echter religiöser Überzeugung heraus handelt, zeigt das Beispiel eines Mannes, dessen zahlreiche Anhänger ihn noch heute für einen wahren Mystiker halten: Paul Brunton.

Brunton, der 1898 als Raphael Hurst geboren wurde, erlangte 1934 mit seinem ersten Buch »Von Yogis, Magiern und Fakiren« unerwarteten Ruhm. »Ich habe dieses Buch Secret India (geheimes Indien)* betitelt, weil es von einem Indien berichtet, das seit Tausenden von Jahren vor neugierigen Blicken verborgen wird«, erklärt der Autor in seiner Einleitung. Das Erste, was bei der Lektüre auffällt, ist das Fehlen jeglicher Datums- und Ortsangaben: Der

* Anm. d. R.: Dies ist der englische Titel.

Schreiber scheint bewusst vage bleiben zu wollen. Er erzählt, wie er als Jugendlicher mit einem alten Buchhändler über die Metempsychose, die Seelenwanderung, diskutierte, als sich ein Inder, der sich im Laden aufhielt, vorstellte und ihn zum Essen einlud. Dies war die erste von vielen derartigen Begebenheiten, die er noch erleben sollte, und schon bald empfahl der Brahmane seinem jungen Freund, sich mit der uralten Weisheit der heiligen Männer Indiens zu beschäftigen.

Im nächsten Kapitel wohnt Brunton im Hotel Majestic in Bombay, arbeitet als Journalist und lernt einen Ägypter namens Mahmoud Bey kennen, der magische Kräfte besitzt. Er bittet Brunton, eine Frage auf ein Stück Papier zu schreiben und dieses dann zusammenzufalten. Dann sagt er zu Brunton, die Frage laute: »Wo habe ich vor vier Jahren gelebt?«, und als Brunton den Zettel auseinander faltet, findet er unter der Frage die Antwort notiert. Brunton schreibt eine zweite Frage auf: Welche Zeitschrift gab er vor zwei Jahren heraus? Wieder sagt ihm der Magier, wie die Frage lautet, und wieder findet Brunton die Antwort auf dem Zettel. Danach erklärt ihm der Ägypter, er habe seine magischen Fähigkeiten von einem alten Juden, einem Kenner der Kabbala, den er per Zufall kennen gelernt habe. Der alte Jude habe ihn gelehrt, Geistern zu befehlen.

Diese ersten Kapitel erregen beim Leser den Verdacht, dass der Autor eher ein Fantast ist als ein nüchterner Berichterstatter. Doch die Beschreibungen seiner Aufenthalte bei Yogis wie Sri Meher Baba, Ramana Maharshi und Mahasaya – ein Schüler Ramakrishnas – vermitteln den Eindruck von Authentizität. Zu der Zeit, als Aldous Huxley die »Ewige Philosophie« entdeckte, scheint Brunton bereits alles darüber gewusst zu haben. Mit seiner Mischung aus exotischen Orten und noch exotischeren weisen Männern überrascht es daher nicht, dass »Von Yogis, Magiern und Fakiren« einer der großen Bestseller der dreißiger Jahre wurde.

Nicht weniger erfolgreich war Bruntons im darauf folgenden Jahr erschienenes Werk »Geheimnisvolles Ägypten«. Auch hier beschleicht den Leser das Gefühl, der Autor würde eine Geschichte erfinden oder zumindest Fakten ausschmücken, wann immer es ihm genehm erscheint, aber dennoch scheint er über authentisches Wissen zu verfügen. So wurde etwa Bruntons Behauptung, die Sphinx sei bereits Jahrtausende vor der Großen Pyramide von Überlebenden von Atlantis errichtet worden, in jüngster Zeit durch eine von Dr. Robert Schoch von der Universität Boston durchgeführte Untersuchung der Witterungseinflüsse der Statue wissenschaftlich gestützt. (Schoch meint, die Witterungsschäden seien auf Regen zurückzuführen, nicht auf Treibsand.)

Im Februar 1938 begann Brunton eine Korrespondenz mit einem jungen jüdischen Marineoffizier namens Bernard Masson, nachdem dieser ihn brieflich um geistigen Beistand gebeten hatte. Zwei Jahre darauf wandte sich auch Bernard Massons jüngerer Bruder Jack mit einem Brief an Brunton, der damals als Gast des Maharajas von Mysore in Indien lebte. Wie Bernard war Jack von Geschichten über indische Yogis fasziniert und versuchte sogar, seinen vierjährigen Sohn Jeffrey in der Tradition der Yogis zu erziehen. Zu gegebener Zeit sollte Jeffrey Masson, der sich später als Psychiater (und Gegner der Psychoanalyse) einen Namen machte, ein Buch über die Bekanntschaft seines Vaters mit Brunton schreiben: »Der Guru meines Vaters«.

1945 reiste Jack Masson zu einem Besuch Bruntons nach Mysore; sein von ihm bewunderter älterer Bruder hatte ihm versichert, dass Brunton ein Avatara sei, die Inkarnation eines göttlichen Wesens. Der so Betitelte stellte sich als ein kleinwüchsiger, kahlköpfiger Mann mit einem Schnurrbärtchen heraus. Brunton versicherte Masson, ein bestimmter Grund habe ihn nach Indien geführt, den er früher oder später erfahren werde. Ferner sagte er, Schüler eines Meisters zu sein sei ein Privileg, das man nicht kaufen könne – man könne es nur über den Weg vieler Inkarnationen erlangen.

Hierzu schreibt Jeffrey Masson: »Mit Sicherheit wollte mein Vater etwas, was kein Mensch ihm geben konnte, und Paul Brunton behauptete, er könne ihm geben, was niemand sonst einem anderen geben könne. Der eine wollte die Transzendenz dieser Welt, spirituelle Erleuchtung und Weisheit, und der andere bot sie ihm an.« Als Jacks Bruder Bernard sechzehn Jahre alt war, hatte er einmal das Gefühl gehabt, mit dem Universum eins zu sein, und seitdem ständig versucht, dieses Erlebnis zu wiederholen. Nun nahm Jack Masson die Suche auf, und Brunton schien ihm Erfolg und Erfüllung zu versprechen.

Aus diesem Grunde bat er Brunton 1946, als Gast im Haus seiner Familie in der Nähe von Hollywood zu wohnen. Jack Masson besaß zwei große Stoffgeschäfte in Los Angeles und handelte außerdem mit Diamanten. Jeffrey Massons Beschreibung seiner Kindheit mit Brunton nach zu urteilen, kann dieser auf keinen Fall ein Betrüger im Stil von Koresh oder Jim Jones gewesen sein. Er ernährte sich sehr maßvoll (und ausschließlich vegetarisch), trank nie Alkohol und meditierte und fastete regelmäßig (und lud seine Anhänger ein, dasselbe zu tun). Manchmal nahm er eine ganze Woche lang nur Wasser zu sich. Sex missbilligte er, und Jeffrey Masson kommt zu dem Urteil, dass er auch diesbezüglich kein Heuchler war.

Massons Mutter nahm drei Wochen lang nur Wasser zu sich und dann eine Woche lang gar nichts. Auch sein Vater fastete mit großer Ausdauer; er brachte es einmal auf 40 Tage. Bruntons Keuschheitsideal konnte er allerdings nicht teilen, und wenn er auch der Versuchung widerstand, ein hübsches Au-Pair-Mädchen zu verführen, so küsste und liebkoste er doch des Öfteren die Brüste der jungen Frau. Dasselbe Mädchen half auch dem jungen Jeffrey, seine Sexualität zu entdecken, indem sie ihm erlaubte, sie eng zu umschlingen, während sie, nur mit einem Höschen bekleidet, auf ihrem Bett lag. Masson schreibt: »Die Kehrseite von P.B.'s Regel ›Kein Sex‹ war die sexuell aufgeladene Atmosphäre im ganzen Haus.« Brunton heiratete später eine um 35 Jahre jüngere, sehr schöne Frau, behauptete aber, nicht sexuell mit ihr zu verkehren.

Im Hotel Algonquin in New York lernten Jeffrey und seine Schwester in einem Fahrstuhl Aldous Huxley kennen und stellten ihn ihren Eltern vor. Huxley schien nicht sonderlich davon beeindruckt zu sein, dass Brunton ihr Guru war. Als Jeffrey im Alter von 14 Jahren mit Brunton meditierte, hatte er eine kurze spirituelle Erfahrung. Seine Beine schmerzten, und er spürte ein starkes Jucken, doch er unterdrückte diese Unannehmlichkeiten und erlebte plötzlich einen »veränderten Zustand«. Brunton schien dies zu bemerken, und als Jeffrey es bestätigte, stieg sein Ansehen bei seinen Eltern enorm. Er begann Sanskrit zu lernen – das Brunton dem Vernehmen nach gut beherrschte – und für diesen als Sekretär zu arbeiten. Brunton behauptete, er könne sich an seine früheren Inkarnationen erinnern; einmal habe er auf der Venus gelebt (»Auf der Venus gibt es keine Autos«) und das letzte Mal auf dem Hundsstern Sirius, der den alten Ägyptern heilig war. In seinem Buch »Als Einsiedler im Himalaya« schreibt er: »Seine Bewohner sind uns Geschöpfen der Erde an Wissen, Charakter, schöpferischer Kraft und Geistigkeit unendlich weit überlegen und verfügen über Kräfte und Fähigkeiten, die wir erst in fernen Zeiten erwerben werden.«

Brunton behauptete, Erfahrungen mit UFOs gemacht zu haben, und fügte hinzu, dass seine Rückkehr zur Erde ein Fehler gewesen sei. »Dort war ich sehr ausgeglichen; hier ist mein Leben voller Sorgen.« Nachts reiste er – in seinem Astralkörper – häufig zu anderen Planeten. Auf der Erde hingegen zog er es vor, anonym zu bleiben. Bekannten der Massons ließ er sich als Mr. Opher vorstellen – mit den angenommenen Vornamen Philo S. [was zusammen mit dem Nachnamen Philosopher, zu deutsch Philosoph, ergibt – A.d.Ü.].

In vielerlei Hinsicht war Brunton durchaus beeindruckend. Er meditierte täglich drei Stunden, und auch als Masson einmal nachts heimlich in sein Schlafzimmer schaute, saß er in Meditationshaltung auf dem Boden. Mittags aß er zwei Tomaten, abends eine Karotte. Er war immer heiter und wirkte (anders als Koresh oder Jones) nie verärgert oder gelangweilt. Auch versuchte er nie, sich an seinen Schülern zu bereichern, ließ allerdings zu, dass sie die Kosten für seine Reisen ins Ausland übernahmen. Im Lauf der Jahre nahm er auf diese Weise an die 100 000 Dollar von Jack Masson an. Leider blieb diesem die spirituelle Erleuchtung versagt, die Paul Brunton ihm versprochen hatte. Sein 40. Geburtstag – an dem er sie hätte haben sollen – kam und ging ohne ein nennenswertes Ereignis. Masson war allerdings fair genug, den Grund dafür bei sich selbst zu suchen.

Doch seiner Spiritualität zum Trotz hatte auch Brunton einige seltsam banal anmutende Gewohnheiten: Die Schnüre der Pakete, die er erhielt, musste Jeffrey Masson sorgfältig aufknüpfen und für späteren Gebrauch aufbewahren; Papiertücher legte er zum Trocknen auf den Balkon, damit sie öfter verwendet werden konnten; einmal schickte er einen Sekretär in die Innenstadt, um in einem Kaufhaus einen Gegenstand im Wert von zehn Cents umzutauschen – wobei sich die Fahrtkosten dafür auf über einen Dollar beliefen.

Vielen Dingen gegenüber verhielt sich Brunton rätselhaft. Er ließ anklingen, dass es eine böse Verschwörung der dunklen Mächte geben werde und er versuchen wolle, sie zu vereiteln. Jeffrey erzählte er, er sei in Tibet gewesen, und deutete an, dass er Tibetisch spreche; ferner beschrieb er ihm, wie er vor den Kommunisten fliehen musste und dadurch ein Manuskript mit dem Titel »A Search in Secret Tibet« (Eine Suche im geheimen Tibet) verlor. Später bezweifelte Masson, dass Brunton jemals in Tibet war, da er dies mit Sicherheit in einem seiner zwölf Bücher erwähnt hätte.

Doch das eigentliche Problem schien der drohende Dritte Weltkrieg zu sein, der einer Offenbarung Bruntons zufolge um das Jahr 1963 ausbrechen sollte. (Bei der Voraussage bevorstehender Katastrophen scheint es Brunton nicht anders ergangen zu sein wie allen anderen Erlösern, einschließlich Jesus von Nazareth – man hat den Eindruck, als spiele das Katastrophen-Szenario eine wesentliche Rolle bei der Schaffung eines Gefühls von Dringlichkeit und Zusammenhalt.) Er riet seinen Schülern, alles zu verkaufen und nach Südamerika zu gehen, um dem kommenden atomaren Holocaust zu entgehen, und die meisten befolgten diesen Rat, auch Jack und Bernard Masson. Brunton versprach nachzukommen, was er jedoch nie tat.

Jeffrey Massons Ernüchterung trat ein, als er 1961 nach Harvard ging, um Sanskrit und indische Geschichte zu studieren. Schon bald wurde ihm klar, dass Bruntons angebliches Wissen Betrug war. »Die Daten waren falsch, die Namen ebenfalls, und selbst die Sprache war falsch angegeben ... Man konnte seine Bücher nicht mit jenen von Renou oder Lamotte vergleichen, ohne den enormen Unterschied zu sehen ... P.B.s schriftliche Äußerungen über indische Texte waren nichts weiter als Scharlatanerie.« Von Masson nach seinem Doktortitel befragt, erklärte Brunton, er habe ihn an der Roosevelt University in Chicago erworben, wurde dann aber bezüglich der Details immer vager. Masson rief die Roosevelt University an und erhielt die Auskunft, es existierten keine Unterlagen über einen Doktoranden namens Brunton. Und schließlich ertappte er ihn sozusagen »auf frischer Tat« bei einem Schwindel.

An einem voll besetzten Esstisch fragte Brunton Jeffrey Masson, ob er ihm seine Aufrichtigkeit glauben würde, wenn er, Brunton, den Tisch in der Luft schweben lassen könne. Masson bejahte. Daraufhin wies Brunton alle Anwesenden an, die Augen zu schließen und die Hände auf den Tisch zu legen. Masson schaute jedoch heimlich und sah, dass Brunton die Hände unter der Tischplatte hatte und versuchte, den Tisch anzuheben. »Er beginnt, sich zu bewegen«, sagte er. »Können sie es spüren?« Alle bejahten die Frage – bis auf Masson, der sagte: »Das wundert mich nicht, denn Sie haben die Hände unter der Tischplatte und drücken nach oben.« Alle waren von diesem Vorfall peinlichst berührt, und Jeffrey Masson sah Brunton danach nie mehr wieder.

Bruntons letztes Buch, »Die geistige Krise des Menschen«, wurde von der Kritik verspottet und verkaufte sich kaum. Als dann 1963 auch noch der Dritte Weltkrieg ausblieb, verließen ihn seine Anhänger in Scharen. Er zog nach Vevey in der Schweiz und verbrachte seine letzten Lebensjahre bis zu seinem Tod 1981 in einem winzigen Apartment. Seine Ambitionen als Guru waren verschwunden, und er schien froh zu sein, dass die Massons ihn einfach nur als Freund behandelten. Jack Masson schrieb 1965 einen langen Brief an seinen Bruder, der mit den Worten »Wach auf, Bernard!« begann und in dem er Bruntons Fehler und Fehlschläge auflistete. »Er hat dein Leben ruiniert und meines fast auch.« Brunton hatte Jack Masson versichert, er befinde sich in einem »Glückskreis«, woraufhin dieser 25 000 Dollar in Baumwolle investierte und rasch verlor. Ferner hatte Brunton darauf gedrängt, dass er ihm ein bestimmtes Haus kaufen solle, da es eine »ideale Lage« aufweise; nach der Anzahlung änderte er jedoch seine Meinung. Masson hatte wertvollen Grund in Los Angeles sowie viele weitere Grundstücke verkauft, um nach Südamerika zu gehen und dem Dritten Weltkrieg zu entkommen, was für ihn eine finanzielle Katastrophe bedeutete, die ihn fast ruiniert hätte. Und danach hatte Brunton nicht einmal sein Versprechen eingelöst, ebenfalls nach Südamerika zu gehen. Nicht zuletzt hatte er Masson spirituelle Erleuchtung versprochen, die er nie erfahren hatte.

Die Schlussfolgerung aus dem Buch »Der Guru meines Vaters« drängt sich geradezu auf. Brunton war kein Avatara oder Mystiker, sondern lediglich ein romantisch verklärender Journalist. Sicherlich war er von Yogis und geistigen Kräften fasziniert gewesen, doch er selbst blieb diesbezüglich ein Dilettant. Er umgab sich mit einem Schleier des Geheimnisvollen, um die simple Wahrheit über seine Person zu verbergen, einer Wahrheit, an der an und für sich nichts auszusetzen gewesen wäre: dass er die Londoner Central Foundation School und danach das McKinley-Roosevelt College in Chicago (keine Universität) besucht hatte; dass er von Para-Forschung fasziniert war und mediale Kräfte entwickelte und dass sein »Meister« Allan Bennett war, ein Freund von Aleister Crowley, der England verlassen hatte, um als Mönch in Ceylon zu leben. Mit Sicherheit war Brunton davon überzeugt gewesen, dass er eine Lehre zu vermitteln hatte – immerhin waren es ja seine Schüler, die ihn aufsuchten. Und wie ein Vikar oder Priester tat er sein Bestes, um ein guter geistiger Ratgeber zu sein. Aber wie bei vielen Vikaren und Priestern auch waren seine Talente in diesem Bereich begrenzt. Offensichtlich war er in seinen letzten Lebensjahren froh und erleichtert, dass er sich wie ein normaler Mensch benehmen konnte.

Und Bruntons Anhänger? Nun, man kann nicht behaupten, dass sie besonders dumm oder leichtgläubig gewesen waren. Wie die meisten intelligenten Menschen verspürten sie den Wunsch, sich menschlich weiterzuentwickeln, und trotz mancher Enttäuschungen ist genau dies vielen von ihnen gelungen. Zweifelsohne spielte sich das Drama des Messias und seiner Jünger in diesem Fall auf einer höheren Ebene ab als bei David Koresh und Jim Jones. Doch letztlich und im Wesentlichen ging es auch hier um eine Mischung aus »echten« Ambitionen und Selbstbetrug.

Diesen Selbstbetrug sollten wir nun noch etwas näher betrachten. Der amerikanische Philosoph William James attackierte in einem Essay mit dem Titel »Der Wille zum Glauben« die rein wissenschaftliche Sichtweise, welche besagt, dass Skepsis immer dem unbewiesenen Glauben vorzuziehen sei. Er argumentiert, dass es bei Fragen, bei denen der Intellekt unentschlossen ist – zum Beispiel in der Frage, ob die Welt von einem wohlwollenden Gott oder einem böswilligen Teufel erschaffen wurde oder ob dies zu vernachlässigen sei –, dass es bei solchen Fragen besser sei zu glauben, was wir glauben wollen. Es sei töricht, so James, »unser Herz, unsern Instinkt und unsern Mut zum Schweigen zu bringen und ... bis zum Jüngsten Tag zu warten oder so lange, bis (wir) genügend Beweisgründe ... haben, um einen Entschluss fassen zu können«. An anderer Stelle schildert James, was geschieht, wenn dem Menschen jegliche Initiative zum Tun fehlt. Er spricht davon, dass der Geist dann »die Kraft, sich zu konzentrieren, zu verlieren scheint und nicht fähig ist, sich zu sammeln«: »Zu solchen Zeiten sitzen wir da mit leerem Blick und tun nichts.« Im Weiteren sagt er, in Pflegeanstalten für Geisteskranke werde dieser Zustand Abulie genannt, Willenslähmung. James wusste diesbezüglich sehr gut Bescheid, denn in seiner Jugend war er selbst einmal mit diesem Problem konfrontiert gewesen. In einer Phase der Depression hinsichtlich seiner Zukunftsaussichten hatte er sich selbst als absolut frustriert und erfolglos erlebt, und dann hatte ihm der Gedanke an einen Patienten in einer Irrenanstalt – ein Mann mit grünlicher Hautfarbe, der Stunde um Stunde nur vor sich hin gestarrt hatte – plötzlich das Gefühl gegeben, am Rande eines Nervenzusammenbruchs zu stehen. Ausweg aus dieser Situation bot James der spontane Entschluss, dass der Mensch wirklich einen freien Willen besitzt: dass er sich angesichts eines Problems entscheiden kann, wie viel Mühe er zu seiner Lösung aufwenden wird, ob er es entschlossen und zielstrebig anpackt oder ob er kapituliert. Dieser Glaube an die Kraft des Geistes war es, der ihm allmählich aus der Sinnlosigkeit heraushalf.

Wenn wir die Konsequenzen dieses Zustands der Sinnlosigkeit betrachten – dieses Vor-sich-hin-Starren, verbunden mit dem Gefühl, nichts sei eine Anstrengung wert –, dann erkennen wir, warum es so wichtig ist zu glauben. Ohne einen Sinn fühlen wir uns nur halb lebendig.

C.G. Jung ging diesbezüglich sogar noch einen Schritt weiter: »Etwa ein Drittel meiner Patienten«, schrieb er, »leiden an keiner klinisch definierbaren Neurose, sondern an der Leere und Sinnlosigkeit ihres Lebens.« Und er fuhr fort: »Unter allen meinen Patienten, die sich in der zweiten Lebenshälfte befinden ... gibt es nicht einen, dessen Problem letztlich nicht darin bestanden hätte, eine religiöse Perspektive zu finden.«

Religion ist im Grunde also eine Suche nach dem Sinn, und der Grund dafür, weshalb so viele Menschen mittleren Alters sie deutlicher spüren als junge Menschen, ist, dass so viele von ihnen im Leben erfolgreich sind – in finanzieller Hinsicht – und dennoch erkennen, dass ihnen Sinn und Glaube fehlen.

Das Phänomen Blavatsky ist ein gutes Beispiel dafür, was William James mit der Kraft des Glaubens meinte. Helena Petrowna Blavatsky – die 1831 als Helena Hahn geboren wurde – verließ Russland, um ihrem beträchtlich älteren Ehemann zu entkommen, und bereiste 20 Jahre lang die Welt. Mit 42 Jahren kam sie nach Amerika und stellte fest, dass überall von einer neuen Mode namens Spiritismus gesprochen wurde; dabei wurde durch ein »Medium« mit den Geistern Verstorbener Kontakt aufgenommen. Madame Blavatsky hatte schon immer seltsame Dinge geschehen lassen können – wenn sie zugegen war, kamen Blumen aus der Luft geflogen, und seltsame Geräusche waren zu hören. Colonel Olcott interessierte sich für »spiritistische Phänomene« und schrieb für eine Zeitung über derlei Dinge. Er traf Madame Blavatsky im Jahre 1874 bei einer Séance, und die beiden fühlten sich sofort zueinander hingezogen. Sie erzählte ihm, in Tibet habe sie gewisse »spirituelle Mahatmas« getroffen: mysteriöse, gottähnliche Wesen, die im Himalaya lebten und ihr Bestes taten, um die Evolution der Menschheit zu leiten; sie nannten sich die Bruderschaft der Großen Weißen Loge. Oft fielen an den Colonel adressierte Zettel aus der Luft auf ihn herab, die, wie Madame ihm versicherte, von den Mahatmas stammten; für gewöhnlich enthielten sie Anweisungen bezüglich Madame Blavatskys Wünschen. Die Mahatmas schlugen ihm sogar vor, er solle seine Frau verlassen – mit der er sich nicht verstand – und mit Madame Blavatsky zusammenziehen, was er erfreut in die Tat umsetzte.

Als die Spiritismus-Mode allmählich ausklang, beschlossen HPB – unter diesem Kürzel war Madame Blavatsky allgemein bekannt – und der Colonel, eine Gesellschaft für das Studium der alten Weisheit zu gründen. So wurde im September 1875 die Theosophische Gesellschaft ins Leben gerufen. Schon im Sommer zuvor hatte HPB dem Colonel einige Seiten ausgehändigt, die sie auf »Befehl« der Bruderschaft der Großen Weißen Loge geschrieben hatte. Es war der Anfang eines Buches, das sie »Isis entschleiert« [Hinweis: Blavatsky, Helena Petrovna: Isis entschleiert. Ein Meisterschlüssel zu den Geheimnissen alter und neuer Wissenschaft und Theologie, 2 Bände, Courreur, Den Haag, 1877] betitelte und das zwei Jahre nach seinem Erscheinen ein unerwarteter Erfolg wurde.

»Isis entschleiert« war der Versuch, eine Art »heilige Schrift« für die Theosophische Gesellschaft zu verfassen; HPB behauptete, das Werk sei ihr aus dem Jenseits diktiert worden. Es beginnt mit Attacken sowohl auf die moderne Wissenschaft als auch auf das Christentum: Die Wissenschaft wird wegen ihres engstirnigen Materialismus kritisiert, die christliche Religion wegen ihres ebensolchen Dogmatismus. Es gebe jedoch, so Blavatsky, eine weitaus ältere Weisheit – ein Vermächtnis des versunkenen Kontinents Atlantis. Im Folgenden liefert das Werk einen bemerkenswerten Abriss der Weltreligionen und verschiedener philosophischer Systeme. Man muss »Isis entschleiert« zumindest als ein erstaunliches Kompendium von Mystizismus, östlicher Religion und okkultem Wissen bezeichnen.

Doch obwohl dieses Buch wie auch die Theosophische Gesellschaft sofort von Erfolg gekrönt waren, wandte das launenhafte amerikanische Establishment sich schon bald wieder anderen Dingen zu, und deshalb beschlossen Madame Blavatsky und Colonel Olcott, nach Indien zu gehen. Auch dort waren sie von Anfang an erfolgreich – die Inder begeisterten sich dafür, dass Europäer ihre Kultur der des

Westens vorzogen. Innerhalb von fünf Jahren hatte die Theosophische Gesellschaft Niederlassungen in ganz Indien und Ceylon.

Doch dann schlug das Schicksal zu. Ein unzufriedener Hausdiener behauptete einer christlichen Zeitung gegenüber, Blavatsky sei eine Betrügerin; unter anderem erzählte er, Blavatsky habe ein Modell des bedeutendsten »Mahatma«, Koot Hoomi, angefertigt und würde nachts bei Mondlicht mit ihm auf den Schultern im Haus herumlaufen. Die Gesellschaft für übersinnliche Forschungen ging der Sache nach und wurde äußerst skeptisch. Vorwürfe von Fälschung und Betrug wurden erhoben; im März 1885 musste Madame Blavatsky nach Europa fliehen, um einer gesetzlichen Verfolgung zu entgehen.

Aber es war noch nicht alles verloren. Zwei Jahre zuvor hatte ein Anhänger namens A. P. Sinnett eine vereinfachte Version der theosophischen Lehre in einem Buch mit dem Titel »Esoteric Buddhism« veröffentlicht, das ein unerwarteter Bestseller wurde. Sinnett war der Herausgeber der einflussreichsten indischen Zeitung *The Pioneer* und konnte deshalb nicht einfach als Schwindler abgetan werden. Er erklärte auf der ersten Seite seines Werks, er habe seine Kenntnisse von »geheimen Meistern« aus Tibet erhalten. Anscheinend hatte er Madame Blavatsky an Koot Hoomi adressierte Briefe gegeben, und daraufhin waren ausführliche Antworten auf seinem Schreibtisch erschienen. Das Ergebnis war ein kurzes und verständliches Sammelwerk über Atlantis und Lemuria, die Frühgeschichte der Erde, Reinkarnation, *kama loca* (das Reich der Geister) und die Lehre Buddhas. Es erlebte eine Auflage nach der anderen.

Madame Blavatsky fand bei ihrer Rückkehr nach London Scharen von Anhängern vor, die von dem Zeitungsskandal in Indien nichts wussten. Unglücklicherweise litt sie inzwischen jedoch an der brightschen Krankheit, einer Nierenentzündung. Sie präsidierte noch sechs Jahre über ihre sie bewundernden Anhänger und starb 1891 im Alter von 59 Jahren. Ihre Nachfolgerin wurde Annie Besant, eine berühmte Sozialistin und Feministin, und die Theosophische Gesellschaft besteht noch heute.

Die Frage, inwieweit Madame Blavatsky eine Betrügerin war, muss offen bleiben; es gibt zu viele voneinander unabhängige Berichte über ihre okkulten Kräfte, um anzuzweifeln, dass sie ein ernst zu nehmendes Medium war. Einer ihrer Anhänger, Charles Johnston, beobachtete einmal, wie sie mit den Fingern auf den Tisch klopfte und die Hand dann ein Stück über die Tischplatte hob, während das Klopfen weiterhin zu hören war. Als sie sein Erstaunen bemerkte, schickte sie ein »astrales Klopfen« zum Rücken seiner Hand, das Johnston hören und fühlen konnte – er beschrieb es als »schwache Elektroschocks«. Immerhin wurde Blavatsky im Gegensatz zu den meisten anderen Messias-Figuren nie paranoid und verlor auch nie ihren Humor. Als sie einmal eine Anhängerin tadelte, weil die Frau zwei Liebhaber hatte, und ihr sagte, die Aufnahme in den Kreis der Eingeweihten setze absolute Keuschheit voraus, fügte sie am Ende hinzu: »Mehr als einen kann ich Ihnen einfach nicht zugestehen.«

Diese Anekdote wurde von W. B. Yeats erzählt, der bei Madame Blavatskys Eintreffen in London 29 Jahre alt war und keine Minute zögerte, sie aufzusuchen. Er fand sie faszinierend – »eine Art weiblicher Dr. Johnson« – und erkannte sofort, dass es absurd gewesen wäre zu fragen, ob sie ernst zu nehmen oder eine Betrügerin sei. Einem Anhänger sagte sie, die Erde habe die Form einer Hantel – am Nordpol sei noch ein zweiter Globus daraufgesetzt. Offenbar hatte der Gute nicht mitbekommen, dass sie ihn lediglich auf den Arm nahm, weshalb der Mann dies Yeats weitererzählte. Aus dessen Schilderung des Vorfalls in seiner Autobiografie geht eindeutig hervor, dass Madame Blavatsky ihren Anhängern in punkto Intelligenz und Vitalität so sehr überlegen war, dass sich die Frage, ihnen die exakte Wahrheit zu sagen, für sie gar nicht stellte: Die meisten hätten sie wahrscheinlich gar nicht verstanden.

Das beste Beispiel für eine derart komplexe Beziehung zwischen Wahrheit und Glaube ist Yeats selbst. Für ihn als irischen Protestanten und typischen Romantiker war London weitaus widerwärtiger als seine Heimat Sligo, und seine frühen Gedichte sind ein entschlossener Versuch, dieser Welt der Moderne den Rücken zuzukehren. Sein Vater, ein Maler, war Skeptiker und Atheist; dessen rationalistische Einstellung konnte Yeats nicht zufrieden stellen. Er sehnte sich nach Beweisen für »andere Realitäten« und ließ sich von der Welt der Präraffaeliten mit ihren Bildern bleicher, schöner Mädchen und mittelalterlicher Ritter beeinflussen. Schon als Kind war er von Geschichten über Feen und andere übernatürliche Dinge fasziniert gewesen. Während der Jugend wurde dieses Interesse von einer Cousine mit übersinnlichen Fähigkeiten wieder belebt, die behauptete, häufig Menschen zu sehen, die »nicht von dieser Welt« seien. Eines Abends entdeckten sie bei einem Spaziergang am Fluss ein Licht, das sich an einer Stelle mit gefährlichen Strömungen über das Wasser bewegte. Seine Cousine sagte, sie sehe dort einen Mann im Wasser warten; Yeats konnte jedoch niemanden erkennen. Dann bemerkten sie ein ähnliches Licht, das sich den Berg Knocknarea hinaufbewegte. Es erreichte den Gipfel jedoch innerhalb von nur fünf Minuten – Yeats stoppte die Zeit und wusste sofort, dass kein menschliches Wesen so schnell dort hinaufsteigen konnte. Nach diesem Erlebnis suchte er häufiger »Feenhügel« auf und befragte alte Frauen über sie. Doch sein Interesse an Feen blieb im Bereich des Wunschdenkens – er konnte sich nicht dazu durchringen, an ihre tatsächliche Existenz zu glauben.

In London trug Yeats häufig Shelleys lyrisches Drama »Der entfesselte Prometheus« mit sich herum und sprach Verse daraus leise vor sich hin. »An London sah ich nichts Gutes, und ich dachte ständig daran, dass Ruskin* zu einem Freund meines Vaters gesagt hatte: ›Wenn ich zu meiner Arbeit im British Museum gehe, sehe ich in den Gesichtern der Leute, wie sie tagtäglich verdorbener werden.‹« Das war es, was Yeats glauben wollte – dass diese Zivilisation aus Backsteinen und Beton irgendwie verlogen war und dass die Wahrheit in einer anderen Realität lag. Er verfasste Gedichte über seine Sehnsüchte – für »perlenbleiche, hochgeborene Damen« mit »verschleierten Augen und üppigem Haar« – und gab zu, sich dem Autoerotizismus hinzugeben, bis er blass und erschöpft war. Und er schrieb gerne über Menschen, die ihren Weg ins Feenland gefunden hatten oder sich auf eine lange Reise begaben, um die höchste Schönheit zu finden:

* Gemeint ist der englische Maler und Sozialreformer John Ruskin (1819–1900), Wortführer der Präraffaeliten; A. d. Ü.

Was Millionen Lippen der Welt suchen
Das muss irgendwo Wirklichkeit sein ...

Yeats versuchte natürlich, auf eine verstandesmäßig erfassbare Vision abzuzielen – die Vision, die er im Werk großer Dichter fand –, doch die physische Welt lenkte ihn beständig davon ab.

In seiner Autobiografie spricht er von einer seiner Obsessionen, und zwar zitiert er dazu eine Passage aus Shelleys im Jahre 1821 entstandenem lyrischem Drama »Hellas«, mit dem dieser seine Sympathie für den Unabhängigkeitskampf der Griechen gegen die Türkei ausdrücken wollte. Yeats bekennt sich dazu, besessen zu sein von »Shelleys Traum von einem jungen Manne, das Haar sorgenweiß, einsam in einem Turm philosophierend, oder von seinem alten Mann, Meister allen menschlichen Wissens, jeglichen Blicken verborgen in einer muschelübersäten Höhle am Strand des Mittelmeers«. In »Hellas« drückt der türkische Sultan Mahmud II. seinen Wunsch aus, mit diesem alten Juden, Ahasverus, zu sprechen, der für den Ewigen Juden der Legende gehalten wird. Sein Berater Hassan erklärt ihm, wer mit dem alten Juden sprechen wolle, der müsse »bei Sonnuntergang allein« zu der Insel Erebinthus segeln und laut »Ahasverus!« rufen. Bei Gewährung der Bitte werde ein Meteor am Himmel aufsteigen und den Betreffenden »durch das sanfte Zwielicht zum Bosporus« geleiten.

Sodann, zur Stunde und am Ort und Umstand
Und bereit zum Thema der Zusammenkunft
Erscheint der Jude. Wenige wagen, und wenig,
die es wagen
Wird das erwünschte Gespräch gewährt ...

Yeats gibt zu, sich zur Theosophie hingezogen gefühlt zu haben, »weil sie die reale Existenz des Ewigen Juden oder seinesgleichen behauptete, und ... weil ich nichts sah, was dagegen sprach«. In anderen Worten: Madame Blavatsky bot ihm die Hoffnung, dass seine Träume im Grunde genommen wirklich waren.

Denn was er in ihrem Haus sah, überzeugte ihn davon, dass die Geister real waren. Bei seinem ersten Besuch kam aus einer nicht funktionierenden Kuckucksuhr das »Vögelchen« heraus und lachte ihn aus. Als er dies Madame Blavatsky erzählte, meinte sie nur beiläufig: »Er macht sich oft über Fremde lustig.« Bei einer anderen Gelegenheit füllte ein starker Weihrauchduft den Raum, doch jemand, der von draußen hereinkam, roch nichts. Eines Abends sah Yeats in einem spärlich beleuchteten Zimmer ein rotes Licht auf eines der Bilder tibetischer Meister scheinen; als er näher trat, verschwand es allmählich. Er sprach Madame Blavatsky darauf an. »Ich habe schon befürchtet, Sie seien ein Medium, aber es war nur Hellsichtigkeit«, sagte sie und fügte dann hinzu: »Wenn Sie ein Medium wären, wäre es nicht erloschen. Hüten Sie sich davor, ein Medium zu werden; es ist eine Art Wahn – ich weiß das, weil ich es selbst durchgemacht habe.«

Yeats wurde schließlich aus der Theosophischen Gesellschaft ausgeschlossen, weil er ihre Lehre zu abstrakt fand – jeder, der versucht hat, »Die Geheimlehre« zu lesen, wird verstehen, was er meinte. Er begann eine Reihe erfolgloser Experimente, um den Geist einer Blume zu erwecken, und ein anderes Mal wollte er mit Hilfe einer reinen Form von Indigo Träume auslösen. Diese wissenschaftliche Haltung missfiel den Theosophisten, weshalb sie ihn baten, die Gesellschaft zu verlassen.

Danach wurde Yeats mit dem Kabbalisten MacGregor Mathers bekannt, der zusammen mit einem Okkultisten namens Wescott die Goldene Dämmerung gründete, eine Gesellschaft, die sich der praktischen Magie verschrieb. Die beiden behaupteten, der Ursprung dieser Gesellschaft gehe auf ein in Geheimschrift verfasstes Manuskript zurück, das sie in einem Antiquariat entdeckt hatten. Die Dechiffrierung dieses Werks hatte zu einem Schriftwechsel mit einem gewissen Fräulein Sprengel geführt, das einem magischen Orden in Deutschland angehörte und ihnen gestattet habe, in England eine Zweiggesellschaft zu gründen. Fräulein Sprengel ist indes so gut wie sicher eine Erfindung von Mathers und Wescott; später wurden ihre »Briefe« als Fälschungen enttarnt. Dennoch aber schien die Magie der Goldenen Dämmerung irgendwie zu funktionieren.

Mathers bat eine Schauspielerin namens Florence Farr, ein auf ein Stück Pappe geschriebenes Symbol an die Stirn zu halten und die Augen zu schließen; sie kam der Aufforderung nach und sah eine Klippe über dem Meer. Mathers hatte ihr ein kabbalistisches Wassersymbol gezeigt. Auch Yeats bekam ein Symbol; er sah einen schwarzen Titanen, der sich aus uralten Ruinen in die Höhe schob – Mathers hatte ihm ein Symbol für Salamander, Feuergeister, gegeben. Er erklärte ihm, es wäre nicht einmal notwendig gewesen, ein auf Pappkarton aufgemaltes Symbol zu benutzen – es hätte ausgereicht, wenn Yeats sich das Symbol vorgestellt hätte. Den Beweis dafür erbrachte Mathers, als er mit Florence Farr über ein Feld ging, auf dem Schafe weideten: Sobald er ihr sagte, er stelle sich nun vor, ein Schafbock zu sein, liefen ihm alle Schafe nach. Diese Deutung von Symbolen und dem Unbewussten sollte später in C. G. Jungs Psychologie ausgeformt werden.

Yeats, der bislang angenommen hatte, seine Vorstellungen seien eine Form von Eskapismus, gelangte auf diese Weise zu der Überzeugung, dass es einen »Weg des Wissens« gebe, der tatsächliche Resultate erbringen würde.

1897 besuchte er seine Freundin Lady Gregory in Coole Park in der irischen Grafschaft Galway und begleitete sie auf Ausflüge, bei denen sie bei den Bauern in der Gegend Geschichten über Feen sammelten. Jetzt nahm Yeats zum ersten Mal die Vorstellung ernst, dass Feen – oder eine Art »Naturgeister« – wirklich existieren könnten: Die Erzählungen, die sie zu hören bekamen, klangen zu wahrhaftig, um sie einfach als Lügen oder Selbstbetrug abtun zu können. Dadurch erwachte in ihm wieder das Interesse am Spiritismus, und er begann erneut, an Séancen teilzunehmen. Doch inzwischen – er war nun 32 Jahre alt – war der Romantizismus seiner Jugendjahre einer realistischeren Einstellung gewichen. Allmählich verloren seine Gedichte die romantischen und mystischen Züge und gewannen dafür einen neuen, wirklichkeitsnaheren Ton.

Der Drang zur Selbstdramatisierung – als junger Poet mit sorgenweißem Haar – lag nun ebenso hinter ihm wie das Bedürfnis, an Shelleys Ewigen Juden und die Feen zu glauben, die Kinder ins Feenreich entführen. Doch solange dieses Bedürfnis existierte, war es nicht etwa die Selbsttäuschung eines Geisteskranken, sondern vielmehr eine Strategie im Umgang mit Problemen, die Yeats als anstrengend und bedrückend empfunden hatte: Es war eine Methode, die Welt *herauszufordern.* Aus all dem können wir den Schluss ziehen, dass »Gläubige« – ob sie nun dem Reverend Jim Jones, Paul Brunton oder Madame Blavatsky anhängen – nicht unbedingt als leichtgläubig, vertrauensselig oder dumm einzustufen sind, sondern vielmehr als Suchende.

Kapitel 4
Der Messias als Killer

Ein »richtiger« Messias wurde der Philosoph Auguste Comte nie – einen Denker wie ihn, der sich als strenger Rationalist betrachtete, hätte ein solcher Gedanke ohnehin entsetzt. Aber dennoch kam er dieser Rolle so nahe, dass dies einer der bedeutendsten »Es-hätte-sein-können«-Fälle der Geschichte wurde.

Mitte der zwanziger Jahre des 19. Jahrhunderts unternahm Comte den heroischsten Versuch zur Lösung sämtlicher Probleme der Menschheit, der je unternommen worden war. Er nannte sein großartiges intellektuelles Gefüge die »positivistische Philosophie«, doch vermittelt dieser Begriff nur eine schwache Vorstellung von seiner ganzen Größe. Comtes leidenschaftlich vertretene Überzeugung war, dass das grundlegende Problem der Menschheit falscher Glaube sei, nämlich Aberglaube. Würden die Menschen sich davon befreien, so sein Credo, und sich stattdessen auf die reine Wissenschaft und Vernunft verlassen, dann hätten wir den Himmel auf Erden. Comte zufolge begannen die Probleme der Menschheit mit der Religion. Der Mensch fürchtete sich vor den Naturgewalten, Blitz und Donner zum Beispiel, deshalb machte er sie zu Göttern und betete sie an. Dies, so räumt er ein, war insgesamt besehen gar nicht mal so schlecht, denn es verschaffte den Menschen eine Reihe einheitlicher Glaubenssätze und verwandelte den Einzelnen von einem ichbezogenen Tier in ein soziales Wesen. Er nannte diese Phase das »theologische Stadium«.

Erst danach begannen sich die Dinge zum Schlechten zu wenden, so Comte. Der Mensch hinterfragte mit seinem Verstand Autoritäten, und die Gesellschaft degenerierte zu einer Art Selbstbedienungsladen: Jeder nimmt sich, so viel er kann. Dieser Haltung sind laut Comte alle großen Kulturen der Vergangenheit zum Opfer gefallen. Aber obwohl unsere Zivilisation dieses gefährliche Stadium erreicht hat (er nennt es das metaphysische Stadium), ist sie die erste, die eine relativ gute Überlebenschance hat. Denn wir haben die Wissenschaften entwickelt, und sie haben uns neue Gewissheiten gegeben, die der Verstand nicht niederreißen kann – ganz im Gegenteil, er stützt sie sogar. Es wird keine Illusionen, keinen Aberglauben mehr geben, sondern nur mehr das kühle, beruhigende Licht des Wissens. Und wenn der Mensch dieses Wissen auf die Gesellschaft selbst anwendet, schafft er sich langsam den Himmel auf Erden – ohne Armut, ohne Krieg, ohne Elend. Dieses Stadium nannte Comte das »positivistische«. Sein zwischen 1830 und 1842 erschienenes Hauptwerk »Abhandlung über die Philosophie des Positivismus«, in dem er diese Ideen ausführte, übte enormen Einfluss aus; viele betrachteten Comte als den größten Philosophen seiner Zeit.

Denkt man an die Katastrophen, die von Leuten wie Shoko Asahara, Jim Jones oder David Koresh ausgelöst wurden, so mag man leicht auf den Gedanken kommen, dass eine auf den neuesten Stand gebrachte Version von Comtes Philosophie genau das ist, was die Menschheit braucht, um das nächste Jahrtausend zu überstehen. Sie müsste beginnen mit der Erkenntnis, dass die großen Religionen der Welt, wenngleich sie große humanitäre Ideale verkörpern, keine göttlichen Eingebungen sind und dass die heiligen Bücher dieser Welt Produkte des menschlichen Geistes und nicht göttlichen Ursprungs sind. Dann wäre die Menschheit bereit für das Zeitalter der positiven Philosophie, und religiöse wie politische Erlöserfiguren würden der Vergangenheit angehören.

Leider ist das Problem aber komplizierter, als es den Anschein hat. Als Erstes gilt es festzuhalten, dass nicht einmal Comte selbst für seine Religion der Vernunft hätte werben können. Eine katastrophal verlaufene Ehe führte zum Nervenzusammenbruch und einem Aufenthalt in einer Heil- und Pflegeanstalt. Nach der Trennung von seiner Gattin verliebte sich Comte in eine junge, verheiratete Frau, deren Mann sie verlassen hatte. Als diese jedoch seine flehenden Bitten nicht erhörte, versuchte er es mit emotionaler Erpressung, was unzweifelhaft zu ihrer Erkrankung und letztlich ihrem Tod beitrug. Daraufhin wollte Comte sich selbst das Leben nehmen und warf sich in die Seine. Nach dem Tod dieser Frau behielt er eine Art religiöse Hingabe an sie bei, etwa ähnlich Dantes Idealisierung von Beatrice.

Diese Krise machte ihm bewusst, dass der Mensch tief verwurzelte emotionale Bedürfnisse hat, die durch die bloße Verehrung der Vernunft – und selbst der Kunst – nicht befriedigt werden können. Der Mensch sehnt sich danach, seine Seele dem gesamten Universum zu öffnen, von einem Gefühl der Ehrfurcht und des Staunens übermannt zu werden, seine Individualität zu verlieren in der Betrachtung von etwas, das seine eigene Größe übersteigt. Man muss Comte zugute halten, dass er den Mut hatte, sich mit diesem Problem zu konfrontieren. In seinem letzten großen Werk, »Système de Politique positive« (System der positiven Politik, 1851–54), erfindet er kühn eine neue Religion und ergänzt sie mit Feiertagen, Heiligen, Gebeten und Ritualen. Das Objekt der Verehrung dieser neuen Religion ist die Menschheit selbst, die er das *Grand Être*, das Große Sein, nennt. Comte leugnet Gott nicht, doch er ist der Meinung, dass Gott eine unbewiesene Hypothese und deshalb für seine Religion der Humanität irrelevant ist. Der Mensch muss erkennen, dass das höchste ihm bekannte Gut die Brüderlichkeit der Menschen untereinander ist. Sobald er begreift, dass die alte Religion lediglich ein Aberglaube ist, erkennt er auch, dass er fähig ist, selbst zu einer Art Gott zu werden, und dass er mit jedem Dienst am Mitmenschen ein wenig gottähnlicher wird.

Comtes »Kult der Humanität« beruht auf einem Kalender mit 13 Monaten, deren jeder nach einer bedeutenden Persönlichkeit der Menschheitsgeschichte benannt ist: Moses, Homer, Aristoteles, Archimedes, Cäsar, der heilige Paulus, Karl der Große, Dante, Gutenberg, Shakespeare, Descartes, Friedrich der Große und der französische Anatom Bichat. Wie diese Liste zeigt, hatte er nichts gegen religiöse Führerfiguren; jeder Tag des Jahres ist zudem ein Festtag eines »Heiligen« der Menschheit, einschließlich Buddhas, Mohammeds und des heiligen Augustinus. Erstaunlicherweise fand

Comtes neue Religion zahlreiche Anhänger; noch um 1960 existierten letzte Reste. Es ist ein amüsanter Gedanke, dass Comte, wäre er nicht schon mit 59 Jahren – nur drei Jahre nach der Veröffentlichung dieses letzten Werkes – gestorben, selbst als eine Art Messias verehrt worden wäre und sich wahrscheinlich an die Aura eines Propheten hätte gewöhnen müssen. Und wenn sich sein Kult auf übliche Weise entwickelt hätte, wäre er mit Sicherheit gezwungen gewesen, sich mit Horden ergebener Anhänger und unterschiedlichen Ansprüchen eifersüchtiger Jünger auseinander zu setzen. In anderen Worten, er hätte die Erfahrung gemacht, dass das wahre Problem der Menschheit nicht etwa der Aberglaube ist, sondern eine eigenartige Mischung aus dem Willen zur Macht und dem Willen zum Glauben, die uns offenbar die Fähigkeit nimmt, zwischen Wahr und Falsch zu unterscheiden.

In einem hatte Comte wahrscheinlich Recht: Die Wissenschaft der Soziologie (ein Begriff, den er prägte) könnte uns eines Tages in die Lage versetzen, das Phänomen Fanatismus zu begreifen und ihn vielleicht dadurch zu entschärfen. Doch falls es dazu kommen sollte, wird sich die Soziologie dem Problem stellen müssen, dem sich dieses Buch annimmt: Was macht die Menschen zu einer derart leichten Beute für Erlöser?

Comtes Geschichte ist deshalb an dieser Stelle von Bedeutung, weil es notwendig ist hervorzuheben, dass die Beschäftigung mit Messias-Figuren keineswegs zur Psychopathologie gehört. Man kann dieses Phänomen nicht verstehen, wenn man solche Menschen für verrückt erklärt, weil sie sich für Julius Cäsar oder Napoleon halten.

Vielmehr sind die meisten von ihnen so normal wie wir. Und ihr Ziel es ist, dieselben Wünsche zu befriedigen, die jeder von uns hat – vor allem den Wunsch nach Selbstachtung. Doch aus irgendeinem eigenartigen Grund gerät dieser Wunsch bei ihnen außer Kontrolle – vergleichbar mit Krebszellen, die unvermutet anfangen zu wuchern. In diesem Stadium können sie dann gewalttätig werden, ja sogar Morde verüben. Im Folgenden werde ich einen typischen Fall eines Messias darstellen, dessen Einstellung am Anfang so vernünftig war wie jene von Auguste Comte.

Jeffrey Don Lundgren wurde am 3. Mai 1950 in Independence, Missouri, geboren; seine Eltern waren Mormonen. Er behauptet, eine schwierige Kindheit gehabt zu haben – sein Vater sei grob gewesen, und die Mutter habe sich mehr darum gekümmert, das Haus blitzblank zu halten, als ihren Kindern Zuneigung zu schenken. 1970 heiratete er Alice Kehler, die er an der Central Missouri State University kennen gelernt hatte; bei der Hochzeit war Alice bereits schwanger. Lundgren musste feststellen, dass es schwerer war, eine Familie zu versorgen, als er gedacht hatte. Nach sechs Monaten ging er zur Marine und ließ seine Frau alleine zu Hause. Seinen Vorgesetzten fiel auf, dass er die ihm gestellten Aufgaben zunächst mit großer Tatkraft und Effizienz anging, dann jedoch das Interesse an ihnen verlor. Als er die Marine nach zwei Dienstjahren verließ, hatte er zwei Söhne, fühlte sich aber noch immer nicht in der Lage, eine Familie zu ernähren. Er ging an die Universität zurück, verließ sie aber ohne einen Abschluss – Gerüchten zufolge soll er ihm anvertraute Gelder veruntreut haben. Auch bei den vielen Gelegenheitsjobs, die er über die nächsten fünf Jahre hatte, fiel auf, dass er anfänglich immer durch Energie und Effektivität beeindruckte, doch dann ging ihm bald die Puste aus, und er ließ sich treiben – was in der Regel zu seiner Entlassung führte. Einmal wurde er zudem wegen Scheckbetrugs verhaftet. Als seine Frau das vierte Kind geboren hatte, misshandelte er sie bereits und ließ sich auf Affären mit anderen Frauen ein.

1980 verschwanden aus dem Krankenhaus in Missouri, in dem Lundgren als Hausmeister arbeitete, zwei Fernseher und einige andere Elektrogeräte. Man fand sie bei ihm zu Hause; er erklärte, er habe die Geräte mitgenommen, um sie zu reparieren. Seine Arbeitgeber glaubten ihm nicht, erklärten sich aber bereit, auf eine Anzeige wegen Diebstahls zu verzichten, wenn er kündigte.

Lundgren und seine Frau standen in enger Verbindung mit einer Splittergruppe der Mormonen, die sich »Reorganised Church of Latter Day Saints« nannte (und sich als die eigentliche Mormonenkirche betrachtete). Aber obwohl Lundgren sein Bestes getan hatte, um Andersgläubige für die Gemeinschaft zu gewinnen, war er in deren Hierarchie nicht aufgestiegen. Dies schwelte in ihm ebenso wie die Tatsache, dass er trotz wiederholten Bemühens keine feste Anstellung hatte finden können. Seine Verzweiflung wuchs.

1981 erklärte er seiner Frau, er habe nun begriffen, dass die Kirche eine politische Organisation sei, und endlich herausgefunden, wie er sie manipulieren könne. Er versicherte ihr, dass er innerhalb der nächsten sechs Monate eingeladen werde, die Priesterwürde entgegenzunehmen. Welche Schritte er unternahm, um diese Voraussage zu erfüllen, ist nicht klar, aber vermutlich hatte er sich durch tatkräftigen Einsatz und gute Leistungen die Anerkennung der örtlichen Kirchenältesten erworben. Jedenfalls war er tatsächlich in weniger als sechs Monaten Priester geworden.

Lundgrens Biografen* gehen offenbar davon aus, dass er zur selben Zeit auch sein Talent für die Bibelauslegung entdeckte und dass dies ihm die Bewunderung einbrachte, nach der er sich sehnte. Er übernahm die Leitung einer kleinen Bibelkunde-Gruppe und vermittelte ihr seine eigene Interpretation des Buches Mormon – die sich radikal von derjenigen der Reorganisierten Kirche unterschied. Ferner fand er heraus, dass sich Religion auch auszahlen kann. Ein ortsansässiger Geschäftsmann unterstützte ihn monatlich mit mehreren hundert Dollar. Darüber hinaus scheint er auch von anderen Mitgliedern seiner Gruppe Spenden empfangen zu haben. Bis Mitte der achtziger Jahre hatte er so viele Anhänger um sich geschart, dass er sich entschloss, an einem anderen Ort seine eigene Sekte zu gründen. Er wählte dazu Kirtland in Ohio wegen eines Textes aus dem Buch Mormon, wo geschrieben steht: »Geh nach Ohio, denn dort wirst du Macht erlangen.«

Die Religionsgemeinschaft der Mormonen geht zurück auf Joseph Smith, einen Bauernsohn, der 1805 in Vermont geboren wurde. Seiner eigenen Aussage nach erschien ihm in der Nacht des 21. September 1823 ein Engel namens Moroni und teilte ihm mit, wo er zwei Tafeln finden würde, auf denen die Geschichte der ehemaligen Bewohner Amerikas aufgezeichnet sei. Sie waren in einem Hügel etwa sechs Kilometer von der Ortschaft Palmyra im Staat

* Cynthia Stalter Sasse und Peggy Murphy Widder: *The Kirtland Massacre*, 1991.

New York vergraben. Es sollte jedoch noch vier Jahre, bis 1827, dauern, bis Smith die Tafeln schließlich ausgrub. Mit 50 Dollar, die sein erster Anhänger, der Bauer Martin Harris, beisteuerte, übersetzte Smith sie unter Zuhilfenahme zweier Steine, die gemeinsam mit den Tafeln aufbewahrt worden waren und als »Urim und Thummim« bezeichnet wurden. Das Ergebnis war das Buch Mormon, das 1830 erstmals veröffentlicht wurde. (Die Platten oder Tafeln gingen an den Engel Moroni zurück, also hat niemand außer Smith sie je zu Gesicht bekommen – allerdings kopierte Smith einen Teil davon auf ein Stück Papier und erlaubte Harris, es einem gewissen Professor Anthon in New York zu zeigen, der die Schriftzeichen als authentisch beurteilte.) Einen Teil des Buches Mormon, nämlich das Buch Lehi, verbrannte die Frau von Martin Harris mit der Begründung, es sei Teufelswerk. Das in »reformiertem Ägyptisch« verfasste Buch Mormon gibt nach Aussage der »Kirche der Heiligen der Letzten Tage« die Geschichte Amerikas von seiner ersten Besiedlung durch das Volk Jared wieder, das mehr als 2000 Jahre vor Christi Geburt vom Turm Babel kam, sich aber durch Kriege selbst zerstörte.

Etwa 600 v. Chr. baute eine Gruppe von Israeliten, die aus Jerusalem floh, ein Schiff und segelte nach Chile. Mit dabei waren vier Brüder. Einer von ihnen war hellhäutig – er wurde zum Stammvater der weißen Rasse, der Nephiten; die anderen drei waren dunkel (weil sie rebellisch und gottlos waren); aus ihnen gingen die Indianer oder Lamaniten hervor.

Nach seinem Tod am Kreuz erschien Jesus Christus in Amerika und predigte das Evangelium. Im Jahre 385, als die Nephiten in der Nähe des Hügels Cumorah von den Lamaniten beinahe ausgerottet wurden, schrieb ihr Prophet Mormon ihre Geschichte nieder, die in ebenjenem Hügel vergraben wurde.

Das Buch Mormon wurde von seinem Erscheinen an mit Hohn und Skepsis bedacht; seine Gegner behaupteten, es sei ursprünglich ein Roman eines gewissen Reverend Solomon Spalding gewesen. Niemand hatte einen Zweifel daran, dass Smith ein Betrüger und die ganze Geschichte nur erfunden war. Robert Lindsey schreibt in seinem Buch »A Gathering of Saints« (Die Versammlung der Heiligen): »Der Journalist E.D. Howe sammelte in einem sarkastischen, 1834 erschienenen Buch mit dem Titel ›Mormonism Unveiled‹ (Die Entschleierung des Mormonentums) beeidigte Erklärungen von Freunden und Nachbarn Smiths, die ihn als nachlässigen, lügenhaften Religionsbetrüger bezeichnen, der von sich behaupte, er besitze übernatürliche Fähigkeiten, die es ihm ermöglichen würden, mit Hilfe von Steinen und Wünschelruten vergrabene Schätze in alten indianischen Begräbnishügeln zu finden.« Lindsey berichtet ferner, dass 1983 ein gefälschter Brief Joseph Smiths auftauchte, in dem von Grabungen gegen Bezahlung die Rede war; er wurde an einen hochrangigen Angehörigen der Mormonenkirche verkauft, der ihn aus dem Verkehr zog und in einem Geheimtresor verschwinden ließ.

Der offizielle Historiker der Mormonenkirche, Brigham H. Roberts, richtete bereits Mitte der zwanziger Jahre ein Gesuch an die Kirchenführer, ihm bei der »Lösung von Problemen bezüglich des Buches Mormon« behilflich zu sein. Eines dieser Probleme bestand darin, dass es so viele Ähnlichkeiten mit dem 1823 von Reverend Ethan Smith verfassten Werk »A View of the Hebrews« (Eine Betrachtung der Hebräer) aufwies; ein anderes, dass darin behauptet wird, die Hebräer hätten Stahl benutzt und Haustiere gehalten, die damals unbekannt gewesen waren. Bezug nehmend auf zahlreiche weitere Beispiele ähnlicher Unstimmigkeiten kam Roberts zu dem Schluss, dass »die Beweislage, wie ich voller Kummer zu bedenken geben muss, auf Joseph Smith als ihren Verursacher hindeutet«.

Aller ihm begegnenden Skepsis zum Trotz erhielt Smith weiterhin göttliche Eingebungen, die er an seine kleine Jüngerschar weitergab. Die Entrüstung, die das Buch hervorrief, erweckte jedoch auch Neugier, und so hatte er schon bald Dutzende von Anhängern für sich gewonnen. Doch die allgemeine Feindseligkeit gegen die »Kirche Jesu Christi der Heiligen der Letzten Tage« und eine weitere Offenbarung Gottes ließen Smith schließlich an einen anderen Ort ziehen.

Zuerst ging er mit seinen »Mormonen« nach Kirtland, Ohio: Dort ließ er für 70 000 Dollar, die größtenteils von wohlhabenden Anhängern aufgebracht wurden, einen Tempel bauen. Doch die

Einwohner des Ortes waren der Gruppe gegenüber, die sie für nicht mehr als einen Haufen hoffnungslos irregeführter Verrückter hielten, nicht weniger feindlich gesinnt als die New Yorker. Die »Heiligen« eröffneten ihre eigene Bank und druckten sogar eigenes Geld, doch als die Bank Bankrott ging, mussten sie wieder weiterziehen. Fünf der zwölf von Smith ernannten Apostel warfen ihm vor, er habe ihr Leben ruiniert, und verließen die Gruppe. Smith hingegen gründete unbeirrt ein neues Hauptquartier in Nauvoo, Illinois. Wahrscheinlich hatte er sich zu diesem Zeitpunkt aus seiner Anhängerschar bereits mehrere »Ehefrauen« genommen – es wurden schließlich 27, unter Umständen sogar bis zu 48. Aber als er 1843 verkündete, er habe eine göttliche Botschaft empfangen, die Polygamie gutheiße, wurde er zusammen mit seinem Bruder Hyram verhaftet. Noch in derselben Nacht – es war der 27. Juni 1844 – stürmte eine aufgebrachte Menge das Gefängnis, in dem die Brüder einsaßen, und beide wurden erschossen.

Joseph Smiths Nachfolger Brigham Young führte die Mormonen – die inzwischen als die »Heiligen der letzten Tage« bekannt waren – nach Utah, wo sie drei Jahre nach Smiths Tod Salt Lake City gründeten. Mit unglaublicher Energie bewässerten sie die Wüste und brachten Tausende von Konvertierten aus Europa nach Utah. Als Young 1852 die Doktrin der Polygamie verkündete, wurde ihm der Gouverneurstitel für das Territorium aberkannt. Nichtsdestotrotz hinterließ er bei seinem Tod 17 Ehefrauen und 56 Kinder. Erst 1890 gab die Kirche die Doktrin der Vielehe auf – in der Praxis wird sie jedoch weiter gepflegt.

Im August 1984 zog Jeffrey Lundgren, der neue Prophet der Mormonen, mit seiner Familie nach Kirtland und wurde einer der Führer in dem Tempel, den Smith gebaut hatte. Seine Anhänger hatten ihm den Umzug finanziert, und Lundgren begann, sein Einkommen mit von Besuchern gespendeten »Beiträgen« für den Tempel und Gewinnen aus dem daran angegliederten Buchladen aufzubessern (der Kirchenvorstand schätzte später die von ihm entwendete Summe auf etwa 21 000 Dollar). Nach und nach zogen auch seine Anhänger nach Kirtland, um in der Nähe ihres Propheten zu sein.

Bald gab er bekannt, dass ihm der Ort offenbart wurde, an dem die Tafeln des Buches Mormon vergraben seien, und fügte hinzu, dass er im Tempel einem Engel begegnet sei. Sein Einfluss als Deuter des Buches Mormon schien zu wachsen, ebenso seine Bibelkunde-Gruppe. Eine neue Anhängerin, eine übergewichtige junge Frau namens Sharon Bluntschly, war fasziniert, als Alice Lundgren ihr eines Abends anvertraute, ihr Mann sei ein Prophet und habe Joseph Smith wirklich getroffen – der lebe und gesund sei und eine Vision von sich selbst als Christus am Kalvarienberg gehabt habe. In diesem Augenblick kam Lundgren herein, schien zu spüren, dass etwas im Gange war, und tadelte seine Frau für die Preisgabe von Geheimnissen. All das überzeugte Sharon davon, dass Alice ihr die Wahrheit gesagt haben musste. Deshalb wandte sie nichts dagegen ein, als Lundgren ihr sagte, sie solle ihr Gehalt – sie war Verkäuferin in einem Supermarkt – künftig ihm überlassen.

Kurze Zeit später entwickelte Lundgren Lehrmeinungen zur Apokalypse, denen zufolge Christus auf die Erde zurückkehren würde, und zwar speziell nach Kirtland, und der Tempel dort würde nach einem Erdbeben auf den Gipfel eines Berges gehoben werden. Bis es so weit sei, müssten er und seine kleine Schar von Auserwählten den Tempel gegen die Kräfte des Bösen verteidigen, zu denen auch alle existierenden Kirchen gehörten. Einen Anhänger, der ihm sein gesamtes Gehalt zur Verfügung gestellt hatte, beschlich zunehmend das Gefühl, Lundgren werde paranoid, und er verließ die Gruppe. Ab September 1986 begann Lundgren, Schusswaffen anzukaufen – Gewehre, halbautomatische Feuerwaffen und Pistolen –, um den Tempel gegen eventuelle Angriffe verteidigen zu können. Er verbreitete, dass jeder, der nicht seiner kleinen Gruppe angehöre, als Feind zu betrachten sei und das Erschießen von Menschen schon bald notwendig werden könnte.

Im April 1987 zogen zwei weitere Jünger von Independence nach Kirtland – Dennis und Cheryl Avery mit ihren Töchtern Trina, dreizehn, Rebecca, elf, und Karen, fünf Jahre alt. Darüber war Lundgren allerdings nicht sehr glücklich. Er befürchtete, dass Cheryl Avery ihren Mann dominierte; wie die meisten »Propheten« lehrte aber auch er, dass die Frau dem Manne zu dienen habe.

Überdies schien Dennis Avery, der sieben Jahre älter war als seine Frau, bezüglich Lundgrens messianischer Berufung Zweifel zu hegen – in der Bibelstunde stellte er oft unangenehme Fragen. Außerdem fanden die Lundgrens die beiden älteren Avery-Töchter rebellisch und unverschämt. Mit anderen Worten, die Neuankömmlinge hatten nur eines, womit sie sich empfehlen konnten: 10 000 Dollar, die sie vom Verkauf ihres Hauses in Independence mitgebracht hatten. Lundgren brauchte nicht mehr als drei Monate, um sie zu überreden, dieses Geld ihm zukommen zu lassen – mit dem Versprechen, dass er ihre Miete zahlen werde, was er dann aber nur selten tat. Die Averys mussten sich schließlich bei Nacht und Nebel aus dem Staub machen, damit sie für die ausstehende Miete nicht auch noch aufkommen mussten.

Im Oktober 1987 beschlossen die Kirchenältesten, Lundgren aus dem Führungsdienst auszuschließen. Sie hatten den starken Rückgang an Spenden und am Gewinn des Buchladens seit seiner Übernahme dieses Amtes bemerkt und zogen daraus die entsprechenden Konsequenzen. Überdies hielten sie das, was ihnen über seine Lehrtätigkeit zu Ohren kam, für absolut ketzerisch. Der Ausschluss bedeutete für Lundgren auch, dass er aus dem Haus ausziehen musste, das ihm die Kirche zur Verfügung gestellt hatte. Er mietete einen Bauernhof in der Nähe und schlug seinen Anhängern vor – die Gruppe zählte nun um die zwölf Personen –, sie könnten dort mit ihm einziehen; dann würden sie alle wie eine große Familie leben. Tatsächlich bedeutete dies, dass er sich damit zu einer Art Diktator aufschwang – nur er durfte etwa das Telefon benutzen oder die Post aus dem Briefkasten holen.

Ferner erhöhte dieses Arrangement Lundgrens Einkommen, denn jeder Mitbewohner musste sein Gehalt an ihn abtreten. Laut Aussagen seiner Frau wurden auch seine sexuellen Forderungen zunehmend eigenartiger; sie beinhalteten das Essen von Exkrementen oder das Verschmieren derselben auf dem Körper seines Sexualpartners. Einer seiner Anhänger fand im Wagen des »Propheten« einen Dildo und eine Pornozeitschrift für Homosexuelle. Die ganze Gruppe musste nun viel Zeit für Bibelstunden und noch mehr für paramilitärisches Training aufbringen. Der messianischen Tradition entsprechend verkündete auch Lundgren das bald bevorstehende Ende der Welt. Er erklärte, am 30. April 1988 müssten sie den Tempel in Kirtland gewaltsam erstürmen, und wenn dies geschehen sei, werde ein großes Erdbeben die Ungläubigen vernichten. Zu diesen zählte inzwischen auch die Familie Avery, die Lundgren wegen des nicht eingehaltenen Versprechens, ihre Miete zu bezahlen, keine Ruhe mehr ließ.

Als der 30. April näher rückte, begann die Polizei, sich für Lundgren und sein Häuflein zu interessieren: Wegen seiner zunehmend aggressiveren Fantasien hatte wieder ein Anhänger die Gruppe verlassen und den Behörden von der geplanten Erstürmung des Tempels berichtet. Daraufhin änderte Lundgren seine Meinung: Seinen Anhängern sagte er, die Übernahme des Tempels werde verschoben, weil Gott Missfallen an den vielen Sünden in der Gruppe gezeigt habe. Als eine junge Frau sich entschloss, die Gemeinschaft zu verlassen, wurde sie von Lundgren und seiner Frau stundenlang in der Scheune belehrt und beschimpft. Die Frau ging dennoch.

Im Oktober 1988 gab es ein starkes Gewitter und danach einen doppelten Regenbogen. Lundgren verkündete, dies sei der Anfang vom Ende. Mit dem Gewitter würde das erste der sieben Siegel in der Offenbarung aufgebrochen; das Brechen des zweiten Siegels bedeute den gewaltsamen Tod von zehn Anhängern, die sich als unwürdig erwiesen hätten. Am Anfang dieser Liste stünde die Familie Avery. Von diesem Zeitpunkt an erschien Lundgren immer mit einem 45er Colt in der Bibelstunde. Ab Februar 1989 entwickelte er konkrete Pläne zur Ermordung der Averys. Danach, so verkündete er, würden die »Glaubenstreuen« die Stadt verlassen und sich in »die Wildnis« aufmachen. Er befahl der Gruppe, in der Scheune eine Grube auszuheben, die als Grab dienen sollte.

Am 17. April wurden die Averys auf den Bauernhof gelockt in dem Glauben, sie würden mit Lundgren und der Gruppe zu einem Camping-Wochenende wegfahren. Sie bekamen ein Essen serviert, und danach fuhr Alice Lundgren mit ihren drei jüngeren Kindern weg; nur Damon, der Älteste, blieb. Dann bat einer der Anhänger Dennis Avery, in die Scheune zu gehen und beim Heraussuchen der Campingausrüstung mitzuhelfen.

Dort wurde er von fünf Männern erwartet, von denen einer – Ronald Luff, Lundgrens Stellvertreter – ihm eine Betäubungspistole an die Schläfe hielt und abdrückte. Doch das Gerät funktionierte nicht; Avery schrie nur entsetzt auf. Daraufhin warfen sich die fünf auf ihn, fesselten und knebelten ihn mit Klebeband und warfen ihn in die vorbereitete Grube, wo Lundgren ihn mit einem Gewehr tötete. Damit die Schüsse nicht gehört werden konnten, ließ jemand eine Kettensäge laufen.

Als Nächstes wurde Cheryl Avery aufgefordert, in die Scheune zu gehen. Auch sie sollte von Ronald Luff betäubt werden, doch das Gerät klemmte wieder. Schließlich sagte er zu ihr: »Gib einfach auf – das macht es leichter«, und sie ließ sich willenlos zu Boden sinken und fesseln. Dann wurde sie in die Grube gelegt, und Lundgren schoss ihr eine Kugel in den Hinterkopf.

Nun hieß es, Trina, die älteste Tochter der Averys, solle zu ihrer Mutter in die Scheune kommen. Auch sie wurde gefesselt und erschossen, und dasselbe Schicksal ereilte ihre Schwestern Becky und Karen.

Als alle Averys tot waren, warfen Lundgrens Anhänger Lehm auf die Leichen, dann schwere Steine und darauf eine zweite Schicht Erde. Am Ende wurde der aufgegrabene Boden mit Gerümpel voll gestellt, damit das Grab verborgen blieb.

Am Tag darauf kamen zwei Polizisten zu den Lundgrens – sie wollten nur einige Fragen zu der geplanten Erstürmung des Tempels stellen. Nach zwei Stunden fuhren sie wieder, ohne etwas in Erfahrung gebracht zu haben. Als die Polizei später am selben Tag noch einmal vorfuhr, fanden die Beamten den Hof verlassen vor. Niemand bemerkte etwas Ungewöhnliches.

Fünf Tage später schlug die Gruppe in der Nähe des Canaan Valley in West Virginia ihr Lager auf. Hier, erklärte der Prophet seinen Jüngern, würden sie sich läutern und Gott schauen. Mitte Mai zogen sie sich an einen noch entlegeneren Ort zurück, und dort begann Lundgren, die für falsche Erlöser offenbar typische sexuelle Besitzgier offen zu zeigen. Schon lange hatte er ein Verlangen nach einer attraktiven Anhängerin namens Tonya Patrick verspürt, deren Mann Dennis er als potenziellen »Feind« betrachtete.

In dem neuen Lager erfuhr Dennis, dass sein rebellisches Wesen allein durch Tonyas Gehorsam nicht gesühnt werden könne – Tonya müsse mit ihrer Tochter Molly ins Zelt der Lundgrens ziehen. Diese Forderung unterstrich Lundgren, indem er Dennis mit seinem Revolver bedrohte und ihm erklärte, falls er dagegen irgendwelche Einwände habe, solle er sie besser gleich vorbringen. Dennis entschied sich für den Frieden. Einige Nächte später, als Alice tief schlief, kroch Lundgren in Tonyas Bett und hatte Sex mit ihr. Sie fügte sich – aus Angst um das Leben ihrer Tochter und ihres Mannes, wie sie später erklärte. Aber schon bald wurde Lundgren die Geheimniskrämerei zu viel, und so gab er bekannt, dass Tonya von nun an seine zweite Ehefrau sei. Sie würde entweder zur Sühne für ihre Sünden von einem Schwert durchbohrt und sterben – oder sie würde von seinem Penis durchbohrt und leben. Alice Lundgren und Dennis Patrick entschieden, dass es besser sei, wenn Tonya lebte. Kurze Zeit später verkündete Lundgren seinen Anhängern, sein Status sei nun höher als der von Moroni oder Jesus: Er sei der »Gott der Erde«.

Im Juli 1989 erfand er eine neue Zeremonie, die er »Fürbitte« nannte: Die Ehefrauen hatten bei Gott für ihre Männer »Fürbitte zu leisten«. Eine Frau musste voll bekleidet Lundgrens Zelt betreten und dann zu Musik einen Striptease vorführen. Zuletzt musste sie ihr Höschen ausziehen, das dann Lundgren ausgehändigt wurde. Der Prophet saß nackt, nur mit einem Tuch über dem Schoß, auf seinem Bett, wickelte das Höschen dann um seinen Penis und ließ sich von Alice masturbieren. Die Frau musste sich bei ihrem Tanz selbst befriedigen.

Nach dem Orgasmus (das Vergießen seines Samens, so erklärte er, sei gleich dem Vergießen des Blutes Christi) stand er auf und fragte die Frau: »Hast du dich deines Stolzes entledigt, meine Tochter?«, woraufhin die Nackte ihn in die Arme schließen musste. Danach durfte sie sich – langsam und verführerisch – wieder ankleiden und ihr mit seinem Samen beflecktes Höschen anziehen, das sie den ganzen Tag lang tragen musste. Nachmittags wurde diese Zeremonie mit einer anderen Frau wiederholt; der Ehemann musste währenddessen in seinem Zelt die Bibel lesen. Wenn seine

Frau zurückkam, musste er vor Lundgren niederknien und dem neuen »Gott der Erde« seine Ergebenheit bekunden.

Tonyas Ehemann Dennis blieb weiterhin Lundgrens bevorzugtes Hassobjekt. Als Keith Johnson, ein anderer Anhänger, sich auf Dennis' Seite stellte, bekam Lundgren einen Wutanfall; danach erklärte er, nun müsse Keiths Frau Kathy zur Rettung ihres Mannes »Fürbitte leisten«. Da sie außerdem Unwahrheiten ausgesprochen habe, müsse auch ihr Mund sein »Schwert« aufnehmen. Am 25. August leistete Kathy Johnson erfolgreich »Fürbitte« für ihren Mann. Da Alice gerade nicht im Lager war, machte Lundgren sie gleichzeitig zu seiner Geliebten. Tatsächlich war dies seine Absicht gewesen, seit sie vor ihm getanzt und sich dabei über ihn gebeugt und ihm ihre Vagina gezeigt hatte. Lundgren behauptete, diese Vagina habe Gott ihn in einer Vision schauen lassen und ihm aufgetragen, sie zu suchen.

Als Kathy an jenem Tag sein Zelt verließ, hatte Lundgren die Vagina seiner Träume gefunden, und Kathy hatte sich verliebt. Angesichts dieser neuen Anforderung an seine sexuellen Energien beschloss Lundgren, Tonya ihrem Ehemann Dennis zurückzugeben. Wegen ihrer Klagen über sein sexuelles Verhalten hatte sie ihm ohnehin nicht sehr behagt.

Der nasse und kalte Winter des Jahres 1989 wurde schließlich Lundgrens Verderben. Kathy Johnson und Sharon Bluntschly waren inzwischen schwanger, und der ganzen Gruppe war das Geld ausgegangen. Zwei Mitglieder, Richard Brand und Greg Winship, verließen die Gemeinschaft, um ihre Gedanken ordnen zu können, so sagten sie jedenfalls. Lundgren drohte, sie zu töten, falls sie irgendetwas über die Morde an den Averys verlautbarten. Der Rest der Gruppe zog auf den Bauernhof von Ronald Luffs Bruder Rick in Missouri. Doch dieser verurteilte Lundgrens »Vielehe« heftig und stellte ihn vor die Wahl, sich »anständig zu benehmen« oder seinen Grund und Boden sofort zu verlassen. Die Gruppe entschied sich für Letzteres und teilte sich auf. Kathy Johnson ging mit den Lundgrens nach San Diego in der Hoffnung, dass Alice sich mit dem Gedanken an eine Gruppenehe abfinden werde. Doch diese zeigte sich einer solchen Idee gegenüber unversöhnlich.

Zwischenzeitlich beschloss jedoch der viel geschmähte Keith Johnson, der seine schwangere Frau Kathy nach wie vor liebte, auszupacken. Er nahm mit einem Freund, der bei der Bundesbehörde für Alkohol, Tabak and Schusswaffen arbeitete – der Behörde, die auch David Koreshs Ende herbeiführen sollte –, Kontakt auf und berichtete ihm von den Morden. Zunächst wollte die Bundesbehörde ihn gar nicht ernst nehmen. Doch dann entschied man, die erhaltenen Informationen an die Polizei von Kirtland weiterzugeben.

Die Beamten versuchten, mit Dennis und Cheryl Avery Kontakt aufzunehmen, doch sie waren unauffindbar. Sie durchsuchten die Scheune – Keith Johnson hatte sie erwähnt –, konnten aber an dem Boden zunächst nichts Auffälliges entdecken. Erst am 3. Januar 1990 fiel ihnen ein Areal auf, das aussah, als ob es aufgegraben worden sei. Einige Stunden später fanden sie die Leiche von Dennis Avery, am nächsten Tag die restlichen vier. Am 7. Januar 1990 wurden Jeffrey, Alice und Damon Lundgren in einem Motel in San Diego festgenommen.

Im Juli wurden 13 Mitglieder der Sekte vor Gericht gestellt. Fünf der Männer – Lundgren und sein Sohn Damon, Ronald Luff, Richard Brand und Daniel Kraft – wurden wegen Mordes angeklagt, die anderen acht wegen Beihilfe zum Mord. Lundgren bekam die Todesstrafe, seine Frau, sein Sohn und Ronald Luff lebenslänglich. Drei der Frauen wurden zu Strafen zwischen sieben und fünfundzwanzig Jahren verurteilt, da sie dem Gericht durch Schuldbekenntnisse Prozesszeit ersparten. Greg Winship bekam zwanzig Jahre, Richard Brand fünfzehn Jahre Haft, Kathy Johnson – inzwischen die Mutter von Lundgrens Kind – ein Jahr. Sie hielt an dem Glauben fest, dass Lundgren ein Gott sei und dass er das Gefängnis verlassen könne, um sich ihr anzuschließen, wenn er es wolle.

In einem gewissen Sinn wirft die Geschichte von Jeffrey Lundgren mehr Licht auf die Psychologie des Messias-Phänomens als alle anderen, die wir bislang betrachtet haben.

Lundgren begann als Betrüger: Er fälschte Schecks, wurde wegen Diebstahls von Elektrogeräten entlassen und stahl aus dem

Mormonentempel in Kirtland Geld. Er gehört zu den wenigen Erlöserfiguren, die ihre Karriere mit kleineren Gaunereien begannen, die sie leicht hinter Gitter hätten bringen können. Paul Brunton war ein religiöser Mystiker; Jim Jones begann als Kämpfer für die Menschenrechte; selbst David Koresh schien anfänglich geglaubt zu haben, dass er über eine gottgegebene Einsicht in die Heilige Schrift verfüge. Lundgren hingegen wurde nur deswegen ein »Messias«, weil er es satt hatte, ein Versager zu sein. Seine Behauptungen, er wisse, wo die Goldenen Tafeln vergraben seien, einen Engel im Tempel gesehen und mit Joseph Smith gesprochen zu haben, sind ganz offensichtlich Tricks eines religiösen Betrügers. Doch was trieb ihn dazu, durch die Ermordung der Familie Avery alles zu ruinieren?

Die Antwort auf diese Frage liegt in der von ihm erfundenen »Zeremonie der Fürbitte«, bei der die jeweilige Jüngerin das Höschen ausziehen musste, während Lundgren sich von seiner Frau masturbieren ließ. Damit machte er eine Fantasie zur Realität, die die meisten Männer nachvollziehen können – nämlich eine Art Harun ar-Raschid zu sein, dessen Harem ihm jede Lust und Laune befriedigt. Aber das Problem ist, wie Freud richtig erkannte, dass die Gesellschaft dem Einzelnen Sicherheit nur auf Kosten von Frustration gewährt. Die meisten gesunden Männer wären über einen eigenen Harem erfreut. Und die meisten Frauen würden sich wahrscheinlich ebenso über einen erweiterten sexuellen Erfahrungsbereich freuen, wenn sie ihn ohne eine Gefährdung ihrer häuslichen Sicherheit erlangen könnten – etwa in einer Gesellschaft, die eine Frau nicht für ihre Geliebten brandmarken würde. Jeder Mensch will so viele Erfahrungen machen wie möglich, um sich weiterzuentwickeln und das eigene menschliche Potenzial zu erkennen. Aber gleichzeitig erkennen wir, dass es zu unzähligen Problemen führen würde, diesen Impulsen freien Lauf zu lassen.

Als junger Mann hatte Lundgren diese Grenzen noch anerkannt, wenngleich er wie die meisten, sich nicht so ohne weiteres unterwerfenden Menschen versucht hatte, sich mit kleinen Unehrlichkeiten darüber hinwegzusetzen. Sein Augenblick der Offenbarung schien einherzugehen mit der Erkenntnis, dass die Kirche eine politische Organisation war, als er herausfand, wie er sie für seine Zwecke nutzen konnte. Die Erfahrung gab ihm Recht – plötzlich sah er sich vor ungeahnten Möglichkeiten, mehr Freiheit zu genießen, als er für möglich gehalten hatte. Es kam nur darauf an, dass er sein Charisma und sein Talent als Lehrer nutzte. Und als er mit der Kirche brach – oder diese mit ihm –, erkannte er, dass es sich mit der Hilfe seiner Anhänger sehr gut leben ließ. Mit einem Mal war das Leben angenehmer, als er es sich je hatte vorstellen können.

Doch dann brachten die Averys Zwietracht in die Idylle – vor allem Dennis, der für Lundgrens Charisma weniger empfänglich war als seine Frau. Die vernünftige Reaktion wäre gewesen, sie wegzuschicken. Aber unglücklicherweise schuldete Lundgren ihnen 10 000 Dollar. Der einzige Ausweg aus dieser misslichen Lage schien ihm, sie zu töten und sich dann in die Wildnis zurückzuziehen, wo seine Machtträume nicht durch widersprechende Realitäten eingeschränkt würden.

Die Ermordung der Averys muss eine weitere Offenbarung gewesen sein. Er hatte sie niedergestreckt wie ein Racheengel – und damit auch noch die Männer fester in die Gruppe eingebunden: Sie konnten ihn nicht verraten, ohne sich selbst mit hineinzuziehen. Damit war die Zeit reif für den nächsten Schritt der Selbstverwirklichung – das Ausleben seiner sexuellen Fantasien. Er führte die »Fürbitte« ein, die ihm in vielerlei Hinsicht sicher mehr Befriedigung verschaffte als bloße Verführung. Ein Mann, der eine Frau lediglich besitzt, hegt immer den schleichenden Verdacht, dass die Natur ihn manipuliert wie eine Puppe. Doch die »Fürbitte« verband die Distanz des Voyeurismus mit der symbolischen Hingabe der Frau. Lundgren war der »Herr und Meister«.

Wie die in der Einleitung beschriebenen Serienkiller suchte auch Lundgren das ultimative sexuelle Erlebnis, den Orgasmus, der ihn zum Gott machen würde. Doch als es so weit war, hatte die Realität ihn eingeholt – es war Zeit, die Zeche zu zahlen.

Dieser eigenartige Fall zeigt, dass das Messias-Syndrom aus einem kleinen Betrüger einen echten Wahnsinnigen machen kann.

Nun dürfte auch einleuchten, weshalb ich in diesem Kapitel zwei so grundverschiedene Charaktere wie Comte und Lundgren zusammengeführt habe. Auf den ersten Blick sieht es nur so aus, als seien sie grundverschieden: der eine ein Rationalist, der andere ein Emotionalist; der eine Wissenschaftler, der andere ein »Messias«. Wenn man jedoch genauer hinsieht, verwischen sich diese Gegensätzlichkeiten. Comte war nicht weniger emotional als Lundgren, und Lundgren ging bei der Verfolgung seiner Ziele (Sex, Macht, Geld) ebenso rational und logisch vor wie Comte. Beide versuchten, eine neue Religion zu gründen. Comte erkannte allmählich, was Lundgren bereits wusste: dass Religion nicht auf den Intellekt abzielt, sondern auf Gefühle.

In der Tat spielt die Vernunft bei den menschlichen Beziehungen eine relativ geringe Rolle. Es wäre absolut sinnlos, Leute wie Lundgren, Koresh oder Jim Jones anzugreifen, weil ihre »Lehre« jeder Vernunft widersprach. Wir sind von unzähligen Menschen umgeben, die streng genommen im Irrenhaus sein müssten – und auch unsere Überzeugung bezüglich unserer eigenen geistigen Gesundheit beruht letztlich nur auf unserer vorgefassten Meinung. Im Falle der meisten Religionen ist es mit Sicherheit ebenso.

Nehmen wir hier also einfach nur zur Kenntnis, dass der normale Wahnsinn der meisten Menschen dann zu weit geht, wenn er in Mord endet.

Kapitel 5
Die Transformierung der Realität

Am 1. Juli 1959 begann Dr. Milton Rokeach eines der denkwürdigsten Experimente in der Geschichte der Psychiatrie. Er brachte in einer Station seines Krankenhauses drei Männer zusammen, von denen jeder absolut überzeugt war, Jesus Christus zu sein. Mit dieser Konfrontation wollte Rokeach feststellen, ob die drei, wenn sie auf andere an Wahnvorstellungen leidende Patienten trafen, plötzlich erkennen würden, dass sie »verrückt« seien. Der englische Philosoph James Mill – ein Anhänger von Comte – hatte die Überzeugung vertreten, dass es möglich sein müsse, Verrückte durch logisches Denken von ihrem Wahn zu heilen; Rokeach wollte herausfinden, ob Verrückte sich gegenseitig durch logisches Denken heilen konnten.

Er verdankte in dieser Untersuchung vieles einem anderen Psychiater, Robert Lindner, dessen Buch »Fifty Minute Hour« (Die Stunde zu fünfzig Minuten) fünf Jahre zuvor veröffentlicht worden war. Und da Lindners Fall »Kirk Allen« für das Folgende nicht ohne Bedeutung ist, wollen wir zunächst diesen etwas näher betrachten.

Kirk Allen – der Name ist ein von Lindner für seinen Patienten gewähltes Pseudonym – war ein Physiker, der den kleinen, beiläufigen Hinweisen des Autors zufolge an der Entwicklung der Atombombe mitgearbeitet hatte. Seine Vorgesetzten begannen sich Sorgen um ihn zu machen, als er auf einmal nachlässiger arbeitete. Von seinem Abteilungsleiter dazu befragt, gab Allen zur Antwort: »Ich werde von jetzt ab versuchen, mehr Zeit auf der Erde zu verbringen.« Diese Bemerkung hielt der Abteilungsleiter zwar nicht für direkt krankhaft, vorsichtshalber beschloss er aber dennoch,

Allen zu einer psychiatrischen Behandlung zu Lindner nach Baltimore zu schicken.

Äußerlich war Allen absolut nichts anzumerken. Doch seine Geschichte offenbarte, dass er an einer besonderen Form von Wahnvorstellungen litt: Er glaubte, seine wahre Identität sei die eines Herrschers auf dem Mars. (Lindner nennt namentlich keinen Planeten, doch wie wir sehen werden, kann man davon ausgehen, dass es sich um keinen anderen Himmelskörper handeln kann.)

Allens Schilderung seiner Kindheit erklärte, wie es zu diesen Fantasien gekommen war. Sein Vater war ein hochrangiger Diplomat gewesen, und die ersten Lebensjahre hatte Allen in Hawaii verbracht – bis zum Alter von sechs Jahren konnte er noch nicht einmal Englisch. Seine Mutter, die 35 Jahre jünger war als ihr Mann, überließ das Kind vollkommen der Obhut eines polynesischen Kindermädchens. Erst als jemand kritisch anmerkte, dass das Kind nicht einmal Englisch sprechen könne, wurden dem Mädchen anderweitige Pflichten zugeteilt, und von da an begann Kirk, seine Muttersprache zu erlernen. Doch das plötzliche Verschwinden seiner Mutterfigur – denn das war die Amme für ihn ja gewesen – war ein schwerer Schock für Kirk, der nun sehr vereinsamte. Ein neues Kindermädchen, das einen Sauberkeitstick hatte und ihn täglich zweimal mit heißem Wasser schrubbte, verschlimmerte seine Lage nur noch. Als er etwa zwölf Jahre alt war und die ersten Anzeichen der Pubertät zeigte, machte eine junge, sexhungrige Gouvernante es sich zur Gewohnheit, sich vor dem Spiegel in seinem Schlafzimmer auszuziehen. Eines Tages bemerkte sie dabei, dass er nackt und mit erigiertem Penis auf dem Bett lag, woraufhin sie keine Minute versäumte, ihn zu verführen. Von diesem Zeitpunkt an sollte er sie jede Nacht dreimal befriedigen, manchmal auch tagsüber. Schließlich brannte die junge Frau mit einem verheirateten Mann durch und ließ einen völlig verstörten Kirk mit Schuldgefühlen zurück. Für die hawaiianischen Kinder und Erwachsenen war Sex zwar ganz gewöhnlich und natürlich, doch durch die Gouvernante hatte er ihn als etwas Heimliches und Verbotenes kennen gelernt. Er fühlte sich nun einsamer denn je.

Als Kind hatte er sich oft vorgestellt, eine Figur aus den Geschichten mit dem Zauberer von Oz zu sein. Nun stürzte er sich mit neuer Leidenschaft auf Bücher, und ein seltsamer Zufall trug dazu bei, seine Neigung für Fantastereien noch zu verstärken. Er bekam einen Roman eines bekannten englischen Schriftstellers in die Hände, in dem die Hauptfigur seinen Namen trug; dies faszinierte ihn so sehr, dass er das Buch dreimal hintereinander durchlas. Wenige Tage später stieß er in einem Buch eines amerikanischen Autors wieder auf eine Figur mit seinem Namen; und schließlich entdeckte er eine ganze Serie von Werken, in denen der Held so hieß wie er. Die Handlung war auf einem anderen Planeten angesiedelt, und Lindners Beschreibung lässt kaum einen Zweifel daran aufkommen, dass es sich um die Mars-Bücher von Edgar Rice Burroughs handelte. Deren Held, Captain John Carter, erlebt dort eine Reihe bemerkenswerter Abenteuer und wird schließlich zum Herrscher des Planeten. (Lindner erwähnt die Titel der Bücher vor allem deshalb nicht, weil dadurch die wahre Identität seines Patienten bekannt geworden wäre.) Nach den bisherigen Erfahrungen mit einem Helden, der seinen Namen trug, überraschte Kirk ein weiterer Zufall schon nicht mehr: »Ich glaube, ich wartete irgendwie darauf, und als es passierte, war es, als hätte ich es schon die ganze Zeit über gewusst oder als hätte ich etwas gefunden, was ich verloren hatte.« Ihn beschlich das Gefühl, dass diese Geschichten im wörtlichen Sinne von ihm handelten – dass sie seine Biografie wiedergaben, die sich von einer normalen Biografie lediglich dadurch unterschied, dass sie in der Zukunft spielte. »Nichts in diesen Büchern war mir fremd; ich erkannte alles – die Schauplätze, die Menschen, die Ausstattung von Räumen, die Ereignisse, sogar die Worte, die gesprochen wurden.« Der Grund hierfür mag sein, dass er die Bücher immer und immer wieder las, bis er sie auswendig konnte. Er wurde von ihnen so besessen, dass er Landkarten, Stammbäume und Diagramme zeichnete. Schließlich begann er, »Kirk Allens« Leben an dem Punkt weiterzuspinnen, an dem der Autor abgebrochen hatte. Er lebte in zwei Welten – in der einen als normaler Schuljunge, in der anderen als Herrscher des Mars.

Dann kam ein weiterer Schock. Sein Vater starb, und die Mutter zog nach Amerika, steckte Kirk in eine Privatschule und verschwand dann aus seinem Leben. Plötzlich war er so allein wie noch nie in seinem Leben. Er brachte die Schule hinter sich, ging zur Universität, wo er durch hervorragende Leistungen auffiel, und wurde dann direkt nach Los Alamos geholt, um an der Entwicklung der Atombombe mitzuarbeiten. (An dieser Stelle werden Lindners Hinweise unmissverständlich deutlich.) Nach dem Krieg berief man ihn zum Leiter einer wissenschaftlichen Abteilung (was wieder nach Los Alamos klingt), wo er erneut sehr zufrieden stellende Leistungen erbrachte; seine gesamte Freizeit widmete er inzwischen allerdings seinen Fantasien. Dann ließ ein weiteres Trauma diese Fantasien zur alarmierenden Realität werden: Nach seinen Erfahrungen mit der nymphomanen Gouvernante hatte Sex bei ihm immer Nervosität und Schuldgefühle ausgelöst. Nun freundete er sich mit einer attraktiven geschiedenen Frau an, einer Geologin aus seinem Institut. Er empfand ihre Freundschaft als angenehm, doch sie wollte mehr. Da ihm ihre sexuellen Anspielungen Angst einflößten, wollte er die Beziehung wieder beenden, doch sie weigerte sich einfach. Eines Abends unternahm sie nach dem Essen in ihrer Wohnung einen derart direkten Versuch, ihn zu verführen, dass er verstört in sein Zimmer flüchtete. Dort stürzte er sich mit doppelter Leidenschaft auf die »Aufzeichnungen« über sein Leben auf dem Mars und ein Problem, das ihn seit einiger Zeit beschäftigte. Er hatte begonnen, eine Karte eines Planeten in einer anderen Galaxie zu erstellen, doch bestimmte Details wollten ihm einfach nicht mehr »einfallen«. Er »erinnerte« sich daran, über den Planeten geflogen zu sein und Luftaufnahmen gemacht zu haben, und meinte sich zu entsinnen, dass er diese Fotos in seinem Aktenschrank auf dem Mars aufbewahrte. Nach dem Erlebnis mit der Frau ohnehin von einem Gefühl des Abscheus beherrscht, fühlte er sich nun noch frustrierter, weil er an diese Luftaufnahmen nicht herankam. Bei dem Gedanken daran »schien mein ganzes Wesen von der lauten Frage ›Warum denn nicht?‹ widerzuhallen – und im selben Augenblick war ich dort«. Er befand sich an seinem Schreibtisch auf dem Mars, ausgestattet mit den Insignien seines hohen

Amtes. Dann stand er auf und ging in das Geheimzimmer mit dem Aktenschrank, wo er die Fotos aufbewahrte. Nachdem er diese eine Weile studiert und sich die Details eingeprägt hatte, war er plötzlich wieder auf der Erde und konnte an seiner Karte weiterarbeiten.

Von nun an versetzte sich Kirk Allen auf den Mars, wann immer er wollte, und durchlebte diese Erfahrung auch in ihrer ganzen physischen Dimension. Seinen Psychiater fragte er: »Habe ich das Geheimnis der Teleportation entdeckt? Ein einzigartiges Organ, oder das, was Charles Fort als ›ein irres Talent‹ bezeichnet hat? Verdammt, wenn ich's bloß wüsste!«

Aus diesem Grunde war mit seiner Arbeit plötzlich einiges schief gegangen, und deshalb war er an Lindner verwiesen worden.

Dieser betrachtete ihn jedoch keineswegs als Verrückten, der einer Heilung bedurfte. Lindner war durchaus klar, dass Kirk Allen wirklich glaubte, er würde in gewissem Sinne die Hälfte seiner Zeit auf dem Mars verbringen. Und in gewisser Weise hatte Allen damit sogar Recht. Seine Reisen zum Mars waren von einer Realität, wie sie die menschliche Vorstellung nur höchst selten erreicht – es war wirklich, als sei er dort. Wenn er sein normales Leben unter normalen Leuten lebte, fühlte er sich wie einer jener Helden aus einem Fantasy- oder Horror-Roman, der dem Leser zu verstehen gibt: »Ich weiß, dass du meine Erlebnisse niemals glauben wirst, aber sie sind trotzdem wahr.« Und für Kirk Allen entsprachen sie der Wahrheit. Bei der Lektüre von Lindners Bericht kann man sich allerdings durchaus vorstellen, dass dabei mehr als nur Fantasie mit im Spiel war – dass Allen vielleicht eine besondere Fähigkeit entwickelt hatte, die in jedem Menschen latent vorhanden sein könnte ...

Wie aber kann man einen solchen Patienten »heilen«? Lindner entschied sich für die so genannte »Partizipationstherapie«, eine Methode, die bereits in den dreißiger Jahren von »Existenzialpsychologen« entwickelt worden war: Der Psychiater sieht sich dabei nicht mehr als Arzt, sondern er versucht, die Fantasie oder die Neurose des Patienten quasi mit ihm zu teilen.

In diesem Fall waren die Resultate mit dieser Methode verblüffend. Lindner räumt ein, dass er »altmodische« Science-fiction-Literatur schon immer gern gemocht hatte – als nicht die »hochgestochene« Variante der Nachkriegszeit von Autoren wie van Vogt und Ray Bradbury, sondern eher Autoren wie H. G. Wells, »Doc« Smith, A. A. Merritt und Stanley G. Weinbaum. Deshalb fiel es ihm nicht schwer, sich auf Kirks Fantasie einzulassen; es war für ihn ebenso sehr ein Vergnügen wie eine berufliche Pflicht. Er begann, Kirks »Aufzeichnungen« und Karten zu studieren und nach eventuellen Fehlern zu durchforsten, über die er mit ihm weiter ins Gespräch kommen konnte. Hierzu beschreibt Lindner einen typischen Vorfall. Einmal betrachtete er gerade eine von Kirks Sternenkarten, als sein Patient eintraf. Kirk bemerkte sofort die Verwirrung in seinem Gesicht und fragte ihn, ob etwas nicht stimme. »Da stimmt eine ganze Menge nicht«, erwiderte Lindner in bester Star-Trek-Manier. »Diese Entfernungen sind alle falsch. Entweder ist Ihre astronomische Projektion von Srom Norbra X falsch, oder die Karten sind einfach daneben ...« Zusammen brüteten sie über der Karte und versuchten herauszufinden, wie es zu dem Fehler gekommen war. Kirk kritzelte nebenbei Kalkulationen auf einen Briefumschlag. Als Lindner schließlich sagte, so schlimm sei das Ganze ja wohl nicht, explodierte Kirk: »Nicht so schlimm! Mann, meine Piloten fliegen nach diesen Karten! Kein Wunder, dass ich so viele verloren habe!«

Daraufhin meinte Lindner, womöglich rühre der Fehler daher, dass die Karten aus der Zeit vor der interstellaren Raumfahrt stammten; vielleicht ließe sich die Unstimmigkeit erklären, wenn Kirk herausfinden konnte, wann er sie denn angefertigt hatte. Sofort erhellte sich seine Miene, und er erklärte sich bereit, zum Mars zu fliegen, um dies zu eruieren. Am nächsten Tag erklärte er, Lindner habe Recht gehabt; ein Besuch bei der Institution, bei der die Karten verwahrt wurden, habe gezeigt, dass sie tatsächlich aus der Zeit vor der interstellaren Raumfahrt stammten. Die Männer seufzten beide erleichtert auf.

Allmählich merkte Lindner jedoch, dass er sich ebenso obsessiv mit Kirks Fantasien zu beschäftigen begann wie dieser selbst. Er war in seiner Kindheit und Jugendzeit willensschwach und eskapistisch gewesen und hatte sich alle möglichen Situationen erträumt, in denen er der Held war. Was als ein Spiel begonnen hatte, drohte sich zu einer beunruhigenden Realität zu entwickeln. Jedes Mal, wenn in Kirks Unterlagen ein Fehler auftauchte, bekam es Lindner regelrecht mit der Angst zu tun. Mehr und mehr ließ er sich auf Kirks Fantasiewelt ein mit einer Hingabe, die der seines Patienten in nichts nachstand. Sie durchdrang zunehmend seine Gedanken und sein Verhalten; Fragmente der marsischen Sprache setzten sich in seinem Kopf fest und wollten nicht mehr weichen; die reale Welt verlor langsam ihren Reiz. »Mit Hilfe des verdutzten Kirk nahm ich teil an kosmischen Abenteuern und freute mich wie er an den mitreißenden Fantastereien, die er ersann.« In dem Maße, wie ihm bewusst wurde, dass er in denselben Strudel hineingezogen wurde, der Kirk zum Verhängnis geworden war, verwandelte sich die Fantasie zur psychischen Belastung.

Das Ende hatte schon fast etwas Lächerliches an sich. Eines Tages, als Lindner das Heft durchblätterte, in dem Kirk seine neuesten Beobachtungen zu kritischen Fragen der Geografie des Mars notierte, und seinen Patienten deshalb nicht weiter beachtete, stand Kirk auf und trat ans Fenster. Er sah verstört aus, und schließlich gab er zu: »Es ist gelogen, alles gelogen.« In Wirklichkeit, fuhr er fort, habe er schon seit Wochen keine Reise zum Mars mehr unternommen, sondern nur alles, was Lindner wollte, erfunden. Je intensiver Lindner sich auf seine Täuschung eingelassen hatte, desto stärker war Kirk bewusst geworden, dass es eben nichts als eine Täuschung war und dass er seinen Psychiater mit hineingezogen hatte. »Ich erkannte, dass ich verrückt war. Ich erkannte, dass ich mir seit Jahren etwas vormache.« Doch selbst nachdem sich die Fantasie in nichts auflöste, hatte er sich verpflichtet gefühlt, sie weiterzuspinnen, um Lindner mit den erwünschten Informationen zu versorgen.

Tatsächlich hatte Lindner seinen Patienten »geheilt«, ohne es wirklich ganz beabsichtigt zu haben. Und dieser hatte umgekehrt auch Lindner kuriert.

Diese Geschichte wirft ein interessantes Licht auf das Problem des Messias und seiner Jünger, zeigt sie doch eindringlich, wie leicht man in eine Welt gemeinsamer Illusionen abtauchen kann.

Doch weitaus interessanter ist die Frage, wie Kirk sich tatsächlich zum Mars transferieren konnte. Was als rege Fantasie begonnen hatte, wurde ab einem gewissen Punkt plötzlich zur Realität.

Kirk hatte zunächst geglaubt, dass die Mars-Geschichten seine eigene Biografie waren, obwohl sie doch nur die Fortführung des Romans gewesen war, den er im Kopf entwickelt hatte. Die attraktive Kollegin löste dann aber eine Krise aus und versorgte seine Fantasie mit einem gewaltigen psychischen Energieschub, der aus der Wahnvorstellung Realität werden ließ.

Dies ist der am schwierigsten zu verstehende Teil der ganzen Geschichte. Die meisten von uns sind Fantasten, doch unsere Fantasien werden nie so real wie die Welt um uns herum. Es fällt uns schwer zu glauben, dass Kirk sich wirklich an seinem Schreibtisch auf dem Mars sitzen sah und dann zu einem geheimen Aktenschrank ging, um Luftaufnahmen zu studieren. Doch wir wissen, dass dergleichen unter Hypnose leicht erreicht werden kann; der Hypnotisierte kann sich mit jemandem unterhalten, der vom Hypnotiseur vorgeschlagen wird. In dem Buch »The Story of Ruth« (Die Geschichte von Ruth) beschreibt der Psychiater Morton Schatzman, wie eine junge Frau, deren Vater versucht hatte, sie als Kind zu vergewaltigen, diesen so realistisch zu halluzinieren begann, dass sie ihn als wirkliche Person vor sich im Raum stehen sah.

Offenbar reagieren die enormen Kräfte des Unbewussten mit alternativen Realitäten auf eine Krise. Mit dieser Strategie verteidigt das Unbewusste eine Persönlichkeit, deren Existenz durch tiefe Ängste bedroht ist, und verhindert damit ihre Zerstörung. Im Fall von Kirk Allen war die grundlegende Problematik eindeutig sexueller Natur. Es begann mit der nymphomanen Gouvernante. Die meisten von uns mögen der Meinung sein, dass ein Zwölfjähriger Spaß daran haben würde, von einer attraktiven jungen Frau verführt zu werden und auf diese Art und Weise das Reich der Sexualität kennen zu lernen. Doch vergessen wir dabei, dass ein Junge in seinen sexuellen Fantasien die Führung übernimmt oder dass die Frau seiner Träume auf geheimnisvolle Weise einwilligt und sich ihm bereitwillig hingibt. Die Schlüsselbegriffe sind hier »einwilligen« und »hingeben«. Die männliche Sexualität ist ihrem Wesen nach eben nicht passiv, sondern aktiv. Doch diese grundlegende Tatsache hatte die Gouvernante dadurch, dass sie Kirk quasi als Sexspielzeug benutzte, umgekehrt. Anstatt Lust auf hübsche Mädchen zu spüren und sich zu fragen, wie er sie überreden könnte, sich auszuziehen, kann er nun die unbestimmte Furcht nicht mehr aus seinem Kopf verbannen, dass sie sich an ihn heranmachen könnten. Jegliche Andeutung einer sexuellen Forderung schlägt ihn in die Flucht. Er benimmt sich genau wie ein Mädchen, das vergewaltigt wurde und seitdem Sex mit Entsetzen assoziiert.

Kirk Allens Mars-Fantasien sind im Grunde ein Ersatz für Sex. Dort ist er ein wohltätiger Herrscher, und seine Fantasien liefern ihm einen Ersatz für die Selbstachtung, die die meisten Männer durch sexuelle Eroberung erlangen.

Durch den Verführungsversuch der attraktiven Kollegin wurden die alten Spannungen wieder belebt: Er floh daraufhin in sein Zimmer und rettete sich – wie gewöhnlich – in sein marsisches Alter Ego. Nun brauchte er seine Fantasien dringender denn je. Und sein Unbewusstes zeigte sich dieser schweren persönlichen Krise auch gewachsen; es schickte ihm eine Art Wachtraum, und plötzlich befand er sich auf dem Mars.

Aber weshalb verschwand diese Fähigkeit, sich an einen anderen Ort zu beamen, als der Psychiater in Kirks Fantasien eindrang? Lindners Erklärung zufolge ist es »nicht möglich, dass zwei Objekte gleichzeitig an ein und demselben Ort sein können. Es ist, als hätte eine Selbsttäuschung wie jene von Kirk zu einem gegebenen Zeitpunkt nur für eine Person Raum ... Wenn, wie in diesem Fall, eine zweite Person in die Fantasiewelt eindringt, sieht sich ihr ursprünglicher ›Inhaber‹, der Patient, zum Rückzug gezwungen.«

Was Dr. Milton Rokeach veranlasste, drei Patienten miteinander bekannt zu machen, die sich alle für Jesus Christus hielten, war der Versuch, Lindners Theorie in die Praxis umzusetzen. Clyde Benson, der älteste der drei, war Bauer gewesen, aufgrund persönlicher Probleme zum Alkoholiker geworden und hatte 17 Jahre in Krankenhäusern und Anstalten verbracht. Joseph Cassel, ein Frankokanadier, hatte einst den Ehrgeiz gehabt, Schriftsteller zu werden, dann aber im Verlauf von zehn Jahren, in denen er einer verhassten Arbeit nachgegangen war, paranoide Wahnvorstellungen entwickelt. Leon Gabors Eltern waren aus Osteuropa nach Amerika eingewandert; die Mutter war eine religiöse Fanatikerin und dominierte die Familie vollkommen. Seiner Einweisung waren lange Perioden unentschuldigten Fernbleibens von seiner Arbeitsstelle sowie eine zunehmende Unfähigkeit, seinen Alltag zu meistern, vorausgegangen. In der Tat waren alle drei Patienten im Grunde unfähig, mit dem Leben fertig zu werden. Rokeach hegte die Hoffnung, ihr Zusammensein in derselben Station würde sie zu der Erkenntnis ihrer Selbsttäuschungen zwingen und dadurch bewirken, dass sie ihre geistige Gesundheit wiedererlangten. Doch das erste Ergebnis war lediglich, dass sie wochenlang stritten und jeder die beiden anderen für verrückt erklärte. Dass ihre Glaubenssysteme in Zweifel gezogen wurden, beunruhigte alle drei offensichtlich sehr. Einmal schlug Clyde Leon sogar; danach beschloss er, dass die beiden anderen in Wirklichkeit Leichname seien, die durch Maschinen am Leben erhalten würden.

Leons Antwort auf die Herausforderung durch die beiden anderen war, dass er seinen Namen in Dr. R.I. Dung änderte. Die Initialen R.I. standen für »Richtige Ideale«. Rokeach konnte also rasch erkennen, dass Leon sich in seinem Glauben, er sei Christus, nicht hatte beirren lassen; er hatte nur eine Christus »gemäße« Strategie gewählt, um vorzutäuschen, er sei das Niedrigste, was man sich denken konnte – Dung. Damit wollte er Kritik entkräften und Angriffe abwenden. In seinem Inneren aber blieb er bei seiner Überzeugung, Christus zu sein.

Die Situation war also offensichtlich festgefahren, doch Rokeach wollte es noch einmal mit Lindners Theorie versuchen. Dazu ermutigte ihn eine Bemerkung des berühmten Psychiaters Eugen Bleuler, der C.G. Jung beeinflusst hatte. Bleuler glaubte, Schizophrene würden mit einer Art »doppelter Buchführung« operieren und behaupten zu wissen, wer sie seien, wobei sie insgeheim aber überzeugt seien, jemand anderer zu sein. Rokeach dachte, dies könne auf Leon zutreffen: dass er nämlich genau wusste, dass er nicht

Christus oder Dr. Dung war. Das Problem also bestand Rokeachs Meinung nach darin, ihn zu diesem Eingeständnis zu bewegen.

Leon war nie verheiratet gewesen – dazu hatte ihn seine Mutter zu sehr dominiert –, aber er behauptete trotzdem, er habe eine Frau namens Madame Yeti (die ebenfalls »Gott« war) und erwarte Nachricht von ihr. Rokeach wollte versuchen, diese fiktive Dame Realität werden zu lassen. Er schrieb Leon einen Brief mit der Einleitung »Mein lieber Ehemann« und unterschrieb als »Madame R. I. Dung«; der Inhalt besagte, die »Schreiberin« werde Leon am Donnerstagnachmittag einen Besuch abstatten. Dessen erste Reaktion war Ungläubigkeit – er sagte zu einem Mitarbeiter Rokeachs, er glaube nicht, dass der Brief von seiner Frau sei und dass jemand versuche, sich ihm aufzudrängen. An dem besagten Nachmittag ging er in den Anstaltspark und blieb dort, bis die Besuchszeit vorüber war.

Daraufhin rief seine »Frau« ihn an, doch Leon war erneut misstrauisch und überzeugt, dass es sich um eine Betrügerin handelte. Einige Tage später erhielt er wieder einen Brief, dieses Mal mit »Madame Yeti« unterzeichnet, welcher besagte, sie habe sich sehr darüber gefreut, mit ihm am Telefon zu sprechen, und deshalb ein Geschenk mitgeschickt – ein Zigarettenetui. Leon warf den Brief in den Papierkorb, holte ihn aber dann wieder heraus – anscheinend wollte er signalisieren, dass er nicht ganz sicher war, ob Madame Yeti nicht doch seine Frau war. Irgendwie schien er aber dennoch zu wissen, dass sie nicht existierte. Würde er sich das schließlich eingestehen und damit wenigstens von dieser Wahnvorstellung geheilt sein? Die nächste Episode ließ erkennen, dass das unwahrscheinlich war. Als Madame Yeti ihm schrieb, sie würde sich gern im Laden mit ihm treffen, nahm Leon eine Dusche und ging dorthin. Da er keine Frau fand, die der seinen ähnelte, fragte er eine Mitarbeiterin nach der Cafeteria für die Angestellten, und als er die betreffende Auskunft erhalten hatte, rief er aus, er sei zum falschen Ort gegangen. Offenbar glaubte er also doch, eine Frau zu haben. Dies schien die Hypothese der »doppelten Buchführung« zu widerlegen. Weitere Briefe von Madame Yeti überzeugten Leon offenbar von ihrer Existenz. Doch nach einiger Zeit begann er, die Briefe abzulehnen – insbesondere, nachdem darin der Vorschlag gemacht wurde, er solle sich nicht mehr »Dung« nennen. Nun versuchte Rokeach, die Situation zu retten, indem er Leon eine weitere Täuschung vorspielte, einen Onkel namens George Bernard Brown. Dieser rief den Patienten an und versicherte ihm, dass Madame Dung nur sein Bestes im Sinne habe und er sie nicht abweisen solle. Doch Leon unterbrach den Anrufer mit der erbosten Bemerkung: »Ihre Stimme klingt nicht wie die meines Onkels!«, und legte auf.

Dann begann eine neue Forschungsassistentin an der Klinik zu arbeiten, Miss Anderson, und schon bald zeigte sich, dass Leon sie in seine Selbsttäuschungen mit einbezog – er hatte beschlossen, dass sie Gott war. Da Madame Yeti ebenfalls Gott gewesen war, schien dies darauf hinzuweisen, dass er Miss Anderson als seine Frau betrachtete. Nach den Gruppensitzungen verwickelte er sie in lange Gespräche, in denen er ausführlich über seine Wahnvorstellungen redete; offenbar fühlte er sich mehr und mehr zu ihr hingezogen. Für einige Zeit sah es tatsächlich danach aus, als würde er durch Miss Anderson wieder gesund werden, doch schließlich gewann sein grundlegendes Misstrauen wieder die Oberhand. An den Wochenenden, an denen sie nicht in der Klinik war, fühlte er sich verlassen und schmollte, wenn sie danach wieder kam. Und als Miss Anderson von einem Urlaub zurückkehrte, weigerte er sich, nach den Gruppensitzungen mit ihr zu sprechen. Offensichtlich hatte er beschlossen, dass eine »Frau« zu haben eine zu hohe emotionale Belastung für ihn bedeutete und dass es ihm mit seinen Selbsttäuschungen besser ging.

Ein ähnliches Scheitern erlebte Rokeach bei dem Versuch, Joseph Cassel aus seiner Fantasiewelt zu locken. Cassel schien in mehrfacher Hinsicht bessere Erfolgsaussichten zu haben als die beiden anderen Kandidaten. Rokeach hatte den dreien Zeitungsausschnitte über einen Vortrag gezeigt, in dem er sein Experiment vorgestellt und beschrieben hatte. Joseph hatte als Einziger eingesehen, dass sich die Ausschnitte mit seinem Fall beschäftigten – die beiden anderen schienen zwischen dem Vortrag und ihrer Person keinen Zusammenhang zu erkennen. Da er Dr. Yoder, den

Leiter des Ypsilanti State Hospital, manchmal als seinen »Vater« bezeichnete, begann Rokeach nun, ihm als »Dr. Yoder« Briefe zu schreiben, in denen er die Rolle von Josephs Vater übernahm und ihm Ratschläge erteilte. Daraufhin verbesserte sich Josephs Zustand zunächst – er begann, Zeichen einer zunehmenden Akzeptanz der Realität zu zeigen. Er schrieb Briefe an seine Frau und seinen Vater, mit denen er den Kontakt schon lange abgebrochen hatte. Als Dr. Yoder ihm vorschlug, in die Kirche zu gehen, befolgte er auch diesen Rat. Yoders Briefe zeigten auch weiterhin einen ermutigenden Einfluss; bis Weihnachten schrieb Joseph an alle seine Verwandten. Als Dr. Yoder ihm mitteilte, dass er nicht mehr im Gemüseraum arbeiten müsse – ein Dienst, den er hasste –, war Joseph überglücklich. Er bedankte sich in einem Brief, der mit den Worten »Mein lieber Vater« begann.

Bald darauf klagte er über seinen Gesundheitszustand, und Dr. Yoder versprach ihm eine »neue Wunderarznei«. Tatsächlich bekam er ein Placebo, doch seine Symptome – Magenschmerzen – verbesserten sich rasch. In einem seiner Briefe prahlte er, wenn er aus dem Krankenhaus herauskäme, würde er ein großer Schriftsteller. Dr. Yoder ermutigte ihn sofort, doch einmal eine Kurzgeschichte oder einen Artikel zu schreiben, vielleicht sogar seine Autobiografie. Doch nun begann Joseph, Entschuldigungen vorzubringen; offenbar fehlte ihm das Verlangen oder der Wunsch, seine Ankündigung wirklich in die Tat umzusetzen. Als Dr. Yoder ihn weiter zum Schreiben drängte, verfasste er einen langen Brief an Präsident Kennedy mit der Bitte um eine Anstellung in Washington. »Die Situation hatte offenbar Josephs lange verborgene, tief sitzende Minderwertigkeitsgefühle geweckt.«

Doch da er Dr. Yoder weiterhin als »Lieber Vati« ansprach, schien noch eine Chance zu bestehen, dass seine Treue zu dem Arzt ihn dazu bringen würde, einige seiner Selbsttäuschungen aufzugeben. Dr. Yoder »verschrieb« ihm ein anderes Medikament, das er als »Wertemiozän« bezeichnete und das Josephs »Gefühl für Werte« wieder herstellen sollte. Schon bald darauf erklärte er, dass es ihm wesentlich besser ginge. Als Dr. Yoder jedoch eine andere Wahnvorstellung des Patienten in Angriff nehmen wollte, dass nämlich die Klinik eine Art Festung der Engländer sei, verweigerte sich Joseph. Er war bereit, vieles für Dr. Yoder zu tun, nicht aber, eine seiner Selbsttäuschungen aufzugeben. Er war genau so weit gegangen, wie er gewollt hatte, aber keinen Schritt darüber hinaus.

Nach zwei Jahren brach Rokeach schließlich das Experiment ab. Die drei »Christusse« blieben zwar auf ihre Wahnvorstellungen fixiert, doch ein vollkommener Fehlschlag war das Ganze dennoch nicht gewesen. Zumindest hatte er sowohl Bleulers Hypothese der »doppelten Buchführung« widerlegt – dass Geisteskranke nicht selbst an ihre Wahnvorstellungen glauben würden – als auch Lindners Behauptung, ein System von Wahnideen würde in sich zusammenbrechen, wenn Realität in es eindringen würde. Die Selbsttäuschungen der drei hatten allen Versuchen, sie aufzubrechen, widerstanden; der einzige bescheidene Erfolg war gewesen, dass Leon seinen Namen in »Dr. Dung« geändert hatte.

Eine rückblickende Betrachtung dieses Falles verdeutlicht, dass Rokeachs Ausgangshypothese falsch war. Er hatte teilweise noch an dem Glauben festgehalten, man könne Verrückte mit Hilfe der Vernunft aus ihrem Wahn helfen. Rokeach hatte nicht in Betracht gezogen, dass seine drei Patienten unzurechnungsfähige Persönlichkeiten waren, deren Wahnvorstellungen eine psychische Schutzmaßnahme gegen ihr Gefühl der Verletzlichkeit bedeuteten. Clyde hatte vor seiner Anstaltseinweisung mit Alkoholsucht auf seine schweren Persönlichkeitsprobleme reagiert, Joseph hatte sich gehen lassen und war seinen Verantwortlichkeiten nicht mehr nachgekommen, Leon war ineffektiv und arbeitsunfähig geworden. Alle drei hatten sich hoffnungslos in ein Misstrauen gegen das Leben verstrickt. An einem gewissen Punkt war dann, ebenso wie bei Kirk Allen, das Unbewusste eingesprungen und hatte sie mit Hilfe eines Systems von Wahnvorstellungen, die ihnen einen Rest Selbstachtung und geistiger Freiheit ließen, von der Realität abgetrennt. Deshalb widersetzten sie sich standhaft allen Versuchen Rokeachs, der Realität ins Gesicht zu sehen. Denn die Realität machte ihnen Angst. Es war, als wollte man einen Nackten dazu überreden, in einen Schneesturm hinauszulaufen.

Im Gegensatz dazu repräsentiert der Dichter Yeats einen erfolgreichen Versuch, dieser Herausforderung zu begegnen. Wie Kirk Allen oder die drei »Christusse« verweigert auch er sich zunächst der verhassten Welt und proklamiert seinen Glauben an eine Gegenwelt – eine Welt der Feen, der Atlantis-Mythen, der Geister. Er weiß, dass diese Welt es nicht mit der dinghaften Welt aufnehmen kann, in der er lebt; doch dies gilt für eine Welt der Ideen und Vorstellungen schließlich immer. Es kommt uns nicht so vor, als würde sich die Erde um die Sonne drehen – aber es ist so. Die Wissenschaft mag abstrakter sein als die Realität des Alltags, aber sie ist wahrhaftiger. Deshalb konnte Yeats auch das Gefühl haben, dass seine Welt in einem gewissen Sinne die eigentlich reale war.

Durch seinen allmählichen Erfolg als Dichter und Dramatiker konnte Yeats seine Schutzmechanismen abbauen, und seine Gedichte zeigen nun eine zunehmende Fähigkeit zur Selbsteinschätzung. Man könnte argumentieren, dass dieses spätere »realistische« Werk sogar insofern zu weit geht, als es akzeptiert, dass die mythologische Welt seiner frühen Gedichte lediglich eine Art Leiter war, die ihm ermöglichte, der Stumpfheit des Alltags – dem »verkommenen Trödelladen des Herzens« – zu entfliehen. Doch seine »Letzten Gedichte« zeigen einen Mann, der sich vollständig an die Realität angepasst hat und der erkennt, dass der Sinn seines Daseins auf irgendeine Weise mit der Evolution der Menschheit verbunden ist. Das Beharren auf der Fiktion als einer höheren Form der Realität kann also durchaus einem triftigen und nützlichen Zweck dienen.

Es lohnt sich, näher darauf einzugehen, was Clyde Benson ins Ypsilanti State Hospital gebracht hatte.

Clyde war »von seinem ersten Lebenstag an zu sehr behütet«, obwohl sein Vater sehr dominant und die Mutter tief religiös war. Sein Leben lang »behielt er eine kindliche Abhängigkeit von seinen Eltern bei«. Er wurde also nie ein Mensch, der bereit war, sich dem Leben wirklich zu stellen. Mit 24 Jahren heiratete er eine Frau, die charakterlich stärker war als er; sie behandelte ihn »wie ein Baby«, ganz wie es seine Mutter getan hatte. Die ersten zehn Jahre der Ehe lebte das Paar bei Clydes Eltern; dann kaufte Clyde mit der Hilfe seines Schwiegervaters einen eigenen Hof. Als er 42 Jahre alt war, starb seine Frau an den Folgen einer Abtreibung, und er blieb mit der Verantwortung für drei Töchter allein. Nach einer Reihe schwerer Schicksalsschläge, unter anderem dem Tod seiner Eltern und des Schwiegervaters, begann er zu trinken.

Er heiratete ein zweites Mal, frönte aber weiter so sehr dem Alkohol, dass innerhalb weniger Jahre das gesamte Vermögen vertan war. Daraufhin verließ er seine Frau und seine neue Familie und nahm sich ein kleines Zimmer. Seine Frau ließ sich scheiden. Eines Nachts wurde er wegen Trunkenheit verhaftet. Im Gefängnis wurde er gewalttätig; er zerriss sein Bettzeug, zog sich splitternackt aus und versuchte, das Zellenfenster einzuschlagen. Dann fing er an zu toben und zu schreien, er sei Christus und habe die Stimme seiner ersten Frau aus einem Flugzeug gehört. Dies führte zu seiner Einlieferung in eine Heil- und Pflegeanstalt.

Die anderen beiden hatten ähnliche Geschichten aufzuweisen. Alle drei waren Menschen, die den Herausforderungen des Lebens nicht gewachsen waren und ihrer Verantwortung den Rücken zukehrten.

Man könnte behaupten, dass die Gründe für Clydes Krankheit bereits in seiner überbehüteten Kindheit lagen. Er war immer launisch und jähzornig gewesen, doch seine erste Frau behandelte ihn wie ein schwieriges Kind, dem man seinen Willen lassen muss. Ihr Tod und der seiner drei anderen »Beschützer« machte ihn verletzbar und verängstigt. Seine älteste Tochter wollte nicht bei ihm bleiben und den Haushalt führen; sie heiratete und zog weg. Da begann er zu trinken und zog sich langsam aus der Realität zurück. Als er dann allein und verlassen in dem billigen Zimmerchen lebte, löste sein Unbewusstes das Problem, indem es ihm Wahnvorstellungen eingab. Man ist fast geneigt zu sagen, diese boten eine gesunde und vernünftige Lösung seiner Probleme; sie stellten sicher, dass man ihn wieder beschützte und sich um ihn kümmerte.

Welchen Vorteil hätte es also für ihn gehabt, sich von Rokeach heilen zu lassen? Er wäre wieder in der Situation gewesen, vor der er sich ängstigte – nämlich, sich als unzulänglicher Mensch der

Realität stellen zu müssen. Und dasselbe galt auch für die anderen beiden. Rokeachs Versuch, sie zu heilen, scheiterte daran, dass er die Situation seiner Patienten vollkommen missverstand.

Wir können also folgern, dass das Unbewusste Wahnvorstellungen schafft, um einen Zusammenbruch mit der Folge totaler Lebensuntauglichkeit und absoluten Scheiterns zu verhindern.

Dies trifft ganz offensichtlich auch auf Kirk Allen zu, doch ist dessen Fall noch interessanter, weil Allen ja sein normales Leben weiterführte, ohne deutliche Zeichen geistiger Instabilität zu zeigen. Seine mentalen Reisen zum Mars hatten ihm immer einen Ausweg aus dem Alltag geboten, nur dass nun sein Unbewusstes auf die neue Bedrohung damit reagierte, diese Fantasien in Realität zu verwandeln – ein bemerkenswerter Hinweis auf die übernatürlichen Kräfte des Unbewussten.

Auch David Koreshs Probleme begannen, als er noch ein schwaches und unzulängliches Kind war. Erst sein Triumph im Schulsport kehrte diese Haltung um; von nun an fand er es der Mühe wert, der Welt aggressiver zu begegnen. Doch der Erfolg verließ ihn, und seine sexuelle Demütigung verstärkte das Gefühl der Unterlegenheit noch. Koresh hatte sich immer in die Bibel geflüchtet, ganz wie Kirk Allen bei den Büchern von Edgar Rice Burroughs Zuflucht gefunden hatte. Als sein Versuch, Rockmusiker zu werden, fehlschlug, verlegte er sich auf seine andere »Lebensader« – die Heilige Schrift. Und da er – anders als Kirk Allen oder die drei »Christusse« – das Gefühl des Triumphs schon einmal ausgekostet hatte, konzentrierte er seinen ganzen Willen und all sein Wollen darauf, wieder zu Erfolg zu kommen. Wir können nun begreifen, dass die Frage »Glaubte er wirklich, der Sohn Gottes zu sein?« so irrelevant ist wie die, ob Clyde Benson glaubte, dass er Jesus Christus sei. Es war seine Art und Weise, sich mit einer feindseligen Welt zu arrangieren und zu bekommen, was jeder von uns haben will – Erfolg.

Das gilt auch für die Anhänger selbst. Sie sehen sich mit einer feindseligen Welt konfrontiert. Wie Clyde Benson sehnen sie sich nach einem Beschützer – Jeannie Mertle war vom People's Temple des Jim Jones fasziniert, weil sie sich darin fühlte wie in der Sicherheit des mütterlichen Schoßes. Wir können nun auch verstehen, dass Jim Jones, als er forderte, als »Vater« angesprochen zu werden, damit nicht nur seinem Willen nach Macht Ausdruck verlieh. Vielmehr hatte er auch erkannt, dass seine Anhänger eine solche Vaterfigur wollten. Wenn er Wunder inszenierte, dann weil er wusste, dass seine Jünger glauben wollten, er sei ein Wunderheiler. Er reagierte also ebenso sehr auf deren Bedürfnisse wie auf seine eigenen. Und wenn er fähig gewesen wäre, seine Anhänger auf eine mentale Reise zum Mars zu schicken, wäre deren Glauben noch stärker geworden, denn sie wollten ja dem bedrückenden, langweiligen, schwierigen Alltag entfliehen. All dies als ein System von Wahnideen oder Einbildungen abzutun, würde bedeuten, das Wichtigste daran zu übersehen: dass dies auch ein *Transformationssystem* ist, eine Methode zur Verwandlung der Realität.

Dies bringt uns zu einem Punkt, der für das Verständnis von Erlöserfiguren und ihren Anhängern von grundlegender Bedeutung ist: Sex ist nämlich eines der mächtigsten Transformationssysteme. Sexuelle Fantasien zwingen der hartnäckigen physischen Welt ihre eigene Wahrheit auf. Dies wird sogar noch deutlicher im Falle des Fetischismus, wo sexuelle Erregung durch ein Objekt hervorgerufen wird – ein Stück Unterwäsche, einen Schuh oder gar einen Schirm. Dass sich jemand mit Hilfe eines unbelebten Objekts befriedigen kann, erscheint uns unbegreiflich, bis wir verstehen, dass dieses Objekt durch das sexuelle Verlangen in etwas Belebtes – etwa eine Frau – transformiert wird.

Selbst ein romantisches sexuelles Hingezogensein, wie es vielleicht etwa von einem noch unschuldigen Mädchen erlebt wird, ist auf dieses »Transformationssystem« angewiesen. Die Frauen in Yeats' frühen Gedichten mit ihren »wolkenbleichen Lidern, traumgetrübtem Blick« sind reine Idealisierungen.

Schimmernd ein Mädchen war es da
Im Haare Apfelblütenduft,
Rief mich beim Namen und zerrann,
Und blaßte hin durch lichte Luft.
(Übers.: W. Vortriede)

Wirkliche Mädchen sind nicht so, das wusste Yeats natürlich, denn schließlich hatte er Schwestern. Doch wenn er sich verliebte, belegte er seine Angebetete sofort mit dieser idealistischen Vorstellung – und verhielt sich damit nicht anders als alle romantischen jungen Männer, selbst jene, die sich für vollkommen unromantisch halten.

Jeder kennt das: Wenn wir uns das erste Mal vage zu einer oder einem Angehörigen des anderen Geschlechts hingezogen fühlen, fallen uns auch ihre bzw. seine weniger attraktiven Merkmale auf. Doch im Prozess des Sichkennenlernens werden diese ausgeblendet, bis sie aufhören zu existieren oder einfach keine Rolle mehr spielen. Auch der Wille, sich zu verlieben, ist also ein Transformationssystem.

Dasselbe Transformationssystem zeigt sich in Jeannie Mertles Beschreibung ihrer anfänglichen Abscheu vor Jim Jones, die sich im Verlauf weniger Wochen zu Verehrung verwandelte. Die Verehrung der Anhänger ist eine Art chemische Reaktion zwischen dem Charisma des Messias und dem Transformationssystem seiner Anhänger.

Man ist versucht zu behaupten, »Transformationssysteme« seien Methoden der Selbsttäuschung, doch das wäre nicht ganz korrekt. Wenn ein Mann stark sexuell erregt ist, sieht er die Ursache dieser Erregung in einem »archetypischen Weib«, wie Yeats erkannte:

> Wenn ich meine Arme um dich schlinge, dann
> Drücke ich mein Herz an den Liebreiz
> Der längst verblaßt ist auf der Welt.

In solchen Augenblicken scheint alles, was Frau und Weiblichkeit ist, auf einmal wie aus der Vogelperspektive erfasst zu werden. Und diese ist von vornherein weitaus umfassender als unsere Froschperspektive, wenn unsere Wahrnehmung nicht durch sexuelle Energie gleichsam hochgeputscht ist. Das erklärt auch, weshalb die meisten Messias-Figuren so schamlos promiskuitiv sind. Messias und Anhänger existieren in einem höheren Transformationssystem. Jones' Behauptung, dass die meisten Frauen seiner Gemeinde Sex mit ihm haben wollten, war wahrscheinlich gar nicht mal aus der Luft gegriffen. Unter solchen Umständen wird Sex nicht mehr als bloße Promiskuität gesehen, sondern als ein Ritual oder ein Sakrament, vergleichbar der heiligen Kommunion. Wenn man das begreift, dann versteht man auch, weshalb das Messias-Phänomen nicht in simplen Begriffen von Logik und Rationalität verstanden werden kann. Denn was dabei geschieht, spielt sich auf einer Ebene weitaus höherer Intensität ab. Dies drückt Milton Rokeach sehr deutlich aus, indem er das Erlebnis der Schizophrenie mit der Erfahrung mit psychedelischen Drogen vergleicht. So schreibt er über Leons Haltung zu Madame Yeti: »Unsere Daten lassen nicht den Schluss zu, dass er ihre Existenz lediglich *vorgab* ... meine eigenen Erfahrungen mit LSD machen das halluzinatorische Erlebnis psychologisch etwas nachvollziehbarer. Als ich einmal unter dem Einfluss dieser Droge stand, lief der Plattenspieler. Eine Frau sang eine betörend schöne Melodie. Ich konnte regelrecht beobachten, wie die Stimme aus dem Abspielgerät wie in Wölkchen aufstieg; sie sah gespensterhaft aus. Ich *sah*, wie sie sich durch den Raum auf mich zubewegte; dann *spürte* ich, wie sie sich in mein rechtes (nicht mein linkes) Ohr schob. Und dann hörte ich, wie die Frau das restliche Lied in meinem Kopf weitersang. Während dies geschah, wusste ich, dass es eine Halluzination war. Dennoch aber *erlebte* ich es ... Deshalb neige ich heute zu der Ansicht, dass die Halluzinationen oder Wahnvorstellungen der Psychose mehr sind als einfach nur Dinge, die vorgetäuscht oder besonders intensiv imaginiert werden und die sich mit ein wenig überzeugender Logik widerlegen lassen.«

Ebenso wenig wäre es ganz korrekt zu sagen, die Droge sei das transformierende Element gewesen – vielmehr war es Rokeachs Imagination, die durch die Droge angeregt wurde. Und wenn wir begreifen können, dass Sex und Jüngerschaft mit einem ähnlichen Transformationssystem arbeiten, dann beginnen wir zu verstehen, weshalb beide nicht mit Hilfe von James Mills naiver Logik erfassbar sind, nämlich Verrückte durch logisches Denken von ihrem Wahn zu heilen.

Kapitel 6
Der Psychiater als Messias

Die Ansicht von Sex und Sexualität, die im letzten Kapitel beschrieben wurde, erinnert natürlich an Freuds Begriff der Libido. Freud hielt die Sexualität für das elementarste Transformationssystem überhaupt; er behauptete sogar, Sex könne Effekte erzielen, die Halluzinationen vergleichbar sind. Und in der Tat: Sex kann unter gewissen Umständen Halluzionationen erzeugen.

Zu dieser Einsicht gelangte Freud als Resultat eines Falles seines Kollegen Josef Breuer. Es handelte sich um eine junge Frau namens Bertha Pappenheim (Freud nennt sie Anna O.), die an einer Persönlichkeitsspaltung litt. Sie unterbrach sich oft mitten im Satz, um plötzlich ihrem Gegenüber ein Kissen an den Kopf zu werfen oder auf einen Baum zu klettern; Augenblicke später wurde sie wieder sie selbst und führte ihren Satz fort, ohne zu wissen, was mittlerweile geschehen war. Dieses »zweite Ich« sprach nur Englisch (Bertha sprach Deutsch) und litt an verschiedenen Halluzinationen; bei Bertha war zudem der rechte Arm gelähmt.

Als sie eines Tages in ihrem Zustand der »Abwesenheit« so dalag und vor sich hinmurmelte, wiederholte jemand eine ihrer Phrasen. Daraufhin begann sie deutlich und allmählich immer zusammenhängender eine Art Märchen zu erzählen. Es handelte von einem Mädchen, das an einem Krankenbett saß. Sobald der Anfall vorüber war, wachte sie auf und fühlte sich ruhig und entspannt.

Als Breuer sie einmal in diesem Zustand des Halbschlafs befragte, erfuhr er, dass eines ihrer Symptome – nämlich ihre Unfähigkeit, ein Glas Wasser zu trinken – darauf zurückging, dass sie einmal einen Hund gesehen hatte, der aus einem am Boden stehen gelassenen Glas trank. Nach dem Erwachen aus der Hypnose konnte sie ganz normal trinken. Breuer brachte ferner den Grund für die Lähmung ihres Arms in Erfahrung: Sie war beim Tod ihres geliebten Vaters am Sterbebett gesessen und mit dem über eine Stuhllehne hängenden Arm eingenickt, sodass auch ihr Arm »einschlief«. Dann hatte sie einen Tagtraum, in dem sie eine schwarze Schlange auf ihren Vater zukriechen sah, wovon sie aufwachte. Am nächsten Tag erinnerte sie der Anblick eines Asts im Garten an die Schlange, und plötzlich war ihr Arm gelähmt. Nachdem sie Breuer von dem Schlangentraum erzählt hatte und aus der Hypnose aufwachte, war die Lähmung verschwunden. Freud faszinierte die Tatsache, dass sie sich selbst durch Sprechen geheilt hatte; in der Tat wurde die Gesprächstherapie zu einem der ursprünglichen Bestandteile der Psychoanalyse.

Breuers Frau wurde über die Obsession ihres Mannes mit seiner Patientin jedoch zunehmend ungehalten, weshalb er die Behandlung schließlich abbrach. Immerhin hatte Bertha enorme Fortschritte gemacht. Doch just an diesem Abend hatte sie wieder einen Anfall; Breuer fand sie, wie sie auf dem Bett lag und die Hüften bewegte wie bei einer Geburt – oder beim Geschlechtsakt. Bislang hatte sich die eher spröde Frau nie irgendwelche sexuellen Anspielungen oder dergleichen erlaubt. Breuer beruhigte sie mit Hypnose und verließ dann in Panik Wien, um sich spontan einen Urlaub zu genehmigen.

Wie Breuer selbst kam auch Freud zu dem Schluss, dass die Patientin ihren Therapeuten sexuell begehrte – ein Phänomen, das er später »Übertragung« nannte. Berthas unterdrückte Sexualität hatte ihn auf den Gedanken gebracht, der im Laufe der Zeit zur Sexualtheorie ausreifte – der Theorie, welche besagt, dass die gewaltige Kraft der unterdrückten Sexualität im Unbewussten »arbeitet«.

Als Patientinnen ihm berichteten, sie seien vom Vater sexuell missbraucht worden, zog Freud daraus den Schluss, dass die Mehrzahl der Neurosen auf sexuellen Missbrauch in der Kindheit zurückzuführen sei. Später jedoch verwarf er diese Ansicht wieder und behauptete stattdessen, die Patientinnen würden Fantasien erzählen, die sie für Realität hielten. Dies bestärkte die Sexualtheorie indes noch mehr, schien es doch zu beweisen, dass Töchter den geheimen Wunsch hegten, vom Vater verführt zu werden, und umgekehrt die Söhne mit der Mutter schlafen wollten – der berühmte Ödipus-Komplex, demzufolge der Sohn von dem unbewussten Wunsch besessen ist, den Vater zu ermorden. Er schien Freud umso plausibler, als seine eigene Mutter eine attraktive Frau und wesentlich jünger war als ihr Mann.

Der enorme Widerstand gegen diese Theorie überzeugte Freud, dass er ein sensibles Thema berührt hatte und die Sexualtheorie stimmen musste – dass die Neurose generell und ausnahmslos auf einem sexuellen Problem beruhen musste.

Wie jedoch unschwer zu erkennen ist, legen Rokeachs drei »Christusse« und sogar Lindners Fall Kirk Allen nahe, dass dies eine allzu starke Vereinfachung ist. Die Geisteskrankheit basiert auf einem Gefühl der Unzulänglichkeit angesichts der Probleme des Lebens. Die meisten Menschen schlagen jedoch zurück und setzen sich ihr Leben lang zur Wehr. Clyde, Joseph und Leon aber gaben sich der Entmutigung hin; sie scheuten vor Problemen und gerieten zunehmend in einen Zustand gesellschaftlicher Ineffizienz. Andere Menschen erleiden unter ähnlichen Umständen einen Nervenzusammenbruch oder begehen sogar Selbstmord. Doch die drei »Christusse« wurden von ihrem Unbewussten gerettet; dieses ermöglichte ihnen mit Hilfe der Halluzinationen, mehr oder weniger normal zu funktionieren. Die Tatsache, dass diese Halluzinationen eher dem religiösen Bereich zuzuordnen waren, unterstützt Jungs Ansicht, der zufolge der Mensch an und für sich religiös veranlagt ist, und nicht die freudsche Sexualtheorie.

An Freuds späterer Entwicklung lassen sich alle Charakteristika eines »Messias« feststellen: Eine zunehmend autoritäre Haltung und Paranoia sowie ein massives Ressentiment gegen jeden, der seine Ansichten in Frage stellte. Als sein Schüler und Biograf Ernest Jones ihm vorschlug, ein Komitee aus sechs loyalen Mitarbeitern zu gründen, das als eine Art Prätorianische Wache fungieren sollte, war Freud hocherfreut und schenkte jedem der sechs einen gravierten Edelstein. Doch seltsamerweise bestand er darauf, dass dieses Komitee – aus dem die Psychoanalytische Gesellschaft hervorging – streng geheim bleiben sollte. Offenbar war er sich der Implikationen eines aus »Jüngern« bestehenden Komitees wohl bewusst – obwohl es nur sechs waren anstatt zwölf. Sein Freund und Anhänger C.G. Jung wandte sich aufgrund ihrer Rigidität zunehmend gegen die Sexualtheorie, vor allem, nachdem Freud ihn eines Tages aufforderte: »Mein lieber Jung, versprechen Sie mir, nie die Sexualtheorie aufzugeben.« Jung kam es eigenartig vor, dass ein Wissenschaftler verlangte, an einer Theorie festzuhalten, anstatt sich bereit zu erklären, sie gegebenenfalls neuen Erkenntnissen entsprechend zu verändern.

Gänzlich desillusioniert wurde C.G. Jung, als Freud ihm einen seiner Träume erzählte. Danach bat er um einige persönliche Details, die den Traum möglicherweise erhellen könnten, doch Freud blickte ihn nur befremdlich an und erwiderte: »Aber ich kann doch meine Autorität nicht aufs Spiel setzen.« »In diesem Augenblick«, so Jung, »hatte er sie verspielt.« Jung hatte sehr wohl erkannt, dass Freud eine Beziehung wollte, die derjenigen eines Messias zu seinem Jünger glich, nicht aber eine zwischen gleichberechtigten Kollegen.

Kurz gesagt, Freud hatte die Sexualtheorie zu einem geschlossenen System, zu einer ummauerten Stadt, einer auf einem Dogma beruhenden Religion gemacht. Jede Infragestellung dieses Systems hatte den heftigen Unmut des Rechthabers zur Folge, des Messias.

Trotzdem war Freud für C.G. Jung »noch immer eine überragende Persönlichkeit, eine Vaterfigur ... Seine Freundschaft bedeutete mir sehr viel.« Freud aber benutzte seinen Charme und sein Charisma, um seine Anhänger in eine so tief gehende persönliche Beziehung hineinzuziehen, dass sie darin eingesponnen wurden wie Fliegen in ein Spinnennetz. Als sein hervorragender, geistreicher Schüler Viktor Tausk es wagte, den Satiriker Karl Kraus zu verteidigen, der die Psychoanalyse attackiert hatte (»Psychoanalyse ist jene Geisteskrankheit, für deren Therapie sie sich hält«), untergrub Freud vorsätzlich seine Selbstachtung – mit dem Ergebnis, dass Tausk sich erschoss. Ein weiterer Jünger, Herbert Silberer, beging den Fehler, einige von C.G. Jungs »Mythos«-Theorien gutzuheißen; er wurde wie Tausk auf brutalste Weise »exkommuniziert« und erhängte sich. Sowohl C.G. Jung als auch Wilhelm Reich erlitten nach ihrem Ausschluss aus der Psychoanalytischen Gesellschaft einen Nervenzusammenbruch. Für sie alle war Freud eine Vaterfigur gewesen, und der totale Entzug seiner Anerkennung stürzte sie in tiefe Depressionen. Die Beziehung zwischen Freud und seinen Schülern veranschaulicht einmal mehr, weshalb auch die Anhänger von Jim Jones und David Koresh zum Selbstmord bereit waren.

C.G. Jungs Bruch mit Freud erwuchs aus seiner zunehmenden Überzeugung, dass Letzterer die Bedeutung des Religiösen vernachlässigte. Für Freud war Religion ebenso wie für Marx eine bloße Illusion. C.G. Jung hingegen war der Sohn eines Geistlichen. Gequält von den Geheimnissen des menschlichen Leidens, des Alterns und des Todes, hatte er schon als Jugendlicher eine religiöse Krise durchlebt. Seine Versuche, die Antworten in den Büchern seines Vaters zu finden, überzeugten ihn, dass die Theologie hauptsächlich aus leeren Worten bestand. Aber wiewohl er seinen christlichen Glauben verloren hatte, suchte er die Antworten doch weiterhin in Werken wie Goethes »Faust« und Schopenhauers »Die Welt als Wille und Vorstellung« und begann, sich für Philosophie zu interessieren. Er sah sich als gespaltene Persönlichkeit: Nach außen hin war er ein Schüler, doch in Wirklichkeit fühlte er sich wie ein weiser alter Mann. Auf dem Gipfel eines Berges stehend, »wo sich meinem Blick immer neue Abgründe und Panoramen auftaten«, hatte er schließlich den Eindruck, auf die wahre Welt zu blicken, und durchlebte ein tiefes Gefühl der Ehrfurcht.

C.G. Jung hatte auch die negativen Kräfte des Unbewussten erfahren. Als Elfjähriger ging er nicht gern zur Schule, und als ihn eines Tages ein Mitschüler umstieß und er mit dem Kopf aufschlug, dachte er plötzlich: »Jetzt musst du nicht mehr in die Schule gehen!« Von da an hatte er öfter Ohnmachtsanfälle und musste zu Hause bleiben; die Ärzte dachten, er sei womöglich ein Epileptiker. Aber eines Tages hörte er hinter einem Busch im Garten versteckt, wie sein Vater zu einem Freund sagte: »Ich habe mein bisschen Vermögen verloren, und was soll ... mit dem Jungen geschehen, wenn er sich seinen Lebensunterhalt nicht verdienen kann?« Von plötzlicher Schuld gequält, eilte C.G. Jung ins Studierzimmer seines Vaters und begann zu lernen. Er bekam einen Ohnmachtsanfall, arbeitete aber dennoch weiter und ignorierte auch eine zweite und dritte Ohnmacht. Dann hörten die Anfälle plötzlich auf. Er hatte den unbewussten Mechanismus durchbrochen, der ihn erkranken ließ. »Daran habe ich gelernt, was eine Neurose ist«, schrieb er später. Aber er war einer selbst verursachten chronischen Erkrankung ziemlich nahe gekommen.

Bald danach erlebte C.G. Jung etwas, was er für eine mystische Erfahrung hielt. Er ging von der Schule nach Hause, als ihn plötzlich das Gefühl überkam, aus einer Wolke aufgetaucht zu sein. Gleichzeitig stellte sich der Gedanke ein: »Jetzt bin *ich*.« Bis zu diesem Zeitpunkt, so C.G. Jung, habe er kein »Ich« gehabt. »Aber in jenem Augenblick geschah ich mir. Vorher war ich auch vorhanden, aber alles war nur geschehen... Jetzt wusste ich: jetzt bin *ich*, jetzt bin ich vorhanden.«

Diese Erfahrung ist von grundlegender Bedeutung, denn offensichtlich widerfährt genau dies den Menschen, die überzeugt sind, ein Messias zu sein: Jetzt existiere ich. Sie verlassen die Passivität und werden aktiv.

Auch vom Okkultismus war C.G. Jung fasziniert. Nachdem er bei einem Freund ein Buch über Spiritismus entdeckt hatte, las er alles, was er zu diesem Thema finden konnte, und gelangte zu der Überzeugung, dass übersinnliche Phänomene real seien. Bald darauf bekam sein Esszimmertisch aus Walnussholz mit einem lauten Krach einen Riss, und ein Brotmesser in einer Schublade zerbrach in mehrere Teile; C.G. Jung hielt diese Dinge für Poltergeist-Phänomene. Seine Cousine Helly Preiswerk entwickelte mediale Fähigkeiten; in Trance konnte sie zu einer ganzen Reihe bemerkenswerter Persönlichkeiten werden, von denen einige in Sprachen redeten, die dem Mädchen unbekannt waren.

Als Freud ihm versicherte, Religion sei lediglich eine auf unterdrückter Sexualität beruhende Illusion und übersinnliche Phänomene nichts anderes als Wunschdenken, hegte C.G. Jung Zweifel, dass sein Mentor über jeglichen intellektuellen Beschränkungen stehe. Doch er wollte sich Freud nicht zum Feind machen. Stattdessen begann er eine Art doppeltes Spiel; er schrieb ein Buch über mythologische Symbole und das Unbewusste, in dem er trotz einer uneingeschränkten Anerkennung der Bedeutung der Sexualität zu dem Schluss kam, dass die tiefsten Bedürfnisse des Menschen eben die Suche nach Sinn und Bedeutung sei, oder anders ausgedrückt: dass der Mensch seinem Wesen nach religiös ist. In einem Kapitel mit dem Titel »Das Opfer« sagt er ganz offen, Freuds Ansicht über die Sexualität sei, »wörtlich genommen, inkorrekt«.

Das war der Anfang vom Ende. Bald nach der Veröffentlichung von »Symbole der Wandlung« schrieb Freud ihm einen Brief, in dem er ihn mit »Dr. C.G. Jung« anstatt wie bisher einfach mit »Jung« ansprach. Es kam zwar zu einer halbherzigen Aussöhnung, doch als Freud in einem neuerlichen Brief einen gönnerhaften Ton anschlug, explodierte C.G. Jung und erwiderte, er habe es satt, dass Freud seine Schüler wie Patienten oder unartige Kinder behandle. »Unterdessen bleiben Sie immer schön oben als Vater. Vor lauter Untertänigkeit kommt keiner dazu, den Propheten am Bart zu zupfen«, schrieb er zurück.

Als er Freud einen »Propheten« nannte, legte Jung den Finger in dessen größte Wunde: seinen messianischen Anspruch, sein Verlangen, eine absolute Autorität zu sein. Freuds Antwort fiel vorsichtig aus; er räumte ein, sein Ärger sei »durch eine kleine Neurose« verursacht. Doch C.G. Jung war zu keinem Rückzieher bereit; es sei an der Zeit, riet er Freud, sich von der »kleinen Neurose« zu befreien. Er bat ihn, »diese Ausführungen als ein Bemühen um Ehrlichkeit« zu betrachten und nicht ein »mißbilligendes Wiener Kriterium eines egoistischen Strebens nach Macht oder der Himmel weiß welch anderer Anspielung aus der Welt des Vaterkomplexes heranzuziehen«.

Damit reagierte C.G. Jung heftig auf den psychoanalytischen Trick, immer im Recht zu sein und Andersmeinende einer Neurose zu bezichtigen, die ihnen den Blick auf die Wahrheit verstelle. 1913 legte er die Herausgabe des »Psychoanalytischen Jahrbuchs« nieder und im Jahr darauf sein Amt als Präsident der Psychoanalytischen Gesellschaft.

Doch diese Auseinandersetzung hatte C.G. Jungs Glauben an sich selbst untergraben; Freuds Anschuldigungen, er strebe nach

Macht, hatten ihre Wirkung getan. (Im Rückblick auf Jungs Leben lässt sich die Ironie der Situation erkennen, die darin bestand, dass sein eigener messianischer Anspruch nicht geringer war als derjenige Freuds.) 1913 hatte er mit katastrophalen Träumen zu kämpfen und kam einem Nervenzusammenbruch nahe. Das in seiner Autobiografie beschriebene eigenartige Ergebnis war, dass er dieselbe Art von halluzinatorischen Erfahrungen zu machen begann wie Kirk Allen. Als er im Dezember 1913 einmal an seinem Schreibtisch saß und mit einem Gefühl des Entsetzens rang, entspannte er sich schließlich und ließ sich »fallen«. »Da war es mir, als ob der Boden im wörtlichen Sinne unter mir nachgäbe, und als ob ich in eine dunkle Tiefe sauste.« Wie Alice im Wunderland landete er auf etwas Weichem und fand sich am Eingang einer Höhle, der von einem Zwerg »wie aus Leder, so als ob er mumifiziert wäre« bewacht wurde. Er watete durch eiskaltes Wasser auf einen roten, leuchtenden Kristall zu, und als er ihn hochhob, sah er die Leiche eines blonden Jünglings vorübertreiben, gefolgt von einem riesigen schwarzen Skarabäus und einer roten, neugeborenen Sonne, die sich aus dem Wasser erhob. Aus einer Öffnung unterhalb des Kristalls schoss Blut.

Von da an wurden ihm seine Fantasien zur Realität und die Gestalten dieser Fantasien – etwa ein alter Mann namens Philemon oder ein Mädchen namens Salome – reale Personen. Er durchlebte praktisch einen Zustand der Psychose wie die »Christusse« von Ypsilanti. Und obwohl ihm seine Faszination im Unbewussten half, die Krise zu überstehen – sie dauerte bis 1918 an –, behielt er die Fähigkeit zu Visionen und Wachträumen sein Leben lang bei; er nannte sie »aktive Imagination«.

In seiner Autobiografie beschreibt er eine dieser Imaginationen: »Eines Nachts erwachte ich und sah, in helles Licht getaucht, den Crucifixus am Fußende des Bettes. Er erschien nicht in Lebensgröße, war aber sehr deutlich, und ich sah, daß sein Leib aus grünlichem Golde bestand. Es war ein herrlicher Anblick, doch ich erschrak über das Geschaute. Visionen als solche sind mir sonst nichts Ungewöhnliches, denn ich sehe öfters plastische hypnagogische Bilder.« Die wichtigste Überzeugung, die in diesen Jahren heranreifte, war C.G. Jungs Gewissheit, dass der Mensch ein »transzendentales Wesen« sei; dass er das Verlangen nach Entwicklung und Transzendenz in sich trägt, und dass es nur die Blockierung dieses Verlangens ist, die ihn geisteskrank macht.

Freud hielt all dies natürlich für Geschwätz und Selbstbetrug; für ihn blieb C.G. Jung ein Abtrünniger, der durch die Psychoanalyse zu Ruhm gekommen war und dann den Versuch unternahm, selbst den Thron zu erklimmen. Er hingegen wich sein Leben lang nicht mehr von seinem totalen Glauben an die Sexualtheorie ab.

Jeffrey Masson, dessen Bericht über den Mystiker Paul Brunton ich bereits erwähnt habe, wurde später Psychiater und ein Anhänger der freudschen Lehre; er wählte den Psychoanalytiker Kurt Eissler zu seiner Vaterfigur. Masson beschreibt in seinem Buch »Final Analysis« seine zunehmende Distanz zur Psychoanalyse, was zu seinem Ausschluss führte, als er es wagte, eine von Freuds Theorien in Frage zu stellen. Zudem lässt das Buch erkennen, wie sehr auch die Psychoanalyse auf die grundlegenden Methoden von Messias-Figuren zurückgreift.

Seinen ersten Analytiker (er nennt ihn Dr. Bergman) suchte Masson auf, weil er nicht wusste, weshalb er sich so oft ohne Grund traurig fühlte und warum er sich nicht verlieben konnte. »Mein Problem ist«, eröffnete er Bergman, »dass ich mich nicht verlieben kann, obwohl ich mit vielen Frauen schlafe.« Der Analytiker erwiderte: »So ein Problem möchte ich auch haben.« Diese Bemerkung fand Masson äußerst unpassend, da sie ja Bergmans heimlichen Wunsch offenbarte und ihn von Anbeginn als Guru und Vaterfigur diskredierte, die Masson so dringend gebraucht hätte.

Als Masson sich entschloss, selbst Psychoanalytiker zu werden, teilte man ihm mit, er müsse sich als Erstes selbst analysieren lassen. Der Bericht über seine vierjährige Analyse bei Dr. Irvine Schiffer ist so beunruhigend wie amüsant. Auch Schiffer lehnte die Vaterrolle ab. Als er Masson fragte, was er denke, antwortete dieser: »Dass ich wahrscheinlich nie wissen werde, ob Sie verheiratet sind und Kinder haben.« »Falsch. Ich bin verheiratet und habe vier Kinder.« Wieder war Masson verärgert; er wollte Schiffer nicht als potenziellen Freund – und damit als seinesgleichen – sehen, sondern als eine Vaterfigur, der er die Lösung all seiner Probleme anvertrauen konnte. Wir treffen hier wieder auf den Mechanismus, der den Jünger an seinen Meister bindet: Der Messias überwindet die Distanz zu seinen Anhängern nicht und enttäuscht nicht; er weiß, dass seine Anhänger Autorität wollen und tut alles, um dieser stillschweigenden Forderung gerecht zu werden. Mit der Zeit aber versteift er sich auf diese Rolle, sodass schließlich schon die geringste Hinterfragung seiner Autorität Paranoia bei ihm auslöst.

Aber wenn dem so ist, sollte man sich dann nicht einen »Guru« wie Schiffer wünschen, der diese Rolle ablehnt? Massons Bericht zufolge muss diese Frage verneint werden. Er schreibt, dass Schiffer gleichzeitig eine Autorität wie auch das Gegenteil sein wollte. Als Masson zugab, dass ihn die »altmodischen« Möbel im Behandlungszimmer verwunderten, wies Schiffer ihn zurecht: »Mann! Kürzlich ist meine Mutter gestorben; das sind ihre Sachen, und ich bin stolz darauf, daß ich sie hier habe!« Von Masson auf sein ständiges Zuspätkommen angesprochen, wurde er wütend und begann zu schreien; eine weitere Kritik des Patienten wies er als »jugendhafte Aufsässigkeit« von sich. Die Beziehung der beiden glich also eher derjenigen zweier sich streitender Schuljungen als einem Meister-Schüler-Verhältnis, wie Masson es sich gewünscht hatte. »Ich hatte ein verzweifeltes Verlangen danach, daß er der Mann sei, der zu sein er vorgab und der zu sein ich von ihm erwartete«, schrieb er. Jeder Jünger kann das wohl nur zu gut nachfühlen.

Schließlich beeinflusste Massons Sehnsucht nach einer Autoritätsgestalt sogar sein Verhalten, obwohl Schiffer sich nach wie vor weigerte, diese Rolle zu übernehmen. Als dieser ein Buch schrieb, sprach Masson wochenlang begeistert darüber; seine Frau hielt sowohl den Stil als auch die Argumentationsweise für schlecht, und als Masson es später selbst las, stimmte er ihr zu. »So stark ist die Kraft der Übertragung«, schrieb er später.

Dennoch ist die Strategie von Analytikern wie Bergman und Schiffer – und vieler anderer, die Masson in seinem Buch erwähnt – nicht leicht nachvollziehbar. Lehnten sie einfach nur die Rolle des

Guru ab? Das ist unwahrscheinlich, denn schließlich ist ein Psychotherapeut der Definition nach eine Art Guru. Eher entsteht der Eindruck, dass diese Haltung aus der grundlegenden Praxis der Psychoanalyse herrührte: aus der Annahme, im Unbewussten des Patienten »stecke« ein eiternder Splitter. Die Aufgabe des Analytikers ist deshalb, so lange zu »sondieren«, bis der Patient »aufschreit«. Und die ganze Analyse basiert auf der Heilung durch Gespräche, bei denen der Patient frei assoziiert, bis der »Splitter« herauskommt.

Diese Sichtweise zieht jedoch nicht die Tatsache in Betracht, dass Bertha Pappenheim – deren Fall die Gesprächstherapie inspirierte – an einer Neurose mit Persönlichkeitsspaltung litt. Ihre Probleme resultierten aus einer schweren Depression, die durch das qualvolle Siechtum und den Tod ihres geliebten Vaters entstanden war.

Im Vergleich dazu waren Massons psychische Probleme belanglos. Da beim Verlieben eine chemische Affinität im Spiel zu sein scheint, lässt die Unfähigkeit, sich zu verlieben, eigentlich nur vermuten, dass diese Affinität zwischen zwei Personen fehlt. Grundlos traurig zu sein ist etwas typisch Romantisches – eine Sehnsucht nach mehr Sinn im Leben. Keines dieser Probleme lässt sich wohl durch eine Gesprächstherapie lösen; Ersteres dürfte nur durch das Kennenlernen der richtigen Person gelöst werden, Letzteres dadurch, dass man für sich selbst Sinn und Bedeutung im Leben schafft.

Neuere Forschungen zum Phänomen der multiplen Persönlichkeit ergaben, dass Inzest und sexueller Missbrauch von Kindern weiter verbreitet sind, als bisher angenommen wurde. Aus diesem Grunde meinte Masson bei einer Diskussion an der Yale University, es sei von Freud falsch gewesen, die Theorie des sexuellen Missbrauchs aufzugeben. Er schien sich nicht bewusst zu sein, dass er damit dessen gesamte Sexualtheorie unterminierte, die doch davon ausging, dass die Patientinnen Erinnerungen an Inzesterlebnisse kreierten und dies darauf hindeute, dass die Frau den geheimen Wunsch hege, vom Vater verführt zu werden. Masson war verblüfft über die Wut, die ein Artikel in der *New York Times* über seine Diskussion in Yale auslöste, und sehr verärgert, als sein Guru Kurt Eissler sich gegen ihn stellte. Da er gewagt hatte, Freud zu kritisieren, wurde er schließlich »exkommuniziert«. Rückblickend erscheint die Kontroverse, die zu seiner Entfernung aus dem Amt des Freud-Archivars und seinem Ausschluss aus der Internationalen Psychoanalytischen Gesellschaft führte, unvermeidlich, und Massons Bestürzung naiv.

Ein Ergebnis seines Ausschlusses war sein bilderstürmerisches Buch »Die Abschaffung der Psychotherapie«. Darin argumentiert Masson, dass die Psychoanalyse – und die Psychotherapie im Allgemeinen – auf nichts anderes als ein millionenschweres Betrugsgeschäft hinauslaufe. Dies ist hier durchaus von Relevanz, da man grundsätzliche Strukturen des gesamten Messias-Phänomens wiedererkennt, die Masson hier angreift. Er erklärt: »Die ganze Psychotherapie ist so angelegt, dass jemand, der Therapeut wird – mag er auch noch so nett sein –, sich auf ein Tun einlässt, welches zwangsläufig die Würde, Autonomie und Freiheit eines Menschen, der ihn um Hilfe ersucht, herabsetzt.«

Wenn Masson über Freud spricht, kommt es nicht zu der frontalen Attacke, die man eigentlich erwarten würde. Vielmehr widmet er ein ganzes Kapitel einem einzigen Fall – der Patientin namens Dora –, in dem Freud sich besonders unsensibel zeigte. Dora – Ida Bauer – war die Tochter eines reichen Industriellen. Sie war depressiv, selbstmordgefährdet und »schwierig« geworden. Besonders widerspenstig benahm sie sich gegen einen engen Freund der Familie, den Freud »Herr K.« nennt. Natürlich ging er von der Annahme aus, dass das Problem sexueller Natur und auf ein »ursprüngliches psychisches Trauma« zurückzuführen sei. Dora erklärte, als sie 14 Jahre alt gewesen sei, habe Herr K. sie umarmt und geküsst. Obwohl es ihr missfiel, habe sie sich still verhalten; aber als Herr K. ihr zwei Jahre darauf während eines Urlaubs einen unsittlichen Antrag machte, habe sie ihm ins Gesicht geschlagen und darauf bestanden, sofort nach Hause zu fahren.

Sie erzählte den Vorfall ihrem Vater, doch Herr K. stritt alles ab und bezichtigte sie einer blühenden Fantasie, weil sie Bücher über Sex lese. Ihr Vater glaubte ihm; das verärgerte Dora wahrscheinlich noch mehr als Herrn K.s Avancen. Die beiden Männer redeten ihr ein, sie würde an Selbsttäuschungen leiden, was bei ihr ganz offenbar großen Zorn und einen tiefen seelischen Konflikt auslöste. Außerdem war sie – zu Recht – davon überzeugt, dass ihr Vater eine Affäre mit Herrn K.s Frau hatte, und ihr Vater wollte, dass Freud ihr diese Überzeugung ausredete.

Freud glaubte ihr sowohl die Sache mit Herrn K. als auch dass ihr Vater eine Affäre mit dessen Frau hatte. Außerdem vermutete er, dass der Vater sich stillschweigend einverstanden erklärt habe, Dora im Austausch für Herrn K.s Gattin diesem zur Frau zu geben. Somit wäre es nur natürlich gewesen, dass sich der Arzt auf die Seite der Patientin gestellt hätte. Er hätte ihr versichern müssen, dass sie sich nichts einbildete, und sie überzeugen müssen, dass der Ehebruch ihres Vaters und Herrn K.s Avancen eigentlich gar nicht so schlimm seien. Dies war ein Fall, in dem die Gesprächstherapie wahrscheinlich geholfen und die Patientin mit der Situation ausgesöhnt hätte.

Stattdessen gelangte Freud zu dem eigenartigen Schluss, Herrn K.s Kuss habe Dora sexuell erregt und sie wolle ihn heiraten. Zufällig wusste sie jedoch, dass er auch versucht hatte, eine Gouvernante zu verführen. Die Gouvernante hatte ihr das erzählt, und was Dora besonders wütend machte, war, dass er es bei der Gouvernante sogar mit genau denselben Worten versucht hatte wie bei ihr. Dies war Freud zufolge der Grund dafür, weshalb sie Herrn K.s unsittlichen Antrag als Beleidigung auffasste; Freud glaubte, erst nach dem Geständnis der Gouvernante habe sie beschlossen, ihrem Vater von Herrn K.s Zudringlichkeiten zu erzählen, damit sie sich rächen konnte. Als Freud ihr diese – seine – Sichtweise schilderte, bedankte sich Dora und ging, ohne noch einmal wiederzukommen – weshalb, ist begreiflich. Sie war das Opfer einer zweifachen Beleidigung geworden: Zuerst hatte ihr Vater ihr einzureden versucht, dass sie verrückt sei, und dann hatte dieser dumme Doktor auch noch behauptet, Herrn K.s Kuss habe sie sexuell erregt, weshalb sie ihn in Wirklichkeit heiraten wolle. Dass dies nicht der Wahrheit entsprach, das wusste sie. Welchen Sinn hätte es also ergeben, die Patientin eines solchen Idioten zu bleiben?

Am beunruhigendsten ist vielleicht, dass Freud diesen Fall auch noch als einen seiner großen Erfolge herausstellte. Seinem Freund Wilhelm Fliess (der wie Breuer schließlich mit ihm brach, weil er der Meinung war, Freud sei zu sehr auf das Thema Sexualität fixiert) schrieb er: »Es ist eine ereignisreiche Zeit, und sie hat auch eine neue Patientin gebracht, ein 18-jähriges Mädchen, ein Fall, der sich mit der vorhandenen Sammlung von Dietrichen gut erschließen lässt.«

Masson hätte noch viele weitere Fälle zitieren können, um zu demonstrieren, wie Freud seinen Patienten seine »sexuelle« Interpretation geradezu aufzwang: etwa den Fall des kleinen Hans, der eine Phobie bekam und nicht mehr außer Haus gehen konnte, weil er hörte, wie der Vater einer Freundin zu dieser sagte: »Fass dieses Pferd nicht an; es könnte beißen.« Daraus schloss Freud, dass Hans in Wirklichkeit seine Mutter verführen und seinen Vater töten wollte, weil Pferde ein Symbol für Männlichkeit seien. Oder der Fall des Russen, den Freud den »Wolfsmann« nannte, weil er einmal von Wölfen geträumt hatte. Der Mann litt unter einer geringen Vitalität und einem Gefühl der Sinnlosigkeit. Nach mehreren Jahren der Analyse – er war zum Glück sehr reich – kam Freud zu dem Schluss, er habe als Kind seine Eltern »in der animalischen Stellung« beim Liebesakt gesehen; dies sei der Grund für seine Obsession mit Wölfen. In der berühmten Abhandlung, die er über diesen Fall verfasste, räumt Freud zwar ein, dass die Liebesszene nur eine Annahme war, doch im Folgenden bezieht er sich darauf wie auf eine Tatsache. Und obwohl der Wolfsmann nie geheilt wurde, gilt dieser Aufsatz als ein klassischer Text der Psychoanalyse.

Massons Absicht ist jedoch nicht, Freud als eine Art »Zauberdoktor« zu diffamieren – wenngleich alles, was er schreibt, darauf hinausläuft. Der Grund hierfür ist nicht klar. Mag sein, dass er Freud, auf dessen Werk er so viele Jahre verwandte, weiterhin als Vaterfigur betrachtet, oder aber er will es sich mit den psychoanalytischen Kreisen nicht ganz verderben. Tatsache ist, dass er aus dem Fall Dora keine allgemeinen Schlüsse zieht, sondern im weiteren Verlauf zu Freuds Anhänger Ferenczi und dann zu C.G. Jung übergeht – den er als Nazi attackiert –, um sich schließlich jüngeren Therapeuten wie Fritz Perls und John Rosen zuzuwenden, die leichtere Ziele abgeben. Am Ende des Buches beschleicht einen das vage Gefühl, ohne ein wirkliches Ergebnis dazustehen.

Die Wahrheit ist, dass ein Mensch einen Psychotherapeuten aus dem gleichen Grund aufsucht, aus dem er sich einen Installateur oder Dachdecker ins Haus holt: weil er sein Problem in kompetentere Hände geben will. Was wirklich gegen die meisten Psychotherapeuten spricht, ist nicht, dass sie die Würde des Patienten herabsetzen, sondern dass sie nicht in der Lage sind, die benötigte Hilfe zu bieten. Dennoch gibt es Fälle, in denen Psychotherapeuten offensichtlich Erfolge verzeichnen können, wie etwa Lindner bei Kirk Allen. Sicherlich ist bei der Psychoanalyse – und insbesonders bei Fällen mit psychotischen Wahnvorstellungen – von Interesse, wie sie das Problem von Erlöserfiguren und ihren Jüngern betrachtet. Menschen werden aus demselben Grund zu Jüngern, aus dem sie zu Psychoanalytikern gehen. Sind die Erlöser ebensolche Schwindler wie die Psychotherapeuten, die Masson kritisiert? Sind Täuschung und Betrug wesentliche Bestandteile einer solchen Beziehung, ohne die sie gar nicht funktionieren würde? Oder geht es hier – wie Jung argumentieren würde – um etwas, das insgesamt tief gehender und problematischer ist?

Kapitel 7
Seltsame Mächte

Als Madame Blavatsky 1891 starb, hatte ein junger Österreicher namens Rudolf Steiner gerade sein Universitätsstudium beendet und trat eine Stelle am Goethearchiv in Weimar an. Er war 30 Jahre jünger als Madame Blavatsky und hatte die Theosophie im Jahr zuvor kennen gelernt. Am Goethearchiv blieb er sieben Jahre lang und schuf sich in dieser Zeit einen Namen in Fachkreisen; ansonsten aber blieb er unbekannt. Werke wie »Die Philosophie der Freiheit«, eine Attacke auf den Materialismus seiner Zeit, konnten sich nicht durchsetzen. Zurück in Berlin wurde er ein erfolgloser Herausgeber. Seine Lage begann sich erst 1899 zu bessern, als man ihn bat, für Arbeiter eine Reihe von Vorträgen zu halten – für ein Honorar, das kaum ein anderer akzeptiert hätte.

Bei diesem Publikum kam der kleine, bescheidene Gelehrte bestens an; seine Vorlesungen waren überfüllt. Schon bald unterrichtete er Philosophiegeschichte an vielen Arbeiter-Akademien und beim Giordano-Bruno-Bund (eine rationalistische, antireligiöse Organisation). Im August 1900 – im Alter von 39 Jahren – wurde Steiner gebeten, vor der Theosophischen Gesellschaft in Berlin Vorträge über Nietzsche zu halten. Diese Lesungen wurden mit Begeisterung aufgenommen, und einen ähnlichen Erfolg erntete er im Anschluss daran mit Gesprächen über Mystizismus – wenngleich jemand aus dem Publikum ihm mitteilte, seine Gedanken stünden nicht im Einklang mit jenen von Annie Besant, die nach dem Tod Blavatskys Leiterin der Theosophischen Gesellschaft in London geworden war. Eines Abends fragte ihn eine attraktive junge Frau namens Marie von Sivers, ob es nicht an der Zeit sei für eine neue geistige Bewegung in Europa, was Steiner enthusiastisch bejahte. Seine Vorlesungen zum Thema *Das Christentum als mystische Tatsache* sowie über Platon und den Platonismus vermehrten die Zahl seiner Bewunderer. 1902 nahm er an einem theosophischen Kongress in London teil und wurde beauftragt, eine deutsche Zweiggesellschaft zu gründen. Der Aufstieg der »Anthroposophie« – so nannte Steiner seine Version der Theosophie – ist eine der erstaunlichsten Erfolgsgeschichten des 20. Jahrhunderts. Ab 1902 nahm die Zahl von Steiners Anhängern geradezu unglaublich zu. Er hielt unermüdlich Vorträge und veröffentlichte ein Buch nach dem anderen, darunter Titel wie »Der Mensch im Lichte von Okkultismus«, »Theosophie und Philosophie« oder »Wie erlangt man Erkenntnisse der höheren Welten?«

25 Jahre lang hielt Steiner durchschnittlich jeden Tag einen Vortrag – alles in allem etwa 6 000. Bei einem Theosophie-Kongress 1906 in Paris kamen zu seinen Vorträgen mehr Menschen als zu den offiziellen Veranstaltungen. Seine Post war so umfangreich, dass sie in Wäschekörben zum Postamt getragen werden musste. Er hielt in den meisten europäischen Ländern Vorträge, und fast alle deutschen Großstädte hatten eine Steiner-Gesellschaft. 1913 schenkte ihm ein Anhänger ein großes Stück Land in der Nähe von Dornach in der Schweiz, und dort begann Steiner, sein Hauptquartier – er nannte es Goetheanum – und ein Theater zu bauen. Zu Beginn des Ersten Weltkrieges war er einer der erfolgreichsten Messias-Figuren Europas seit Sabbatai Zwi.

Der Kern seiner Lehre besagte, dass die physische Welt des Alltags lediglich die geistige Realität hinter einem Schleier verberge. Steiner war in einer kleinen, von herrlichen Wäldern umgebenen Stadt mit Blick auf die Alpen aufgewachsen und hatte immer behauptet, er sei sich der Präsenz unsichtbarer Wesen bewusst. Eines Tages sei eine seltsame Frau in den Warteraum des Bahnhofs gekommen – sein Vater war Bahnhofsvorsteher gewesen – und habe ihn um Hilfe gebeten; dann sei sie im Ofen verschwunden. Später erfuhr er, dass eine Verwandte in diesem Augenblick Selbstmord verübt hatte.

Der bemerkenswerteste Punkt von Steiners Lehre ist, dass die »geistige Realität« *im Inneren des Menschen* existiert. Um sie zu erfassen, muss man die Kunst erlernen, in sich zu gehen. Mit ihrer Hilfe könne man dann sogar mit den Toten kommunizieren. Zu einer Zeit, die durch materialistische Denkweisen eine zunehmende Desillusionierung erfuhr, rief diese Lehre – zusammen mit seinen Aussagen über Christus (dem er größte Bedeutung beimaß), Atlantis und die aktiven Kräfte der Dunkelheit (die er Ahriman und Luzifer nannte) – wahre Begeisterungsstürme hervor. 1912 ging die Zahl seiner Anhänger bereits in die Hunderttausende. Sein Abstieg begann mit dem Krieg. Der deutsche General von Moltke konnte sich nicht entschließen, ob er alle seine Streitkräfte gleichzeitig zu einem gigantischen Vernichtungsschlag gegen die Franzosen schicken oder ob er umsichtig vorgehen und seine Truppen aufteilen sollte. Er bat Steiner um einen Ratschlag. Der aber traf zu spät zur Audienz ein, und Moltke hatte die Entscheidung, die Streitkräfte aufzuteilen – die Deutschland um den Sieg bringen sollte – bereits gefällt. Sie führte zum so genannten Stellungskrieg, der Millionen Opfer forderte, und zu Moltkes Entlassung. Als bekannt wurde, dass Steiner ihn aufgesucht hatte, machte man jedoch diesen für die Fehlentscheidung verantwortlich.

Im Elend der Nachkriegszeit erschien Steiners Lehre von unsichtbaren Welten plötzlich irrelevant. Wer konnte sich in einer Zeit der galoppierenden Inflation schon um derlei Dinge kümmern? Was die Deutschen interessierte, war eine praktische Lösung für ihre Probleme, wie sie die Kommunisten boten. Diese aber sahen sich innerhalb von ein bis zwei Jahren durch die aufstrebenden Nationalsozialisten unter Hitler bedrängt – die Geschichte spielte dem Begründer der Anthroposophie also zweifellos übel mit.

Steiners politische Vorschläge waren hoffnungslos unrealistisch, was seine Situation weiter verschlechterte. Sein wesentlichster politischer Beitrag bestand in einem Konzept der »sozialen Dreigliederung«; es beschrieb letztlich eine Gesellschaft, in der die Denker und Künstler die Entscheidungen treffen sollten, während die Politiker und Geschäftsleute das reibungslose Funktionieren des Staates sicherstellten. Man kann es schlichtweg nur als Unsinn bezeichnen. Und während er gegen den Patriotismus predigte, verkündete Hitler, Deutschland brauche einen neuen Nationalismus. Bei seinen Vorträgen störten zunehmend sowohl Nazis als auch Kommunisten durch Zwischenrufe; in München wurde er sogar körperlich angriffen und musste durch den Hinterausgang seines Hotels fliehen. Am Silvesterabend des Jahres 1922 brannte nach einem Vortrag Steiners über die »Geistige Gemeinschaft der Menschheit« das Goetheanum nieder – ob Brandstiftung oder ein technischer Defekt die Ursache war, wurde nie geklärt. Knapp drei Jahre später, im März 1925, starb Steiner; die enormen Anforderungen seiner Anhänger und Bewunderer und seine ständigen Vorträge hatten seine Kräfte überfordert.

Rückblickend stellt sich die Frage, weshalb die Anthroposophie solch einen unglaublichen Erfolg verzeichnen konnte. Und die Antwort liegt auch hier in der Persönlichkeit ihres Begründers. In dem Buch »God is My Adventure« (Mein Abenteuer ist Gott), einem der Bestseller der dreißiger Jahre, beschreibt Rom Landau seine Reaktion auf einen Vortrag Steiners: »Um es ganz offen zu sagen, ich war ziemlich entsetzt. Seine tiefsitzenden Augen, das asketische Gesicht, das so freudlos wirkte wie eine Mondlandschaft, das pechschwarze Haar, das ihm in Strähnen über die bleiche Stirn fiel – all das strömte etwas Furchterregendes aus. Ich kann mich nicht erinnern, je einen Menschen getroffen zu haben, von dem etwas derart Unheimliches ausging.« Doch dieser Eindruck, räumt Landau später ein, wich bald einem Gefühl dessen, »wie menschlich und einfach er war«. Und es war eben diese Einfachheit, die seine Zuhörer so sehr beeindruckte. Dieser Mann konnte in groben Zügen die ganze Geistesgeschichte der Menschheit darstellen und über geistige Realitäten so vertrauensvoll sprechen wie jemand, für den solche Dinge zum Alltag gehörten. Er erklärte, ein großer Teil seines Wissens entstamme der »Akasha-Chronik« – etwa der unsichtbare Eindruck, den Ereignisse angeblich im »psychischen Äther« hinterlassen und der von den Eingeweihten in einer inneren Schau »erkannt« werden könne. Ferner behauptete er, er könne mit den Toten kommunizieren und die vergangenen Inkarnationen der Menschen sehen, mit denen er spreche. Doch all diese unglaublichen Aussagen wurden absolut ernst von einem Mann vorgetragen, der so ruhig und realistisch wirkte wie jemand, der einen Vortrag über Brückenbau hält.

Der Grund, weshalb ich hier auf Steiner eingehe, ist, dass er uns ganz unvermutet darauf aufmerksam macht, dass der Messias auch ein soziales Phänomen darstellt und gleichsam von den Bedürfnissen seiner Zeit auf den Plan gerufen wird. Im Jahre 1900 herrschte ein immenses Verlangen nach Wissen über Mystizismus, die Geistesgeschichte der Menschheit und die großen Religionsstifter, und auf dieser Welle ritt Steiner mit. Doch mit dem Ausbruch des Ersten Weltkrieges 1914 endete dieses Bedürfnis wie mit einem Donnerschlag. Und später gehörte die Zukunft einem anderen Propheten – Adolf Hitler mit seinen Ideen zur Bekämpfung der Arbeitslosigkeit und der Wiederherstellung des deutschen Nationalgefühls. Und plötzlich hatte Steiners Epoche ihr Ende erreicht, so abrupt und brutal, wie der Wohlstand der zwanziger Jahre mit dem Börsenkrach von 1929 geendet hatte.

Steiner aber war mittlerweile zu prominent und erfolgreich, um einfach friedlich von der Bühne der Geschichte abgehen zu können. In dieser Hinsicht hatte er weniger Glück als ein anderer »Guru« der Theosophie, Jiddu Krishnamurti, der zufällig auch zum Anlass für Steiners Bruch mit den Theosophen wurde.

Im Jahre 1909 hatte Reverend Charles Leadbeater, der Bibliothekar der Theosophischen Gesellschaft, am Strand bei Adyar in Indien einen sehr schönen 13-jährigen Knaben gesehen; das Kind war einer der acht Söhne eines indischen Beamten, der der Theosophischen Gesellschaft in Madras angehörte. Der Vater des Jungen erlaubte Leadbeater, Jiddu und seinen jüngeren Bruder Nitya zu adoptieren. Wie Steiner behauptete auch Leadbeater, die vergangenen Inkarnationen von Menschen zu erkennen, und er war sofort überzeugt davon, dass Jiddu die letzte Inkarnation des Weltenlehrers Maitreya sei (dessen letzte Inkarnation Jesus Christus gewesen war) und dass er ausersehen sei, die Menschheit im 20. Jahrhundert zu erlösen.

Annie Besant war nicht weniger beeindruckt, und so verhalf man Krishnamurti durch eine Stiftung zu finanzieller Sicherheit und schickte ihn nach Paris, wo er an der Sorbonne mit Hinblick auf seine Rolle als Retter der Menschheit ausgebildet wurde. Die deutsche Theosophische Gesellschaft unter der Führung Steiners war empört über diesen Schritt, ihr einfach einen neuen Messias vorzusetzen, und brach deshalb 1913 mit der Londoner Loge; von diesem Zeitpunkt an entwickelte sich die »Anthroposophie« unabhängig weiter.

Im Verlauf der nächsten 17 Jahre wurde mit Krishnamurti an der Spitze eine enorme Organisation namens »Orden des Sterns im Osten« aufgebaut; in Sydney ließ man sogar ein großes Stadion errichten, von dem aus er seine Botschaft an die Welt verkünden sollte. Weitere Stützpunkte entstanden im kalifornischen Ojai Valley sowie im Rishi Valley in Indien, und ein holländischer Anhänger stellte in seiner Heimat ein Schloss zur Verfügung. Das Ganze ist ein ernüchterndes Beispiel dafür, wie leicht ein Messias gefördert und dann einer passiven und erwartungsvollen Öffentlichkeit vorgesetzt werden kann.

Doch zum Schock und Entsetzen seiner Förderer gab Krishnamurti 1929 bekannt, er sei nicht der Messias und werde von nun an als normaler Mensch unter normalen Menschen leben. In seiner »Abdankungsrede« erklärte er: »Ich bin der Meinung, dass die Wahrheit ein Land ohne Pfade ist und auf keinem Weg, durch keine Religion und mit Hilfe keiner Sekte erreicht werden kann ... Ich will keine Anhänger.« Letzteren riet er, jegliche religiösen Praktiken aufzugeben und die Erleuchtung in sich selbst zu suchen.

Eine andere Version dieser Geschichte stammt von Rom Landau, der darauf verweist, sie von dem Philosophen P. D. Ouspensky gehört zu haben. Ouspensky behauptete, Leadbeater und Annie Besant seien der Überzeugung gewesen, dass jeder begabte junge Mann, der zum Messias erzogen werde, sich auch zu einem solchen entwickeln würde und man Krishnamurti gewählt hatte, weil er ihnen als ein passender Kandidat erschienen sei.

Landau selbst jedoch, der an einer Versammlung von Theosophen im holländischen Schloss Eerde teilnahm, fand Krishnamurti enttäuschend. »Seine Vorträge waren zu vage, um mir klare Antworten auf meine Fragen zu geben. Jeder solle die Wahrheit für sich selbst finden, auf niemanden hören als auf sich selbst und die Vereinigung mit dem Glück als sein wahres Ziel betrachten. Aber als ich fragte, wie man dies erreichen könne, erhielt ich keine eindeutigen Antworten ... Wenn man ihn zu persönlichen Problemen oder religiösen Dingen befragte ... dann sprach er über Berggipfel und über Flüsse, die durch Felder fließen.«

Trotz oder vielleicht gerade wegen seiner Abdankung blieb Krishnamurti auch weiterhin beliebt und hielt bis zu seinem Tod im Jahr 1992 Vorträge vor großen Zuhörerscharen. Er verfasste zudem zahlreiche Bücher, und Autoren, die über ihn schrieben, bezeugten seinen Charme und seine charismatische Ausstrahlung.

Sicherlich könnte man nun argumentieren, Krishnamurti sei – im Gegensatz zu Steiners messianischen Ansprüchen – der Prototyp des echten Gurus gewesen. Krishnamurti beruft sich auf keine Offenbarung; er spricht aus der eigenen Erfahrung und rät seinen Zuhörern, die Wahrheit in sich selbst zu suchen und sich nicht auf eine Religion zu verlassen. Dies alles wäre womöglich überzeugender gewesen, wenn er seine Botschaft klarer formuliert hätte. Doch leider behielt Rom Landaus Klage, dass Krishnamurtis Lehre zu vage sei, dessen ganzes Leben lang Gültigkeit. Der Kern seiner »Lehre« lässt sich in der Tat nur sehr schwer fassen. Der wesentlichste Punkt ist, dass die Menschen mehr in einer privaten, in sich geschlossenen Welt in ihrem eigenen Kopf leben als in der realen Welt. Wir sollten uns aber auf die reale Welt des gegenwärtigen Augenblicks einlassen.

Diese Lehre scheint dem Taoismus – welcher besagt, man solle eiferndes Bemühen aufgeben und natürlich leben – und der Philosophie des Zen nahe zu stehen. Was Krishnamurti meinte, lässt sich nachvollziehen, wenn wir unsere Sinne schulen, sodass sie hellwach und empfänglich sind für Eindrücke, Szenen und Menschen und das Gefühl, dass alles wichtig ist.

Steiner und Krishnamurti bilden einen interessanten Kontrast. Steiner akzeptierte die Rolle des Messias, die ihm angetragen wurde, obwohl er eigentlich ein bescheidener Mensch war, und starb schließlich an Überarbeitung. Krishnamurti sah die Gefahren, die mit seiner Rolle als Weltenlehrer einhergingen, voraus und entging ihnen entschlossen. Aber wie Steiner starb auch er an Überarbeitung. Es ist nicht leicht für den Guru, den Forderungen seiner Jünger auszuweichen. Ein Universitätsprofessor kann sich außerhalb des Vorlesungssaals entspannen und sein eigenes Leben führen; der Guru aber hat das Recht auf ein Privatleben verwirkt.

Es ist nun aber an der Zeit, wieder ins Reich der falschen Erlöserfiguren zurückzukehren.

Edward Arthur Wilson, einer der sonderlichsten Gurus des 20. Jahrhunderts, wurde als »Bruder Zwölf« bekannt. Die Presse nannte ihn auch gern den »Aleister Crowley von British Columbia«. Seine Geschichte wirft abermals die faszinierende Frage auf, wie die Trennlinie zwischen einem echten Lehrer und einem Scharlatan zu ziehen ist.

Wilson wurde 1878 im englischen Birmingham geboren. Seine Eltern waren so genannte »Irvingianer«, Anhänger des schottischen Geistlichen Edward Irving, der 1822 Priester der Caledonian Church in London wurde. Überzeugt von der bevorstehenden Wiederkunft Christi auf Erden, löste er in seiner Kirchengemeinde mit anschaulichen und bildlichen Predigten vom Ende der Welt eine ungewöhnliche religiöse Inbrunst aus. Als seine Anhänger 1830 einmal um ein Zeichen oder Wunder beteten, begannen viele von ihnen »in Zungen zu reden« – das heißt, in seltsamen Sprachen, manchmal auch mit Worten oder Lauten ohne Bedeutung oder in Sprachen, die der betreffende Sprecher gar nicht kannte. Die »Stimmen« sagten Irving, er sei der neue Jesaja und werde in vierzig Tagen die Kraft erhalten, Wunder zu vollbringen. Doch die vierzig Tage gingen vorüber, und nichts geschah. Die Folge war eine allgemeine Desillusionierung; 1833 wurde Irving seines Amtes enthoben, im Jahr darauf starb er an Tuberkulose.

Trotz dieser Enttäuschung aber blieben zahlreiche »Irvingianische« Kirchengemeinden weiter bestehen, und das Phänomen des »Redens in Zungen« wurde beinahe zu etwas Alltäglichem. Wilson und seine beiden Schwestern wurden in einer streng religiösen Atmosphäre erzogen; sein Vater, ein wohlhabender Geschäftsmann, versammelte die Familie jeden Morgen und Abend zum Gebet. Der wesentliche Glaubensgrundsatz der Irvingianer (die sich selbst lieber als »Katholische Apostolische Kirche« bezeichneten) besagte, dass der Jüngste Tag und die Wiederkunft Christi noch vor dem Ende des 19. Jahrhunderts eintreffen würden.

Wilson wurde zu der Zeit geboren, als Madame Blavatsky gerade zu internationalem Ruhm gelangte, und anscheinend zog er in späteren Jahren die Theosophie eindeutig dem Glauben der Irvingianer vor. Wie Steiner behauptete auch er, schon seit seiner Kindheit mit unsichtbaren Wesen in Verbindung zu stehen. »Ich habe oft von hoch entwickelten Wesen Besuch erhalten«, schrieb er, »die mir immer Trost, Hilfe oder Rat zukommen ließen. Anfangs dachte ich, es seien ›Engel‹, aber als ich älter wurde ... erfuhr ich von den Meistern und ihrem Werk für die Menschheit.«

Als Jugendlicher fuhr Wilson zur See – er war auf einem Schiff der Royal Navy ausgebildet worden – und reiste sechs Jahre lang um die ganze Welt; einmal arbeitete er sogar auf einem Sklavenschiff, das gefangene Afrikaner transportierte. 1902 heiratete er im Alter von 24 Jahren in Neuseeland, doch nach zehn Jahren verließ er seine Frau und zwei Kinder mit der Begründung, er verspüre ein übergroßes Bedürfnis, sich selbst zu finden. Ferner behauptete er, seit 1912 zweifelsfrei gewusst zu haben, dass er sein Leben einer großen Aufgabe widmen müsse. Dennoch reiste er weitere zwölf Jahre rund um den Globus und hielt sich vor allem in Afrika, Südamerika und der pazifischen Inselwelt auf. Im Oktober 1924 schließlich lebte er ärmlich in einem kleinen südfranzösischen Dorf, und dort hatte er eine »Vision«, die sein Leben verändern sollte.

»Es ging mir nicht gut, deshalb war ich schon früh zu Bett gegangen. Dann wollte ich mir noch etwas Milch zum Trinken holen, also zündete ich die Kerze an, die auf einem Tischchen neben meinem Bett stand. Als sie brannte, sah ich sofort hinter dem Ende meines Bettes, auf halber Höhe in der Luft, ein Tau hängen. Ich dachte: ›Das ist ja eigenartig; es muß etwas Seltsames auf der Netzhaut des Auges sein, das durch das plötzliche Entzünden der Kerze entstand. Wenn ich die Augen schließe, wird es deutlicher werden.‹

Ich schloss also die Augen wieder, sah aber nichts. Als ich sie jedoch erneut öffnete, hing das Tau am selben Ort, war jetzt jedoch viel deutlicher zu sehen; es war wie ein sanftes, goldenes Feuer, und es leuchtete und strahlte wunderbar. Dieses Mal befand sich gleich unter dem Tau, etwas nach rechts verschoben, ein fünfzackiger Stern. Ich schloß die Augen noch einmal, aber es war wieder nichts auf der Netzhaut. Und als ich sie öffnete, war die Vision immer noch da, doch nun schien sie Feuer auszustrahlen. Ich beobachtete sie einige Zeit, dann verblaßte sie allmählich und entschwand langsam meinem Blick.«

Was Wilson gesehen hatte, war das ägyptische »Ankh«, das Symbol der Unsterblichkeit, und am nächsten Tag schrieb er auf, der fünfzackige Stern sei seiner Meinung nach das Symbol für die Adeptenschaft. Am Tag darauf hörte er eine Stimme bestimmte Worte wiederholen, die er für Kennwörter hielt. Wieder einige Tage später, als er nachts im Bett lag, trat plötzlich eine eigenartige Stille ein, und er hatte das Gefühl, »auf einen immensen Korridor der Zeit zu blicken, einen Gang ohne Dach, der von Abertausenden Säulen gesäumt wurde. Es war, als würde ich gleichzeitig in Zeit und Raum blicken.« Dann hörte er die Stimme wieder; sie sprach ihn an mit den Worten »Du, der die Krone von Ober- und Unterägypten getragen hat«, und befahl ihm, sein Herz vorzubereiten, »denn die Mächtigen brauchen dich«.

Daraufhin entwickelte Wilson die Fähigkeit des »automatischen Schreibens«. Er konnte sich in einen tranceähnlichen Zustand versetzen, bei dem sich seine Hand rasch über die Seite bewegte. Das Büchlein, das ihm auf diese Weise diktiert wurde, trug den Titel »The Three Truths« (Die Drei Wahrheiten). Es erklärte die Unsterblichkeit der Seele, dass das Leben spendende Prinzip jedem Menschen innewohnt, aber nur von dem wahrgenommen werden kann, der es wünscht, und dass »jeder Mensch sein eigener absoluter Gesetzgeber« sei. Danach wurde ihm mitgeteilt, er sei nun ein Jünger des Meisters, der in der Großen Weißen Loge der Zwölfte Bruder sei, und heiße von nun an »Bruder Zwölf«.

Eine Bekannte Wilsons aus der damaligen Zeit sagte: »Er war einer der faszinierendsten Menschen, die ich je gekannt habe. Sein

Wissen über die Religionen der Welt war unglaublich. Er korrespondierte mit geistigen und politischen Führern auf der ganzen Welt und kannte viele Prominente.«

Im Mai 1926 traf Wilson in London ein und stellte fest, dass er dort bereits bekannt war. Ein Artikel, den er von Genua aus an die Zeitschrift *Occult Review* geschickt hatte, war von einem breiten Publikum gelesen und eingehend diskutiert worden. Darin hatte er vorausgesagt, dass im Jahre 1975 ein neuer geistiger Zyklus beginnen werde, doch in dem halben Jahrhundert davor »erstreckt sich ein wahrer Abgrund des Grauens, durch den sich die arme Menschheit kämpfen muss, so gut sie es kann«. Rückblickend scheint dies eine exzellente Prophezeiung gewesen zu sein, doch ein Skeptiker wird dazu bemerken, dass Voraussagen von Horror und Katastrophen zum üblichen Repertoire von Messias-Figuren gehören und dass das Jahr 1975 kein neues Zeitalter geistiger Erleuchtung brachte.

Harry Strutton, der Herausgeber der *Occult Review*, war von Wilson beeindruckt; er beschrieb ihn als einen »geborenen Seher« und war von seinem Manuskript »A Message from the Masters of Wisdom« (Eine Botschaft von den Meistern des Wissens) so sehr angetan, dass er es veröffentlichte. Darin wurden die Prophezeiungen von Zerstörung und von der Freiwerdung böser Kräfte wiederholt, aber auch angekündigt, dass die Meister des Wissens weiterhin ihr Werk in der Welt verrichten würden. Das Ergebnis werde ein »Großes Werk« sein, das im Jahr 2000 sichtbar werde.

Ein weiterer Artikel Wilsons mit dem Titel »The Tocsin« (Die Alarmglocke) veranlasste viele Leser – unter anderem auch Sir Arthur Conan Doyle –, den Autor der Panikmache zu bezichtigen. Darin hieß es, der Spiritismus habe mit seiner Einmischung in die »andere Welt« die Grenze zu dieser ausgedünnt und damit bösen Geistern ermöglicht, in unser Universum einzudringen. Doch der Aufsatz hatte auch zahlreiche bewundernde Leserbriefe und Anfragen für »A Message from the Masters of Wisdom« zur Folge. Eine davon kam von dem Astrologen und Theosophen Alfred Barley, der sich mit der Theosophischen Gesellschaft (die zu dieser Zeit noch Krishnamurti als den künftigen Weltenlehrer betrachtete) überworfen hatte. Er und seine Frau Annie statteten Wilson einen Besuch ab, bei dem sie erfuhren, dass die »Aquarian Foundation« (Wassermann-Stiftung) – so nannte Wilson seine Organisation – nach British Columbia in Kanada umziehen werde; dort wolle Bruder Zwölf einen Zufluchtsort für die kommende Katastrophe errichten. Diesen Ort, so hatte Wilson in einem Brief an Mitglieder der Stiftung erklärt, habe sein Meister ausgewählt. Die Barleys verkauften daraufhin sofort ihr Hab und Gut und bereiteten sich darauf vor, Bruder Zwölf nach Kanada zu folgen.

Im März 1927 verblüffte Wilson die Theosophische Gesellschaft in Ottawa mit der Mitteilung, er sei von Brüdern der Großen Weißen Loge beauftragt worden, deren Entsprechung auf Erden zu schaffen, und er lade sie dazu ein, Mitglieder zu werden. »Die noch verbleibende Zeit ist erschreckend kurz«, drängte er und fügte hinzu: »Ihr seid Ritter des Grals oder der Tafelrunde. Ihr seid eurem Höheren Selbst verpflichtet, Sein Leben zu führen, das Höhere Leben.« Die meisten Mitglieder der Theosophischen Gesellschaft von Ottawa schlossen sich daraufhin der Aquarian Foundation an. Dieselbe enthusiastische Aufnahme fand Wilson in Toronto, und er wiederholte seinen Erfolg auch in Hamilton, London und Windsor; in der letzteren Stadt fand er auch einen Verleger. Dann fuhr er mit dem Zug an die Pazifikküste und weiter nach Nanaimo, einem Ort auf der Insel Vancouver. Dort wurde Edward Lucas sein Anhänger, ein Anwalt aus Vancouver, der schrieb: »Ich habe einen Boten getroffen ... einen persönlichen Botschafter der Großen Weißen Loge.«

Wilsons Charme bezauberte alle. Wie Steiner schien er bescheiden und absolut frei von Egoismen zu sein, doch er sprach mit der tiefen Überzeugung eines Menschen, der Visionen gesehen und Stimmen gehört hatte. Er war ein schlanker, nicht sehr großer Mann mit einem Spitzbärtchen und grauen Augen, aber er strahlte eine unbedingte Autorität aus. Alles an ihm war eindrucksvoll, und dennoch schien er ein »Gleicher unter Gleichen« zu sein, der jeglicher persönlicher Eitelkeit ermangelte. Wer mit der Vorstellung zu ihm kam, einen Scharlatan anzutreffen, der verließ ihn angenehm überrascht und überzeugt. Lucas erklärte später, er habe ein großes Bedürfnis verspürt, Wilson zu beschützen, sowie »ein starkes Aufwallen von Liebe, wie ich es seit Jahren nicht mehr erlebt hatte«. Einem anderen Gastgeber Wilsons gelang jedoch auch ein kurzer Blick auf die Kehrseite seines Charakters. Wilson hatte ihm ein signiertes Foto geschenkt, das der Mann einigen Freunden geliehen hatte. Als Wilson dies erfuhr, bekam er einen Wutanfall und verlangte das Bild zurück mit dem Hinweis, niemand außer ihm selbst dürfe sein Foto weggeben.

Dann reiste er nach Kalifornien, wo er Will Comfort traf, einen bekannten Autor von Abenteuerromanen. Comfort war beeindruckt davon, wie Wilson in der Empfangshalle eines Hotels eine Rede hielt, während nebenan lautstark eine Hochzeit gefeiert wurde, sodass man ihn kaum hören konnte. Er zeigte keinerlei Anzeichen von Ärger, sondern redete unbeirrt; als der Lärm allmählich abklang, wurde ersichtlich, dass jeder seiner Zuhörer ganz auf ihn konzentriert war.

Nicht minder imponierte Comfort, wie gut Wilson Kritik akzeptierte und einen Artikel, den er für eine New Yorker Zeitung geschrieben hatte, geduldig dreimal umformulierte. Comfort bemerkte, Wilson sei »ein Mann, der vergessen hat, wie man aufhört«. Die Reise nach Kalifornien war ein immenser Erfolg. »Alle liebten ihn«, schrieb Comforts Frau Jane. »Er war anregend und weise, und er redete immer mit Bedacht und großer Sensibilität.« Doch nachdem Wilson nach Kanada zurückgekehrt war, erhielt sie einen eigenartigen Brief von einer jungen Frau, die ihn in ihrem Wagen mit nach San Francisco zurückgenommen und dann eingeladen hatte, im Haus ihrer wohlhabenden Mutter zu übernachten. Sie hatten bis zum frühen Morgen über Astrologie gesprochen, bis er ihr plötzlich vorgeschlagen habe, sie sollten zusammen ein Kind zeugen, einen zukünftigen Adepten, der sein Werk einmal weiterführen werde. Er hatte sogar den genauen Augenblick der Empfängnis errechnet. Die Frau lehnte dieses Angebot höflich ab und bezeichnete Wilson gegenüber Jane Comfort als einen Betrüger. Deren Glauben an ihn blieb jedoch unerschüttert.

Diese Geschichte ist interessant, scheint sie doch anzudeuten, dass Wilson womöglich durch Sex zu Fall kommen würde – ob er nun ein echter Mystiker war oder nicht.

Eine Gruppe aus England traf in British Columbia ein, darunter die Barleys und eine Schottin, die sich Elma Wilson nannte. Jahre zuvor hatte sie Edward Wilson geholfen, eine schwere Krankheit zu überstehen, und war seine Partnerin geworden, wenngleich sie nie geheiratet hatten. Wilson versicherte seinen Anhängern, seine Beziehung zu Elma habe nichts mit Sex zu tun.

Für ihre neue Kolonie fanden sie einen wunderschönen Ort bei Cedar-by-the-Sea auf Vancouver Island, wo sie billig über fünfzig Hektar Land kaufen konnten. Es wurden sieben Gouverneure ernannt und alle Mitglieder aufgefordert, sich am Bau des Zentrums zu beteiligen. Speziell für Wilson wurde an einem abgeschiedenen Ort im Wald auch noch ein »House of Mystery« gebaut, wo Bruder Zwölf mit den Meistern kommunizieren und ihre Worte niederschreiben konnte. Dort fastete er sieben Tage lang; allerdings sahen einige Anhänger ihn während dieser Zeit auch im Wald spazieren gehen, obwohl er eigentlich in Trance hätte sein sollen. An seinem 49. Geburtstag versammelte sich schließlich die gesamte Kolonie unter einer großen Eiche, und Wilson hielt eine inspirierende Rede, die alle mit einem Gefühl ekstatischer Hingabe erfüllte.

Bald darauf erklärte er seinen Anhängern, die Welt befinde sich in der Gewalt eines »Reichs des Bösen«, das der Menschheit schon lange vor Atlantis Probleme bereitet und den Bolschewismus hervorgebracht habe. Jüdische Finanziers seien die Diener dieses Reiches des Bösen, und eine weitere seiner Manifestationen sei die katholische Kirche. Das Ziel des Reichs des Bösen sei die Weltherrschaft – damit nahm Wilson offenbar Orwells »1984« vorweg –, doch diese werde im entscheidenden Augenblick von den Kräften des Lichts vereitelt, die nun von der Aquarian Foundation angeführt würden. Ihre sechs Gouverneure (der siebte war Wilson selbst) würden nun beginnen, mit Hilfe der Schwingungen der Bruderschaft ein erhöhtes Bewusstsein zu erfahren. Tatsächlich erlebten in der Folge alle Mitglieder Visionen und eine Zunahme ihrer »geistigen Kräfte«.

Schon bald war genügend Geld zusammen, um auch auf einer Nachbarinsel, Valdes Island, ein Stück Land zu kaufen. Wilson schlug vor, dort ein Kloster zu bauen; am Tag der Zerstörung werde es ihr aller Zufluchtsort sein.

Dann kündigte Bruder Zwölf an, die Machenschaften der katholischen Kirche hätten ihn davon überzeugt, dass er politischen Einfluss gewinnen müsse. Der Gouverneur des US-Bundesstaats New York, Al Smith, war Katholik und Präsidentschaftskandidat. Doch wenn die Vereinigten Staaten von einem katholischen Präsidenten regiert würden, käme dies, so Wilson, einem ungeheuren Sieg für das Reich des Bösen gleich. Wie Rudolf Steiner dachte auch er, die Antwort läge in der Gründung einer eigenen politischen Partei – der »Dritten Partei«. Allerdings ging er dabei pragmatischer vor als Steiner. Zusammen mit Philip Fisher, einem weiteren Gouverneur, reiste er nach Washington, DC, und versuchte, Abgeordnete des Kongresses für seine Ideen zu gewinnen, darunter Thomas Heflin, den inoffiziellen Sprecher des Ku-Klux-Klan. Fasziniert von dem Gedanken, Präsident zu werden, kündigte Heflin an, er werde einen protestantischen Kreuzzug unternehmen, um zu verhindern, dass Katholiken politischen Einfluss gewinnen konnten. Wilson gründete eine »Liga zum Schutz des Protestantismus«, die Heflin unterstützte und ihren Migliedern versicherte, zwanzig Millionen Neger – angestachelt von den Juden – würden im Süden des Landes eine Rebellion planen, um den Kommunismus zu verbreiten. Die Juden wiederum, so behauptete er, hofften darauf, einen Rothschild zum Welt-Messias zu machen.

Im Juli 1928 fuhr Wilson zum Kongress der Dritten Partei nach Chicago und tat sein Bestes, eine Koalition dreier Splitterparteien – einschließlich der Prohibitionisten – mit der Dritten Partei zu erreichen, doch seine Bemühungen schlugen fehl. Niemand interessierte sich für sein religiöses Programm. Sieger des Wahlkampfes wurde der republikanische Kandidat Herbert Hoover, den Wilson ebenso sehr ablehnte wie Al Smith. Sein Plan, die »graue Eminenz« hinter dem Präsidenten der USA zu werden, war zerplatzt wie eine Seifenblase.

Aber er gewann dennoch etwas aus seiner erfolglosen Reise nach Chicago. Im Zug hatte er eine geschiedene Frau namens Myrtle Baumgartner kennen gelernt, und noch bevor sie Chicago erreichten, teilte sie sein Schlafwagenabteil mit ihm. Wilson sagte ihr, sie seien schon im alten Ägypten ein Liebespaar gewesen, und zwar Isis und Osiris. Und er unterbreitete ihr denselben Vorschlag, den er auch gegenüber der jungen Frau in San Francisco vorgebracht hatte: dass sie zusammen ein Kind haben sollten, welches der zukünftige Messias sein würde. Sie akzeptierte begeistert. Auf der Rückreise von Chicago legte Wilson in Toronto einen Zwischenstopp ein, um Mary Connally, ein wohlhabendes Mitglied der Aquarian Foundation, zu besuchen. Sie war von seiner letzten Veröffentlichung, »Foundation Letters and Teachings« (Briefe und Lektionen der Stiftung), so sehr beeindruckt gewesen, dass sie zweitausend Dollar gespendet hatte. Die elegante, zweimal geschiedene Sechzigjährige war von Bruder Zwölf hingerissen und versprach ihm eine weitere große Spende; zu gegebener Zeit erhielt er von ihr einen Scheck über 23 000 Dollar.

Wilson und Myrtle kamen mitten in der Nacht in Cedar an, und sie wurde sofort nach Valdes Island geschickt, wo sie den Messias zur Welt bringen sollte. Ihr Aufenthalt blieb geheim; niemand wusste etwas von ihr außer drei Anhängern, die gebeten wurden, bei ihr zu bleiben und alles für die Entbindung vorzubereiten. Doch es erwies sich als unmöglich, das Geheimnis über längere Zeit zu wahren. Als es aufflog, erklärte Wilson den schockierten Anhängern – einschließlich seiner Lebensgefährtin Elma –, dass er und Myrtle »Seelenverwandte« seien und die Meister ihm befohlen hätten, mit ihr zu schlafen, damit sie Horus, den zukünftigen Weltenlehrer, zur Welt bringen könne. Doch als Anhänger hörten, wie Myrtle und Bruder Zwölf sich im heiligen »Haus des Mysteriums« ihrer »geistigen« Verbindung erfreuten, warteten sie davor und stellten die beiden zur Rede, sobald sie das Haus verließen. Bruder Zwölf verteidigte sich energisch und erklärte, ihre Beziehung finde auf einer »höheren geistigen Ebene« statt. Doch die Anhänger waren zutiefst beunruhigt; selbst ein Artikel von Bruder Zwölf, in dem er seine neue Doktrin der Heirat erklärte – dass sie nämlich nicht das Eigentumsrecht eines Partners am anderen verleihe –, konnte ihre Zweifel nicht zerstreuen.

Will Comfort hatte wegen Wilsons radikal antikatholischer Haltung bereits sein Amt als Gouverneur niedergelegt; jetzt überlegten mindestens zwei weitere, seinem Beispiel zu folgen. Noch besorgter wurden sie, als sie erfuhren, dass Wilson ein Boot für fünftausend Dollar bestellt hatte, damit er leichter nach Valdes Island kam – die Gouverneure mussten alle Ausgaben gutheißen.

Unter diesem Sperrfeuer der Kritik begann Wilson die Anzeichen von Paranoia zu zeigen, die für einen falschen Messias so typisch sind. Arbeiter auf Valdes Island berichteten, er bekomme wegen Kleinigkeiten Wutausbrüche und gebe häufig widersprüchliche Anweisungen. Die anderen sechs Gouverneure trafen sich schließlich heimlich in Lucas' Kanzlei in Vancouver, um die Lage zu diskutieren. Einige schlugen vor, Wilson in eine Heil- und Pflegeanstalt zu bringen; andere wollten sich mit einer Auflösung der Aquarian Foundation zufrieden geben. Drei Tage später stellten die Gouverneure Wilson zur Rede und brachten ihre Kritikpunkte vor, darunter auch den »Punkt« Myrtle Baumgartner. Bruder Zwölf war entrüstet; er bezichtigte sie des Verrats und lehnte eine Auflösung der Stiftung kategorisch ab. Lucas konnte ihn schließlich davon überzeugen, dass er keine Wahl hatte. Als Wilson erfuhr, dass das Vermögen der Stiftung – etwa 45 000 Dollar – unter den Gouverneuren aufgeteilt werden müsse, brauste er erneut auf und erklärte, die 23 000 Dollar, die er von Mary Connally erhalten habe, gehörten ihm allein. Dann verfasste er einen Rundbrief an alle Mitglieder, in dem er die Gouverneure als Verräter bezeichnete und um Hilfe bat.

Ende September 1928 hob Robert England, einer der Gouverneure, 2 800 Dollar vom Bankguthaben der Stiftung ab und verschwand. Er hatte ein lächerliches Gehalt für seine Arbeit in der Stiftung bezogen, das Geld betrachtete er daher als ausstehenden Lohn und somit sein rechtmäßiges Eigentum. Unglücklicherweise aber hatte er es von den 23 000 Dollar genommen, die Mary Connally Wilson privat überlassen hatte. Das lieferte diesem den Grund, England verhaften und ins Gefängnis werfen zu lassen.

Doch der Niedergang der Stiftung nahm Wilson so sehr mit, dass er einen Nervenzusammenbruch erlitt und das Bett hüten musste. Einer seiner Gouverneure, Philip Fisher, zeigte Symptome einer Geisteskrankheit und erklärte, die Meister hätten ihn zum nächsten Leiter der Stiftung ernannt; er wurde schließlich in eine Anstalt eingewiesen. Myrtle Baumgartner steigerte das allgemeine

Chaos durch eine Fehlgeburt, was die Zweifler natürlich noch bestärkte – wenn die Meister diese Liaison angeblich guthießen, weshalb hatte sie dann so geendet? (Nach einer zweiten Fehlgeburt verließ Myrtle die Kolonie.) Wilson aber war entschlossen, sich zur Wehr zu setzen. Als vier der Gouverneure versuchten, die Stiftung aufzulösen, platzte er in die Versammlung mit vier neuen Gouverneuren, die er soeben ernannt hatte – darunter das Ehepaar Barley –, und überstimmte sie. Die Gouverneure schlugen zurück mit der Anschuldigung, Wilson habe sich 13 000 Dollar aus dem Vermögen der Stiftung widerrechtlich angeeignet. Es erging ein Haftbefehl gegen ihn, und auf der Fähre nach Vancouver wurde er festgenommen. Doch nach Zahlung einer Kaution von 30 000 Dollar war er wieder auf freiem Fuß, kehrte nach Cedar zurück und schwor Rache. Noch wütender wurde er, als er am nächsten Tag feststellte, dass die aufständischen Gouverneuere eine einstweilige Verfügung beantragt hatten, um das Vermögen der Stiftung einzufrieren. Nach einem weiteren Gerichtstermin erlitt Wilson einen leichten Herzinfarkt.

Die Affäre wurde in der lokalen Presse publiziert, und daraufhin gelangten neue Tatsachen ans Licht. Wilson hatte immer behauptet, die Brüder der Großen Weißen Loge hätten Vancouver Island als Ort für die Kolonie ausgewählt; er selbst sei dort nie gewesen. Doch in der Folge der Veröffentlichungen in der Presse erklärten nun eine Reihe von Leuten, Wilson sei sehr wohl schon einmal hier gewesen, lange bevor er »Bruder Zwölf« geworden war. Er habe als Gepäckträger und Lastwagenfahrer gearbeitet, seine Stellung aber gekündigt, als ihm eine Lohnerhöhung um zwei Dollar verweigert wurde. Eine Frau, deren Vater einen Reitstall betrieb, erinnerte sich, dass Wilson auch dort gearbeitet hatte und darüber hinaus im Theater des Ortes aufgetreten sei, wo er als Hypnotiseur außerordentliche Kräfte demonstriert habe.

In ganz Kanada und den Vereinigten Staaten waren die Anhänger von Bruder Zwölf in größter Verwirrung: Es schien einfach unverständlich, dass ein Mann von so offenkundiger Rechtschaffenheit des Diebstahls bezichtigt wurde. Mary Connally nahm die lange Reise von Asheville in North Carolina auf sich, um vor Gericht zu bezeugen, dass sie ihm 23 000 Dollar zum eigenen Gebrauch gegeben hatte, wenngleich sie den Scheck auf die Stiftung ausgestellt hatte. Der Richter war überzeugt; anstatt Wilson dem zuständigen Gericht zur Hauptverhandlung zu überstellen, erlegte er ihm lediglich auf, sich für einen späteren Termin zur Verfügung zu halten. Auch die nächste rechtliche Auseinandersetzung konnte Wilson für sich entscheiden: Die einstweilige Verfügung bezüglich des Vermögens der Stiftung wurde aufgehoben. Im Streit mit Robert England musste er allerdings eine Niederlage hinnehmen. Dieser war mysteriöserweise zu der Verhandlung nicht erschienen, wurde aber freigesprochen. (Tatsächlich hat niemand England je wieder gesehen; sein Verschwinden bleibt ein Rätsel.) Am nächsten Tag sprach dieselbe Jury Wilson von der Anklage frei, das Geld der Stiftung gestohlen zu haben. Der Richter war der Ansicht, es handle sich bei dem Fall lediglich um einen Streit der Sektenmitglieder untereinander.

Die gläubigen Anhänger selbst hegten jedoch keinen Zweifel, dass es um etwas weitaus Ernsteres ging. Sie alle waren der festen Überzeugung, dass Wilson mit den Meistern kommunizierte und über magische Kräfte verfügte. Er selbst hatte ihnen oft gesagt, er könne seinen Körper verlassen, wann immer er es wolle, und an jeden Ort der Erde reisen. England hatte jedoch versucht, die unheilvollen Veränderungen, die sich in Bruder Zwölf ereignet hätten, als das Machwerk böser Kräfte auf der Astralebene zu erklären: Er beschrieb eine Vision, in der er einen behelmten Mönch mit einer bösen Fratze sah, der hinter Bruder Zwölf stand, und zwei Anhänger hatten unweit des »Hauses des Mysteriums« eine Gestalt mit schwarzer Kutte und »einem Gesicht wie aus geschwärztem Leder« gesehen. Was sie verwirrte, war lediglich die Frage, weshalb Wilson seine übersinnlichen Kräfte nicht in seinen rechtlichen Auseinandersetzungen zu seiner Hilfe heranziehen konnte.

Diese Frage wurde jedoch auf dramatische Weise bei Wilsons nächstem Gerichtstermin beantwortet. Er war auf den 6. Dezember 1928 anberaumt worden und gemessen an seinen früheren Fällen eine Lappalie. Ein Anhänger aus Los Angeles namens James Lippincott hatte auf Valdes Island viel Arbeit geleistet und erklärte,

Wilson habe ihm dafür 25 Morgen Land versprochen; da das Versprechen nicht eingehalten worden sei, verlange er stattdessen jetzt 450 Dollar. Wilsons Gegenargument war, dass Arbeiten für die Stiftung freiwillig und unbezahlt seien und er gar nichts versprochen habe.

Nach Lippincott betrat Coulson Turnbull, ein ehemaliger Gouverneur, den Zeugenstand. Er war einer der Anhänger gewesen, denen Wilson das Geheimnis von Myrtle Baumgartners Anwesenheit auf Valdes Island anvertraut hatte, und er hatte während Myrtles Schwangerschaft mit seiner Frau dort gewohnt. Seine Aussage hinsichtlich Wilsons Versprechen gegenüber Lippincott war deshalb von großem Gewicht. Doch als Turnbull sich zu sprechen anschickte, begann er auf einmal, heftig zu zittern. Im nächsten Augenblick stöhnte er auf und fiel zu Boden. Plötzlich rutschten im Saal einige Leute von den Bänken; offenbar hatten sie ebenso wie Turnbull einen Ohnmachtsanfall erlitten. Der allerdings schlug nun auf der Erde um sich, als kämpfe er mit einem unsichtbaren Angreifer.

Einige Minuten später war der Richter an der Reihe; als er zu sprechen versuchte, brachte er nicht mehr als ein Knurren heraus. Nur mit großer Anstrengung schaffte er es schließlich zu verkünden, dass die Verhandlung unterbrochen werde. Turnbull wurde mit Riechsalzen wieder belebt und aus dem Gebäude gebracht.

Als der Prozess fortgesetzt wurde, stand Lippincotts Anwalt auf, um seine Beweise vorzulegen. Doch er kam schon nach den ersten Worten nicht mehr weiter und stand stumm, mit bestürzter Miene, da. Schließlich murmelte er: »Das ist lächerlich. Ich habe vergessen, was ich sagen wollte.« Auch gut meinende Worte des Richters konnten seinem Gedächtnis nicht auf die Sprünge helfen; er ging auf seinen Platz zurück. Der Richter sah sich gezwungen, zu Gunsten von Wilson zu entscheiden, denn er hatte keinen Beweis dafür gehört, dass Lippincott ein Lohn versprochen worden sei. Als Bruder Zwölf schweigend das Gerichtsgebäude verließ, rutschte sein Chauffeur auf den Stufen aus, stürzte und renkte sich die Schulter aus. Dies überzeugte sowohl die gläubigen Anhänger von Bruder Zwölf als auch andere davon, dass er eine übersinnliche Kraft angerufen hatte, die außer Kontrolle geraten war. Zwei seiner britischen Anhänger flohen in der folgenden Nacht.

Die Frage der Stiftungsauflösung ging nun vor das vom Premierminister geführte Kabinett von British Columbia. Wilson brachte seine Argumente persönlich vor und betonte dabei – mit einigem Recht –, dass er der alleinige Urheber und Planer der Aquarian Foundation gewesen sei und die anderen kein Recht hätten, sein Lebenswerk aufzulösen. Der Premierminister versprach, bald zu einer Entscheidung zu kommen. Doch einmal mehr wandte sich ein böses Schicksal gegen Bruder Zwölf. Einer seiner Anhänger, Thomas Smith, wurde beschuldigt, eine Kinoplatzanweiserin namens Gladys Barlow vergewaltigt zu haben. Smith war ein Geschäftsmann aus Los Angeles, der erst im Frühjahr zuvor in die Kolonie gekommen war. Vor kurzem war er von seiner Frau geschieden worden, da sie ihm Brutalität vorgeworfen hatte. Bei einer Tanzveranstaltung hatte er die 22-jährige Gladys kennen gelernt und sich in seinem Auto heftig mit ihr vergnügt; allerdings hatte sie sich geweigert, mit ihm zu schlafen. Smith bat sie, ihn zu heiraten; sie lehnte jedoch ab und beendete die Beziehung. Nach drei Monaten in Los Angeles kehrte Smith nach Vancouver Island zurück. Als er Gladys mit Selbstmord drohte, erklärte sie sich widerstrebend bereit, sich wieder mit ihm zu treffen. Smith mietete ein leeres Haus und lockte sie am Abend unter dem Vorwand, sie würden einen Freund besuchen, dorthin, vergewaltigte und würgte sie und zwang sie zu sagen, dass sie ihn liebe. Danach brachte er sie nach Hause. Auf dem Weg dorthin erklärte sie sich einverstanden, ihren Eltern ihre Verlobung bekannt zu geben. Doch vor dem Haus bat sie ihn, eine Rose aus dem Garten zu pflücken, rannte dann hinein und forderte ihre Eltern laut schreiend auf abzusperren. Am nächsten Tag wurde Smith wegen Vergewaltigung angeklagt. Der Fall machte in ganz Kanada Schlagzeilen. Smith wurde schließlich zu fünf Jahren Gefängnis verurteilt. Die in British Columbia für Vergewaltiger damals noch übliche Strafe des Auspeitschens blieb ihm allerdings erspart.

Der Premierminister, der ursprünglich dazu tendiert hatte, sich für Wilson auszusprechen, kam nun zu dem Schluss, dass Bruder

Zwölf offensichtlich unmoralisches Verhalten förderte, und zögerte das Verfahren hinaus. Ein Jahr später sprach sich das Kabinett für die Auflösung der Stiftung aus.

Der Fall Smith schien der Tropfen zu sein, der das Fass zum Überlaufen gebracht hatte. Jetzt war Wilson so sehr in Verruf geraten, dass man sich kaum vorstellen konnte, wie er weitermachen wollte. Doch jene, die meinten, nun müsse er seine Niederlage eingestehen, hatten nicht mit dem unglaublichen Starrsinn dieses »Mannes, der vergessen hat, wie man aufhört«, gerechnet. Er beschloss, seine Aktivitäten in eine Gruppe von Gebäuden, die er die Mandieh-Siedlung nannte, auf Valdes Island zu verlagern. Aus Toronto trafen zwei neue Anhänger ein; sie hießen beide Jefferson und händigten ihm ihr gesamtes Bargeld aus. Herbert Jefferson, von Beruf Künstler, war entsetzt, als Bruder Zwölf ihm auftrug, einen Weg quer über die Insel anzulegen. Viele der Anhänger, mit denen er sprach, waren verstimmt und behaupteten zum Beispiel, Bruder Zwölf würde sich bei ihnen mit Lebensmitteln eindecken, ohne dafür zu bezahlen. Als Wilson Jefferson und einen zweiten Mann auf die nahe gelegene De Courcy Island – die Wilson mit Geld von Mary Connally zu kaufen beabsichtigte – schickte, versäumte er es drei Tage lang, sie abends wieder abzuholen. Jefferson vermutete, es handle sich dabei um eine »Probe«.

Dann kam Roger Painter an, ein Anhänger aus Florida, den Bruder Zwölf mit aller Herzlichkeit empfing – der Mann war Millionär und trug 90 000 Dollar in der Hosentasche mit sich herum. Seine Ehefrau hatte er wegen seiner Begleiterin verlassen, einer aggressiven rothaarigen Frau namens Mabel Skottowe. Mabel und Roger hatten einen Ableger der Aquarian Foundation in Florida geleitet, und Painter hatte bereits Tausende von Dollar in die Stiftung eingebracht. Bruder Zwölf »sah« sofort, dass Roger eine Reinkarnation von Jean de la Vallette war, dem Großmeister des Johanniterordens von Malta, mit dem er in einem früheren Leben zusammengearbeitet hatte. Bald darauf sah Painter in einer Vision Ritter, die auf einer gewundenen Straße abwärts auf das Mittelmeer zuritten.

Kurze Zeit später war offensichtlich, dass Bruder Zwölf und Mabel eine Affäre hatten; jemand hörte ihn nachts in ihr Zelt schleichen. Eines Tages drangen laute Schreie aus dem Zelt, und dann kam eilig Roger Painter heraus; drinnen fand man eine übel zugerichtete Mabel. Daraufhin befahl Bruder Zwölf Painter, die Kolonie zu verlassen. Doch sein Einfluss war in der Tat noch immer so groß, dass dieser der Aufforderung nicht nur widerspruchslos Folge leistete, sondern auch weiterhin mit seinem »Ritterkollegen aus Malta« Kontakt pflegte. Elma, schockiert ob der neuen Untreue ihres Mannes, floh zu Freunden in Vancouver und wurde nach einiger Zeit in die Schweiz geschickt, um dort einen weiteren Zweig der Stiftung zu gründen. Kaum war sie weg, zog Mabel bei Bruder Zwölf ein. Bald begann sie auch, die täglichen Arbeiten zu überwachen, wobei sie gerne eine Reitgerte mit sich führte, die oft genug zum Einsatz kam – immer dann, wenn Mabel die Geduld verlor. Außerdem änderte sie ihren Namen in Madame Zee.

Im September 1929 zogen Bruder Zwölf und Madame Zee in ein neu gebautes Haus auf De Courcy Island, und er gab bekannt, dass von nun an der persönliche Kontakt zu seinen Anhängern auf Valdes auf ein Minimum reduziert werde – ein Adept benötige Abgeschiedenheit. Sich selbst überlassen, wurden die Jünger jedoch zunehmend widerspenstig. Wilson stattete ihnen deshalb einen Überraschungsbesuch ab, bei dem er sie zurechtwies, harte Strafen androhte und ihnen alles Bargeld abverlangte, das sie noch hatten. Eingeschüchtert und voller Angst vor seinen »magischen Kräften« gehorchten sie.

Mary Connally, die soeben einen teuren Rechtsstreit verloren hatte, beschloss, in die Kolonie zu ziehen. Sie traf im August 1930 dort ein und musste feststellen, dass man ihr ein Haus auf Valdes Island zugewiesen hatte, nicht auf De Courcy Island, wo sie gehofft hatte, im Bund mit dem Meister zu leben. Dieser war in der Tat nicht einmal da, sondern mit Madame Zee nach England verreist, wo er ein Boot gekauft hatte. Er heuerte eine Mannschaft an und überquerte den Atlantik. Doch die weitere Fahrt kostete sie beinahe das Leben: Im Pazifik gerieten sie in schwere Stürme, und ihre Lebensmittel- und Wasservorräte gingen zu Ende. Durch ein Linienschiff wurden sie buchstäblich in letzter Minute gerettet und trafen Anfang November 1930 wieder in der Kolonie ein.

Mary Connally wurde bald einer von Bruder Zwölfs »Proben« unterzogen. Man sagte ihr, sie habe schwere körperliche Arbeit zu leisten wie jeder andere auch. Doch sie war so sehr von Wilson dominiert, dass sie ohne zu zögern einwilligte. Dann hieß es, sie müsse sich von den anderen Anhängern fern halten, weil ihre Schwingungen so negativ seien, dass sie sie »verseuchen« würde. Elma, die aus der Schweiz zurückgekommen war, wurde verboten, die Kolonie zu betreten. Bruder Zwölf wollte nichts mehr mit ihr zu tun haben.

Im Frühjahr 1931 traf eine Familie in Valdes ein: Fermin Sepulveda und seine Frau Isona, eine ehemalige Opernsängerin, sowie ihr Sohn Dion und zwei Töchter, Valea und Sereta. Bruder Zwölf fand die sexhungrige Isona äußerst attraktiv und verlor keine Zeit, sie zu verführen – wie Madame Zee darauf reagierte, ist nicht bekannt. Aber auch zu Dion, dem Sohn, schien er sich hingezogen zu fühlen; er ließ ihn zumindest in seinem Haus wohnen. Doch als er der 21-jährigen Valea mitteilte, er habe für sie einen älteren Bauern als Liebhaber ausgewählt, begannen die Dinge zu entgleisen. Als Valea auf der Treppe Fußtritte hörte, floh sie aus dem Fenster ihres Schlafzimmers auf einen Baum und kletterte von dort auf die Erde. Noch verärgerter reagierte sie, als ihre erst 13 Jahre alte Schwester ihr sagte, ein Anhänger namens Bill habe versucht, sie zu vergewaltigen. Bruder Zwölfs Affäre mit Isona war schon bald zu Ende – ihre sexuellen Forderungen wurden ihm zu viel, und es kam zu einem Streit, bei dem er ihr androhte, er werde sie ohne Nahrung und Wasser auf einer unbewohnten Insel aussetzen. Daraufhin nahm sie sich ein Boot und ruderte zu einem zehn Meilen entfernten Ort. Wilson beauftragte ihren Mann und ihre Kinder, sie zurückzuholen, doch sie weigerte sich und überredete stattdessen ihren Mann, wegen der versuchten Vergewaltigung Seretas die Polizei einzuschalten. Wieder einmal sah es aus, als sei Bruder Zwölfs Herrschaft zu Ende. Doch dann änderten die Sepulvedas überraschend ihre Meinung und kamen nach Valdes Island zurück. Dion behauptete später, Roger Painter – der zurückgekommen war – habe ihn hypnotisiert und ihm durch posthypnotische Suggestion aufgetragen, sich immer bei Bruder Zwölf zu melden. (Eine Anhängerin berichtete später, sie habe einmal gesehen, wie Madame Zee Dion nur durch geistige Suggestion lenkte, als er auf Bruder Zwölfs Haus zulief.)

Das Kabinett von British Columbia entschied schließlich gegen die Stiftung; die Regierung war zu dem Schluss gekommen, dass Bruder Zwölf in Kanada unerwünscht sei, und suchte nach einem Grund, seine Ausweisung anzuordnen. Als Wilson dies erfuhr, zeigte er zunehmend Anzeichen einer Paranoia. Er befahl seinen Anhängern, die Bauarbeiten an den Wohnhäusern einzustellen und stattdessen Festungen zu errichten. Dann kaufte er eine Kiste Gewehre, von denen er sechs griffbereit in seinem Büro aufbewahrte. Seine Anhänger mussten ab sofort Wachdienst leisten. Die Sepulvedas flohen daraufhin erneut; dieses Mal kamen sie nicht mehr zurück. Die anderen Anhänger waren überarbeitet und erschöpft; Bruder Zwölf und Madame Zee wurden immer launischer. Annie Barley fragte sich, ob sie geisteskrank oder drogenabhängig waren.

Als Madame Zee einer achtundsiebzigjährigen Frau befahl, sich zu ertränken und sie dann, weil sie nicht gehorchte, schwer misshandelte, spitzte sich die Lage weiter zu. Alfred Barley verlangte schriftlich, eine Versammlung einzuberufen, bei der sämtliche Klagen von Anhängern zur Sprache kommen sollten. Wilson weigerte sich wutentbrannt. Einige Tage darauf kündigte Wilson an, alle »Rebellen« würden nach Cedar (auf Vancouver Island) verbannt, und fuhr sie in Zweier- und Dreiergruppen mit seinem Boot selbst dorthin. Doch sobald sie alle dort versammelt waren, beschlossen sie, sich zur Wehr zu setzen – als Erstes wollte Mary Connally einen Teil des Geldes zurück, das sie Bruder Zwölf zur Verfügung gestellt hatte. Alle hatten nach wie vor große Angst vor Wilsons »Magie«, bis ihnen ein befreundeter Reporter versicherte, auf indianischem Land habe Wilsons ägyptische Magie keinerlei Macht. Erleichtert beschlossen sie daraufhin, nun wieder gerichtlich gegen Wilson vorzugehen. Im April 1933 sprach ein Richter schließlich Mary Connally 26 500 Dollar plus 10 000 Dollar an Kosten sowie das Eigentumsrecht für De Courcy Island zu. Den Barleys wurden über 14 000 Dollar zuerkannt.

Aber es war bereits zu spät. Bruder Zwölf und Madame Zee hatten die Flucht ergriffen und die Gebäude auf De Courcy Island zerstört zurückgelassen. Im Jahr zuvor hatte Wilson heimlich an der Küste ein Stück Land gekauft und dort von zwei getreuen Anhängern ein Haus bauen lassen. Dort versteckten sie sich, bis das Ergebnis der Gerichtsverhandlung offenbarte, dass sie Schulden in Höhe von 50 000 Dollar hatten. Dann flohen sie mit all ihrem Reichtum nach Osten – Wilson hatte mehr als eine halbe Million Dollar in bar angehäuft. Für einige Zeit lebten sie in einem gemieteten Bauernhaus im englischen Devon, danach zogen sie in die Schweiz. Am 7. November 1934 starb Edward Wilson in seiner Wohnung in Neuchâtel; er war sechsundfünfzig Jahre alt geworden. Madame Zee verbrachte den Rest ihres Lebens in Luxushotels.

War Edward Wilson, um einmal mehr die Frage zu stellen, verrückt, geistesgestört? Dies lässt sich nahezu mit Sicherheit verneinen. Seine Bücher – die im Übrigen durch einen außerordentlich klaren und zupackenden Stil bestechen – lassen vielmehr auf einen bemerkenswerten Verstand schließen. Seine Ausstrahlung als Redner zeugte von großer Kraft und ließ niemanden im Zweifel darüber, dass er ein echter Mystiker war. Als Person war er so hypnotisierend und charismatisch wie Rudolf Steiner. Wenn man die hervorragende Darstellung seines Lebens in John Olliphants Buch »Brother Twelve« (Bruder Zwölf) liest, kann man sich unmöglich der Vorstellung verschließen, dass er seine letzten Jahre ohne weiteres im Kreise bewundernder Anhänger hätte verbringen und dass aus der Kolonie in Nanaimo eine Art Garten Eden hätte werden können.

Was aber veranlasste ihn, seinen Untergang regelrecht zu provozieren?

Nachdem er auf dem Weg nach Chicago Myrtle Baumgartner begegnet war, hatte sich ganz offensichtlich etwas in Gang gesetzt. Bis zu diesem Zeitpunkt waren seine sexuellen Erfahrungen mit hoher Wahrscheinlichkeit relativ gering und wohl lediglich auf seine Frau und möglicherweise Elma Wilson beschränkt gewesen. Nun, da er als Prophet akzeptiert war, meinte er, sich das Recht herausnehmen zu können, eine Braut auszuwählen und seinen Mangel an sexueller Erfahrung wettzumachen. Wie wir gesehen haben, begann sein Niedergang, als er Myrtle heimlich nach Valdes Island brachte. Ab diesem Zeitpunkt begannen seine Anhänger zu zweifeln, und seine Gouverneure wurden abtrünnig. Auch seine Affären mit Madame Zee und Isona Sepulveda machten ihn anfechtbar.

Das unerklärlichste Phänomen sind wohl Wilsons »magische Kräfte«. Vor der letzten Gerichtsverhandlung sagte Kaye Kirchner, eine seiner Anhängerinnen: »Ich war sechs Wochen lang von Bruder Zwölf gelähmt worden, und für einige Zeit lief ich herum wie eine Betrunkene.« Ein Arbeiter, der Wilson einmal nachspionierte, beschrieb, wie er beim Einsteigen in sein Auto plötzlich das Gefühl hatte, »als hätte ich einen schweren Schlag auf den Kopf bekommen. Ich konnte nicht fahren; meine Arme waren gefühllos, der Kopf fühlte sich an wie ein riesiger Ballon. Ich war gelähmt von der Macht schwarzer Magie. Es hielt eine volle Stunde an, und danach hatte ich tagelang Kopfschmerzen.« Solche und ähnliche Reaktionen von Anhängern könnte man als Hysterie abtun, doch die Episode im Gericht, bei der selbst der Richter ähnliche Symptome zeigte, lässt eher vermuten, dass Wilsons Kräfte real waren. Doch offenbar sind selbst echte übersinnliche Fähigkeiten keine Garantie dafür, dass auch ein Guru letztlich nicht doch ein Mensch mit Fehlern und Schwächen ist.

Kapitel 8
Sex als Trennungslinie

Im Jahre 1867 begann der Schriftsteller William Hepworth Dixon an einer Geschichte der Sexskandale der vergangenen Jahrzehnte zu arbeiten. Dixon war seiner Zeit voraus – er war eine Art investigativer Journalist, der nicht nur Bericht erstattete, sondern auch Nachforschungen anstellte. Sein zweibändiges Werk »Spiritual Wives« (Spirituelle Ehefrauen) legt ein beredtes Zeugnis ab von seiner Neugier und Geduld, und wenn die Konventionen seiner Zeit ihm auch nicht gestatteten, sich so offen zu äußern, wie es die Journalisten unserer Tage können, legte er doch so wenig Zurückhaltung an den Tag, dass seine viktorianischen Leser sicherlich schockiert gewesen sein dürften.

Ein Jahr zuvor hatte Dixon mit einer Berühmtheit seiner Zeit ein Interview führen können, einem gewissen Reverend Henry James Prince. Dieser Geistliche stand einer Gemeinde vor, die sich »Abode of Love«, Ort der Liebe, nannte – Prince selbst bevorzugte den griechischen Begriff »Agapemone« – und sich im englischen Spaxton, bei Bridgwater in der Grafschaft Somerset, niedergelassen hatte.

Eigentlich wäre Prince es kaum wert, in unsere Galerie der falschen Messias-Figuren Aufnahme zu finden – wenn er im Sinne dieses Buches nicht als eine Art Trennungslinie zwischen der alten und der neuen Zeit zu betrachten wäre. Bei »Erlösern« früherer Zeiten findet sich nur selten eine Doppelzüngigkeit in Bezug auf sexuelle Dinge (wenngleich manche Geliebte hatten, die sie sozusagen als ihr persönliches Äquivalent zu Maria Magdalena betrachteten); für sie war Sex eher ein Verführungswerk des Teufels.

Die Skopzen, eine 1770 von dem russischen »Messias« Kondratu Seliwanow gegründete Sekte, verlangte von ihren männlichen Mitgliedern, dass sie sich selbst kastrierten; die Frauen mussten sich die Brüste entfernen und, wenn sie es ertragen konnten, die Genitalien verstümmeln lassen. Die so genannten Perfektionisten – Gruppen, die hauptsächlich in den 1830er Jahren in den Vereinigten Staaten entstanden waren – glaubten, sie könnten durch völlige sexuelle Enthaltsamkeit zu Heiligen werden. Manche, etwa die berühmt gewordene Oneida Community von John Humphrey Noyes, waren allerdings vom Gegenteil überzeugt und praktizierten die freie Liebe. Noyes' Doktrinen basierten zwar ebenfalls auf echter religiöser Überzeugung, doch sie führten zu Skandalen und zum Niedergang seiner utopischen Kommune. Insgesamt gesehen kämpften die Moralisten jener Tage jedoch auf verlorenem Posten. Das 19. Jahrhundert war die Zeit der Romantik, und man wollte der eigenen Persönlichkeit Ausdruck verleihen. Die geistigen Größen dieser Epoche hielten nichts mehr von einer Unterwerfung unter die Kirche oder eine andere Autorität, und nicht zuletzt wurde Sex inzwischen als zu angenehm, ja zu aufregend empfunden, um einfach ignoriert oder unter den Teppich gekehrt zu werden.

Tatsächlich war Reverend Henry James Prince ein Mann mit einer tiefen und aufrichtigen religiösen Überzeugung. Prince wurde 1811 im südenglischen Bath geboren. Das kränkliche Kind wurde von seiner verwitweten Mutter und ihrer Untermieterin, einer Katholikin namens Martha Freeman, erzogen. Schon als kleiner Junge war Prince sehr religiös und las häufig in der Bibel.

Mit 18 Jahren ging er nach London, um am Guy's Hospital Medizin zu studieren; drei Jahre später kehrte er als Arzt nach Bath zurück und eröffnete eine Praxis. Nach weiteren drei Jahren wurde er so krank, dass er dem Tode nahe war. In diesem Zustand fand er zur Religiosität seiner Kindheit zurück und beschloss, Priester zu werden.

Das Studium der Theologie trat er am St. David's College in Lampeter in Wales an, das von einem lebensfrohen, gutem Essen und Wein zugeneigten Geistlichen geleitet wurde. Dort scharten sich um den asketischen Prince schon bald einige Kommilitonen, die den weltlichen Genüssen das Gebet und den theologischen Disput vorzogen, und seine Ernsthaftigkeit, Keuschheit und rasche Auffassungsgabe ließen ihn in den Augen der anderen schnell zu einem Heiligen werden. Diese Gruppe hochgesinnter Schwärmer wurde als die »Lampeter Brethren« bekannt.

Die 1830er Jahre waren für England ähnlich wie für die Vereinigten Staaten eine Zeit des religiösen Aufbruchs und der Neuorientierung, was nicht zuletzt auf die Aktivitäten eines jungen Geistlichen in Oxford, John Henry Newman, zurückzuführen war. Seine Predigten und religiösen Traktate verursachten in der anglikanischen Kirche eine Welle tief schürfender Gewissenserforschungen. Aber auch Prince glühte vor religiöser Inbrunst; keiner seiner Freunde zweifelte daran, dass er mit seinen Predigten und Abhandlungen eines Tages mindestens ebensolchen Einfluss ausüben werde wie Newman.

Zum Leidwesen für Prince unterschied er sich von Newman in einem Punkt, den er nicht beeinflussen konnte. Während jener in Oxford ein sehr intelligentes und aufnahmebereites Publikum hatte, waren die Leute von Charlinch in Somerset – dorthin war er als Hilfsgeistlicher geschickt worden – ein starrköpfiges, hart arbeitendes Bauernvolk, das während seiner Predigten meistens friedlich vor sich hin schlummerte. Princes religiöser Eifer verblüffte sie zunächst, dann ärgerten sie sich darüber, und schließlich langweilte er sie nur noch. Seine Frau – er hatte die um einiges ältere Martha Freeman geheiratet – tat ihr Bestes, um wenigstens unter den Armen der Kirchengemeinde Freunde zu gewinnen, aber es war eine Sisyphus-Arbeit.

Doch dann konnte Prince einen wichtigen Mann für sich gewinnen – es war kein Geringerer als sein eigener Vikar, Reverend Samuel Starky. Er war todkrank und hielt sich auf der Isle of Wight auf, und nichts deutete auf eine Besserung hin. Auf seinem vermeintlichen Sterbebett las er eine Predigt, die »auf meine Seele wirkte wie Regen auf die ausgedörrte Scholle«. Bald darauf genas er und war entzückt zu erfahren, dass der Urheber der Predigt sein eigener Hilfspfarrer war, den er bislang nicht kennen gelernt hatte. Er eilte nach Charlinch zurück und wurde Princes erster Anhänger.

Nach und nach, wenn auch quälend langsam, konnte Prince bei seiner ungebildeten Herde Fortschritte erzielen. In seiner Bibelschule und bei den Gebetsversammlungen bildete sich allmählich eine kleine, aber begeisterte Schar von Bewunderern heraus – zumeist Frauen. Doch den ortsansässigen Bauern und Arbeitern passten der Eifer und die Hingabe ihrer besseren Hälften nicht; viele sperrten sie deshalb lieber zu Hause ein, als die Frauen ins Pfarrhaus gehen zu lassen. Es kam zu Streitigkeiten und sogar Drohungen, bis Princes Bischof schließlich entschied, ihn nach Stoke in Suffolk zu versetzen. Seine Frau war inzwischen an Überarbeitung gestorben, weshalb er kurz vor seiner Abreise Julia Starky heiratete, die alternde Schwester seines Vikars.

In Stoke wiederholte sich die ganze Geschichte. Einem »groben und rüpelhaften Bauernvolk«, so Dixons Worte, religiöse Inbrunst beizubringen war, als wollte man mit feuchtem Holz ein Feuer entfachen. Als die Frauen und Milchmägde der Bauern dann doch anfingen, zu Princes Gebetsversammlungen zu gehen, brachten sie damit ihre Männer in Rage. Nach zwei Jahren beschloss der Bischof, dass Prince genug Ärger verursacht habe, und schickte ihn wieder weg.

Doch dieses Mal lehnte sich Prince auf. Er wollte nicht mehr in eine ländliche Kirchengemeinde und suchte einige seiner alten Lampeter Brethren auf – die meisten waren treue Freunde geblieben –, um sich schließlich auf eigene Füße zu stellen. Zum Glück war er nicht mittellos: Seine erste Frau hatte ihm eine Erbschaft hinterlassen, und die zweite, Julia, bezog eine kleine Rente, die sie im schlimmsten Falle beide ernährt hätte. Er zog nach Brighton, mietete ein Gebäude als Kirche an und probierte den Effekt seiner Redekunst an einem städtischen Publikum aus.

Tatsächlich war diese Zuhörerschaft weitaus aufnahmebereiter als seine bisherige, und so streute er schon bald erste Hinweise aus, dass er der direkten Leitung des Heiligen Geistes unterstehe. Einige seiner Lampeter Brethren schlossen sich ihm an und akzeptierten ihn als ihren Führer. Nur ein Einziger, Arthur Rees, brachte es nicht über sich, seinen Freund als den neuen Messias zu betrachten und verließ ihn.

Mit dieser Kirchengemeinde hatte Prince den richtigen Ton angeschlagen. Die Zahl seiner Anhänger stieg drastisch an. Schließlich lud er sie alle zu einer Versammlung im Veranstaltungssaal des Royal Hotel in Weymouth ein, wo er eine dramatische Ankündigung machte: Der Jüngste Tag stehe bevor, und jene, die sich entschieden hätten, das Heil durch ihn zu erlangen, würden ewig leben; alle anderen müssten zugrunde gehen. Wer ewig leben wolle, der solle nun ihm, Prince, folgen.

Es war ein kühner Streich, aber er tat seine Wirkung. Glaubte Prince wirklich selbst an das, was er sagte? Jahrelang hatte er darum gekämpft, ein zweiter John Henry Newman zu werden, und war gescheitert. Sein Gefühl der Niedergeschlagenheit und Frustration muss enorm gewesen sein. Und nun endlich hatte er eine Zuhörerschaft, eine Gruppe Gläubiger, die ihn als einen Heiligen betrachtete – alles, was er schon immer gewollt hatte. Deshalb musste er sie mit ehernen Ketten an sich fesseln. Als er ihnen verkündete, das Ende sei nahe, hatte er lediglich wiederholt, was zahllose Prediger in all den Jahrhunderten vor ihm gesagt – und geglaubt – hatten. So gesehen dürfte er ein absolut reines Gewissen gehabt haben.

Auch fünf Schwestern namens Nottage glaubten in Prince den Weg des Heils zu erkennen. Sie waren bereits in Suffolk seine Anhänger geworden, und jede von ihnen hatte vom Vater, einem reichen Händler, sechstausend Pfund geerbt. Sie kamen nun überein, Prince zu folgen, wohin er auch gehen mochte, und ihr Erbe zum Bau eines Zufluchtsortes vor dem zu erwartenden Zorn Gottes beizusteuern.

Zunächst aber zog die Schar der treuen Jünger in ein Haus in Weymouth, das jedoch zu klein und sehr beengt war. Prince beschloss deshalb, nach Spaxton, in die Nähe von Charlinch, zurückzukehren und dort in einem schönen, bewaldeten Tal in den Quantock Hills einen »Abode of Love«, einen Ort der Liebe, zu bauen. Drei der Nottage-Schwestern verheiratete er mit männlichen Anhängern – diese Entscheidung traf er, ohne ihnen eine Wahl zu lassen –, warnte sie aber gleich, dass in dem neuen himmlischen Königreich Sex streng verboten sein würde. 1840, als Prince 29 Jahre alt war, zogen sie alle, auch Reverend Starky und seine Frau, in den »Ort der Liebe« ein.

Von den ersten Jahren dieser Gemeinschaft ist nur wenig bekannt, außer dass Agnes, eine der Nottage-Schwestern, gegen das Sexverbot verstieß und schwanger wurde. Prince hieß sie eine Sünderin und verstieß sie; sie musste wieder zu ihrer Mutter ziehen. Ihr Ehemann blieb im »Abode of Love«. Die jüngste Schwester, Louisa – sie war 40 Jahre alt – wollte sich der Gemeinschaft anschließen, wurde aber von Verwandten gewaltsam daran gehindert und in eine Heil- und Pflegeanstalt verbracht. Nach ihrer Entlassung zog sie dennoch in den »Ort der Liebe« ein und überließ Prince ihr ganzes Geld.

Hätte Prince sich damit begnügt, als guter Hirte seine kleine Herde zu betreuen und weiterhin den Bau von Häusern und Scheunen zu beaufsichtigen, so wäre er nie bekannt geworden oder hätte auch nicht in Dixons Buch »Spiritual Wives« Eingang gefunden. Doch offenbar hatte er nach einigen Jahren genug von seiner beträchtlich älteren Frau und beschloss, dass er als von Gott Auserwählter eine jüngere Partnerin verdiente.

Plötzlich verkündete er seinen Anhängern, der »Ort der Liebe« sei noch immer voller Sünde, und deshalb müsse ein Opfer gebracht werden. Dieses Opfer sei eine Jungfrau, die die Braut des Lammes werden und sie alle von Schuld reinwaschen werde. Gott habe ihm versprochen, die Identität dieser Braut beizeiten bekannt zu geben – bis dahin könnten sie nichts anderes tun, als zu warten.

Prince war klug genug, seine Schäfchen monatelang in Ungewissheit zu lassen, als würde er tatsächlich auf einen Befehl Gottes warten. Schließlich gab er bekannt, dass Gott gesprochen habe. Die ganze Gemeinschaft wurde in die Kapelle zitiert, wo Prince auf einem Thron saß, angetan mit Kleidern, die eines Erzbischofs würdig gewesen wären. Die Orgel spielte leise, und der Duft von Weihrauch erfüllte die Luft. Dann erhob sich Prince feierlich, durchschritt den Raum und streckte die Hand nach Zoe Patterson aus, einer 16-jährigen Waise. Zoe hatte zusammen mit ihrer verwitweten, erst vor wenigen Jahren gestorbenen Mutter fast ihr ganzes Leben im »Ort der Liebe« verbracht. Jetzt errötete sie nur und senkte den Blick; dann ließ sie sich zum Klang der Orgel widerstandslos von Prince in dessen Privaträume führen. Damit war die Gemeinschaft »ohne Sünde«.

Niemand hegte den geringsten Zweifel daran, dass daher auch die Ehe des »Lamms« rein und ohne Sünde war. Umso größer war dann aber die Überraschung, als Zoe etwa sechs Monate später unverkennbare Zeichen einer Schwangerschaft zeigte. Prince konnte es natürlich nicht gewesen sein, damit kam nur ein anderer Mann in Frage. Einige glaubten gar, der Teufel selbst sei am Werk gewesen. Nur Lewis Price, einer der alten Lampeter Brethren, kam auf den einzig vernünftigen Gedanken, dass Prince lediglich eine Schau abgezogen hatte, um endlich in den Armen einer Jungfrau zu liegen. Zusammen mit seiner Frau Harriet – geborene Nottage – verließ er den »Ort der Liebe« und nahm sein Geld mit.

Auch andere Mitglieder der Gemeinschaft wurden abtrünnig – warum schließlich sollte sich Prince mit einer Jungfrau vergnügen dürfen, wenn ihnen selbst Sex verboten war? Die Nachricht gelangte an die Presse. Die Viktorianer liebten einen Sexskandal nicht weniger als spätere Generationen; die Worte »Abode of Love« wurden zum Synonym für heimliche Sünde. Man ging ganz selbstverständlich davon aus, dass jede Frau im »Ort der Liebe« Princes Geliebte war. Tatsächlich aber gibt es keinen Grund zu der Annahme, Prince habe sich für eine andere als für Zoe interessiert, wenngleich in der Gemeinschaft eine Reihe attraktiver Frauen waren.

Henry James Prince wurde 88 Jahre alt. Sein Tod im Jahre 1899 schockierte seine Anhänger, hatte er ihnen doch versprochen, dass sie – als sie alles aufgaben, um ihm zu folgen – unsterblich geworden seien. Natürlich war es in dem halben Jahrhundert unter seiner Führerschaft zu mehreren Todesfällen gekommen, die er aber immer damit erklärt hatte, dass sie das Resultat von Sünde gewesen seien. Also mussten sie nun hinnehmen, dass Prince ebenso ein Sünder gewesen war, und so beerdigten sie ihn hastig bei Nacht und Nebel.

Der »Abode of Love« war fast am Ende. Viele Anhänger gingen, andere wurden Spiritisten in der Hoffnung, mit Prince im Leben nach dem Tode Kontakt aufnehmen zu können. Jene, die blieben, fühlten sich ohne einen Führer verloren. Schließlich entschied Douglas Hamilton, der Sekretär der Gemeinschaft, dass er rasch handeln musste, wenn er ihren Zerfall vermeiden wollte. Was er dafür dringend brauchte, war ein neuer Messias.

Und wahrscheinlich genau zu diesem Zeitpunkt erfuhr er von einem Geistlichen mittleren Alters, dessen wortgewaltige Predigten seine Zuhörer in Bann schlugen – vor allem junge Damen. Der Name dieses Mannes war John Hugh Smyth-Piggott, und er war 48 Jahre alt. Augenblicklich hielt er sich in Dublin auf, wo er soeben ein attraktives und beträchtlich jüngeres Mitglied seiner Kirchengemeinde geheiratet hatte. Hamilton reiste also schnellstmöglich dorthin und fand einen beeindruckenden, gut aussehenden Mann vor, der eher wie ein Matrose denn ein Vikar aussah – in der Tat war Smyth-Piggott in der Handelsmarine gewesen. Zudem war er rhetorisch außerordentlich versiert oder, wie seine Kritiker sich ausdrückten, er hatte ein flottes Mundwerk.

Als Douglas Hamilton ihm mitteilte, die Frauen von Spaxton würden einen neuen himmlischen Bräutigam erwarten, erwiderte Smyth-Piggott nur: »Sagen Sie ihnen, ihr Warten ist zu Ende.«

Bevor er sich nach Spaxton aufmachte, beschloss Smyth-Piggott, die Kraft seiner Rhetorik in London zu testen, in einer kleinen Kirche in Clapton, die dem »Abode of Love« angegliedert war. Am Sonntag, dem 7. September 1902, stieg er in die Kanzel hinauf und verkündete: »Ich bin der Messias. In mir erblickt ihr den leibhaftigen Christus.«

Einige Gläubige fielen auf die Knie; anderen blieb vor Staunen der Mund offen stehen. Doch als Smyth-Piggott seine Taktik am Sonntag darauf weiter verfolgen wollte, wurde er von einer Menge von 6 000 Menschen ausgebuht, und Steine flogen. Die Polizei musste die Leute unter Kontrolle halten, und der »Messias« floh. Man teilte ihm mit, wenn es noch einmal zu derartigen Unruhen käme, werde er zur Verantwortung gezogen. Daraufhin beschloss er, zum »Ort der Liebe« zu ziehen, wo es leichter sein würde, als Sohn Gottes akzeptiert zu werden.

Und tatsächlich zuckte niemand mit der Wimper, als Smyth-Piggott bei seinem ersten Gottesdienst verkündete, er sei der Messias.

Die Gemeinschaft war daran gewöhnt, dass jemand behauptete, ganz normal mit Gott sprechen zu können.

Er erwies sich als ein charismatischer Führer voller Vitalität und neuer Ideen. Seine Bemühungen, Geld heranzuschaffen, füllten die leere Kasse und brachten neue Mitglieder, darunter – wie üblich – viele junge Frauen. Smyth-Piggott brachte seine Gattin Catherine in einer Hütte im Garten unter und verbrachte einen Großteil seiner Zeit mit der Unterweisung der jüngeren Frauen.

Aber im Gegensatz zu Prince war Smyth-Piggott ein Mann des 20. Jahrhunderts. Prince hatte bei der Lektüre des Hohen Liedes von Salomo sehnsüchtig von jungfräulichen Bräuten geträumt. Smyth-Piggott, der Ex-Matrose, stellte sich der Tatsache, dass er die Frauen liebte, und sah keinen Grund, weshalb er sich jene, die seine »Seelenverwandten« werden wollten, nicht nehmen sollte. Doch als Mann von Welt war ihm klar, dass offene Verführung Probleme nach sich ziehen würde. Einer seiner Biografen beschuldigt ihn, eine Art orientalischen Harem unterhalten zu haben. Doch man kann ihm das nicht wirklich nachweisen. Am wahrscheinlichsten ist wohl, dass er eine stattliche Zahl von Geliebten hatte, aber alle zu absoluter Diskretion verpflichtete – um zu verhindern, dass andere Frauen eifersüchtig wurden, und damit nichts Verdächtiges an die skandalhungrige Presse gelangen konnte.

Doch schon nach zwei Jahren ließ er jegliche Vorsichtsmaßnahmen fallen. Im Juli 1904 kam er mit einer wunderschönen jungen Frau, Ruth Anne Preece, von einer Reise in die »Außenwelt« zurück und verkündete, sie sei die Braut des Lammes. Sie war würdevoll, freundlich und ziemlich wohlhabend. Im Juni 1905 bekam sie einen Jungen, der auf den Namen Glory (Ruhm) getauft wurde; ein Jahr darauf einen zweiten, Power (Macht), und zur rechten Zeit gesellte sich den beiden Söhnen auch noch eine Tochter namens Life (Leben) hinzu. 1906 enthob der Bischof Smyth-Piggott seines Amtes, doch das machte nun keinen Unterschied mehr: Seine Gemeinde am »Ort der Liebe« betrachtete ihn als den Meister, der keine Sünde begehen konnte. Eine junge Russin, die sich der Gemeinschaft wegen der dort vorherrschenden friedvollen Atmosphäre anschloss, beschrieb, wie Smyth-Piggott sie nach einigen

Wochen in sein Zimmer bat und ihr viele Komplimente machte. Als er sie dann am Arm nahm und ihr über die Stirn strich, bekam sie das Gefühl, ohnmächtig zu werden. Doch bei seinen Worten, sie sei seine »Seelenbraut« und er könne ihr gar nichts Böses tun, floh sie aus dem Raum und verließ bald darauf die Gemeinschaft.

Die nächsten Probleme tauchten auf, als er eine neue Anhängerin namens Sister Grace verführte. Ruth, die Mutter seiner Kinder, erwies sich als mutige Frau und stellte ihn zur Rede. Seine Reaktion war, dass er sämtliche Mitglieder der Gemeinschaft in die Kapelle zitierte und ihnen erklärte, Sister Ruth habe sich gegen ihn versündigt. Als sie in ihrem zeremoniellen Kleid vor der Gruppe stand, traten andere »Schwestern« vor und rissen es ihr vom Leib, sodass sie in kurzer Zeit halb nackt war. Danach wurde Sister Grace als die neue Braut des Lamms eingesetzt. Ruth, inzwischen fünfzehn Jahre älter und klüger als zu der Zeit, in der sie selbst der Mittelpunkt dieser Zeremonie gewesen war, verließ den »Ort der Liebe« bald darauf.

Aber wie Princes »Ehe« mit Zoe Patterson erwies sich auch diese Zeremonie als ein Fehler. Die Presse bekam Wind davon und schlachtete die Sache weidlich aus. Die Dorfbewohner buhten und zischten, wenn Smyth-Piggott sich nun außerhalb des »Abode of Love« zeigte. Und eines Nachts kletterte eine Gruppe Jugendlicher aus Bridgwater, die der Meinung waren, er verdiene, geteert und gefedert zu werden, über die Mauer und ergriffen einen respektabel aussehenden Mann, der gerade aus der Haustür trat. Unglücklicherweise war es aber gar nicht Smyth-Piggott, sondern ein älterer Angehöriger der Gemeinschaft namens Charles Read. Die Qualen, die dieser nun anstelle seines »Messias« erleiden musste, erwiesen sich für ihn als so traumatisch, dass er bald darauf starb.

Seinen größten Fehler beging Smyth-Piggott, als er sich für die attraktive Gattin eines Londoner Anhängers zu interessieren begann. Wie so viele andere Frauen fand auch die 37-jährige Dora Bedow ihn unwiderstehlich und verließ unverzüglich Ehemann und Kind, um zu ihm nach Spaxton zu ziehen. Der Mann weigerte sich, sie jemals wieder zu sehen. Doch sobald Dora als »Braut Christi« eingesetzt war, zeigte sie sich weit weniger fügsam als ihre

Vorgängerinnen. Sie hatte einen starken Charakter und gebrauchte anderen Anhängern gegenüber manchmal scharfe Worte. Smyth-Piggott verbrachte mehr und mehr Zeit auf Reisen, vor allem in Norwegen, wo er einen weiteren »Ort der Liebe« gegründet hatte. Von dort schickte er häufig hübsche flachsblonde Mädchen nach Spaxton.

Aber selbst als Verführer verlor er allmählich an Geschick – und Vitalität. Er war inzwischen über 60, und das Alter forderte seinen Tribut. Seine Predigten wurden zusammenhanglos, und seine hypnotischen Fähigkeiten konnten jungen Mädchen nicht mehr den Willen rauben. Anfang 1927, im Alter von 74 Jahren, zog er sich eine Grippe zu, von der er sich nicht mehr erholte; er starb im März. Douglas Hamilton, der ihn aus Dublin geholt hatte, leitete den Begräbnisgottesdienst, während draußen die Polizei eine Menge Neugieriger zurückhielt, die sehen wollten, wie viele junge Frauen trauerten.

Smyth-Piggotts Ehefrau Catherine starb 1936; die erste »Braut des Lamms«, Ruth – der die Rückkehr in die Gemeinschaft erlaubt worden war –, 1956. Zwei Jahre später schloss der »Ort der Liebe« für immer seine Pforten. Die letzten 20 Jahre ohne einen »göttlichen« Ehemann waren eine langweilige Zeit gewesen.

Wenn wir in der Geschichte der Messiasse – angefangen bei David Koresh bis hin zu Shimon Bar Kochba – zurückblicken, erkennen wir, wie sehr der Begriff im Lauf der Zeit seine Bedeutung verändert hat. Zu Beginn bezeichnete er einen militärischen Führer, der seinem Volk Triumph bringen sollte. Im Mittelalter verstand man darunter einen Gott-König, der die soziale Gerechtigkeit wieder herstellen und ein Reich des Überflusses begründen würde. Bis zum 17. Jahrhundert hatte sich die Vorstellung vom Messias erneut verändert; jetzt sah man in ihm einen Propheten, der sich gegen die »Zauberer« wandte, die das Wesen der wahren Religion verkannten. Zudem galt sexuelles Begehren in jener Zeit als eine Manifestation des niederen Selbst. All dies wurde in der Folge jedoch von Joseph Smith und anderen verändert, die dem Begriff »Messias« eine sexuelle Konnotation unterschoben. Seitdem waren die meisten selbst ernannten Erlöser Lüstlinge oder haben zumindest ihre Liste »gottähnlicher« Eigenschaften um den Punkt »sexuelle Potenz« erweitert.

Die offensichtliche Erklärung – dass die meisten Erlöser wie jeder andere normale Mensch auch dem Sexualtrieb unterworfen sind – ist zwar nicht von der Hand zu weisen, aber sie vereinfacht den Sachverhalt. Sabbatai Zwi, den nie jemand der Zügellosigkeit bezichtigte, wurde zum Messias, wenn er seine manischen Anfälle bekam und sich im Gefühl der Erhebung oder krankhafter Hochstimmung göttlich wähnte. Smyth-Piggott, Jim Jones oder David Koresh benutzten Sex, um dasselbe Ziel zu erreichen. Sex verstärkte ihr Gefühl der Macht, ihr Gefühl, übermenschlich zu sein. Wenn ein künftiger Historiker einmal eine Rückschau über die Jahrhunderte vornimmt, wird er das 19. als eine Art sexuelle Trennungslinie sehen. Damals begannen immer mehr Menschen, auf Sex fixiert zu sein, und sexuelle Verbrechen nahmen ihren Anfang. (Seltsamerweise waren Sexualverbrechen im heutigen Sinn des Wortes bis zum letzten Viertel des 19. Jahrhunderts relativ ungewöhnlich.) Ab der zweiten Hälfte des 20. Jahrhunderts wird unser Historiker dann in der westlichen Zivilisation eine zunehmende Dominanz von Sex beobachten können. Mit Sicherheit war dies die Zeit, als die noch ziemlich »unschuldige« Lüsternheit eines Prince oder Smyth-Piggott auf einmal dunklere und abstoßendere Untertöne anzunehmen begann.

Vollends klar wird die Richtung dieser Entwicklung durch den Lebenslauf von J.R. Rock Theriault, der wegen der Qualen, die er seinen Anhängern zufügte, 1993 zu lebenslanger Haft verurteilt wurde.

Als der 1947 geborene Frankokanadier Rock Theriault 20 Jahre alt war, glaubte niemand, der ihn kannte, dass er ein paranaoider »Messias« werden würde. Er sah gut aus, war beliebt, ein guter Unterhalter und ein Charmeur, dem die Frauen erlagen. Da er schon mit 14 Jahren von der Schule abgegangen war, ließ seine Bildung zwar zu wünschen übrig, doch konnte er dies durch angeborene Intelligenz und eine Begabung zur Selbstdarstellung wettmachen. Alles in allem vermittelte er den Eindruck eines Erfolgsmenschen.

Seine Probleme scheinen begonnen zu haben, als er mit erst 20 Jahren heiratete und Vater zweier Söhne wurde. Mit seinem Hilfsarbeiterjob bei der Feuerwehr von Montreal hatte er möglicherweise das Gefühl, dass sich das Leben plötzlich in eine Tretmühle verwandelt hatte. Er bekam so schlimme Magengeschwüre, dass man ihm den halben Magen operativ entfernen musste. Seine Frau konstatierte darüber hinaus, dass sein Interesse an Sex zunahm – er wollte auf einmal, dass sie Miniröcke trug. Und seine Schwiegereltern versuchte er (erfolglos) zu überreden, ihn auf ihrem Grundstück eine Nudistenkolonie eröffnen zu lassen.

Als er Mitte 20 war, engagierte er sich in der Lokalpolitik und wurde in den Stadtrat gewählt. In dieser Funktion erwies er sich als beredt und verantwortungsvoll – aber leider auch als etwas zu hitzköpfig: Seine Pläne für neue Straßen, Spielplätze und Häuser hätten die Stadt in den Bankrott getrieben. Doch sobald ihm klar wurde, dass eine Karriere in der Politik Geduld und harte Arbeit bedeutete, vernachlässigte er seine Pflichten zusehends, bis er schließlich nicht mehr wieder gewählt wurde.

Dies wiederholte sich, als er einer örtlichen Niederlassung des Rotary Club beitrat; er arbeitete sich hoch bis zum Präsidenten des Komitees, versuchte dann, alles zu verändern, und wurde deshalb hinausgeworfen. Rock Theriault war eindeutig ein Mann, der dominieren musste, aber nicht wusste, wo er anfangen sollte.

1976 verführte er ein Mädchen namens Gisele Tremblay, das er auf einer Tanzveranstaltung kennen gelernt hatte, und verließ seine Familie. Gisele fand ihn charismatisch und war begeistert, als er ihr von seinen Holzschnitzereien erzählte, von seiner politischen Karriere und den medizinischen Kenntnissen, über die er verfügte. Er sagte ihr nicht, dass das Geschäft mit den Schnitzereien Pleite gegangen und seine Laufbahn als Politiker schon nach einem Jahr zu Ende gewesen war. Sie war fasziniert davon, wie er Freunde gewinnen und Fremde für sich einnehmen konnte, und sie liebte seinen »wilden« Humor und die Streiche, die er mit anderen spielte. Man konnte jedoch schon damals deutlich erkennen, dass sich hinter seinem unbeschwerten Äußeren ein unruhiges Wesen verbarg.

Manchmal trank er so viel, dass er sich im Krankenhaus auskurieren musste. Außerdem erwies er sich als radikaler Katholikenhasser – er war katholisch erzogen worden – und stürzte sich nun auf die Lektüre der Bibel, vor allem des Alten Testaments. Als Begründung gab er an, dort »eine ehrlichere und reinere Quelle der Geistigkeit« zu finden.

1977 nahm Rock Theriault an einer Versammlung von Sieben-Tags-Adventisten teil, die zu einem Kreuzzug für die »Zukunft der Zivilisation« aufgerufen hatten. Innerhalb von wenigen Wochen bekannte er sich zu der neuen Glaubensgemeinschaft und missionierte schon bald von Tür zu Tür, um neue Konvertiten zu gewinnen. Seine Glaubensbrüder fanden ihn charmant, aber auch prahlerisch. »Rock war die Sorte Mensch, die behauptet, alles zu wissen«, sagte einer über ihn. Nichtsdestotrotz erwies er sich als ein hervorragender Verkäufer für die Bücher der Adventisten, und Gisele, die ihn häufig begleitete, war einmal mehr fasziniert von seiner Fähigkeit, Fremde für sich zu gewinnen. Da er für jedes verkaufte Buch vierzig Prozent Kommission bekam, erzielte er schon bald ein gutes Einkommen. Ebenso talentiert zeigte er sich bei der Veranstaltung einwöchiger Workshops für Leute, die das Rauchen aufgeben wollten.

In dem Städtchen Plessisville veranstalteten die Adventisten einen weiteren »Kreuzzug«. Dessen Botschaft war, dass die Welt immer böser werde und die Wiederkunft Christi nicht mehr fern sein könne. Unter den jungen Leuten, die sich interessiert zeigten, waren Jacques Fiset und drei Mädchen, Solange Boilard, Chantal Labrie und Francine Laflamme. Rock Theriault wurde ihnen vorgestellt, und schon bald waren alle vier seinem Charme erlegen, während er von Gottes Plänen für die Menschheit und über die Dekadenz der modernen Welt sprach.

Er lud sie für Wochenenden in das Ein-Zimmer-Apartment von Gisele ein, die zwar meinte, es seien zu viele Leute auf zu engem Raum, sich aber freute, dass ihr Liebhaber darüber glücklich war. Bald schlossen sich noch vier weitere unglückliche und gelangweilte junge Leute der Gruppe an: Nicole Ruel, Marise Lambert, Josee Pellettier und Claudine Ouelette. Jedes Wochenende platzte nun die kleine Wohnung wie eine überfüllte Pension aus allen Nähten.

Eines Tages lud Theriault seine jungen Anhänger zu einem einwöchigen Seminar zum Thema Religion am Lake Rousseau ein. Dort lernte er eine weitere Bewunderin kennen – eine 28-jährige Krankenschwester namens Gabrielle Lavallee, die ebenfalls seinem Charme, der von ihm ausgehenden Aura des Vertrauens und seinem umfassenden Wissen erlag. Sie war als Kind das Opfer einer mehrfachen Vergewaltigung geworden und hatte seither das Gefühl, kein Glück mehr empfinden zu können und eine geborene Verliererin zu sein, doch Theriaults Autorität schien diese Einstellung ins Wanken zu bringen. Im Verlauf des Seminars behauptete Theriault, eine Vision gehabt zu haben: Er sei allein auf dem Gipfel eines Berges gewesen, und da habe sich der Himmel weiß verfärbt, und Gott habe zu ihm gesprochen.

Mit seiner Anhängerschar, die inzwischen auf etwa ein Dutzend angewachsen war, begann er nun, seine Workshops an Wochenenden in den umliegenden Kleinstädten zu veranstalten. Bald darauf gründete die Gruppe eine »Klinik für gesundes Leben« in dem Ort Ste-Marie südlich von Quebec. Sie verkauften Bücher über natürliche Ernährung, Vitamine und ganzheitliches Heilen sowie organische Lebensmittel, Fruchtsäfte und Vitaminpräparate. Die Frauen trugen sackartige Kleider und – auf Theriaults Verlangen – keine Büstenhalter.

Ein Bewohner des Ortes war von diesen enthusiastischen jungen Leuten so sehr angetan, dass er sein Haus verkaufte und ihnen 5 000 Dollar schenkte. Gisele war allerdings alarmiert, als sie bemerkte, dass Rock die Gewinne der Gruppe direkt auf sein Privatkonto einbezahlte. Außerdem missfiel ihr, dass die Frauen anscheinend alle in ihn verliebt waren, und sie fragte sich, wie lange er ihr wohl noch treu sein würde. Um ihre Eifersucht zu besänftigen, heiratete Rock Theriault sie einfach.

Die Probleme begannen, als bei der Polizei Klagen über unbezahlte Rechnungen eingingen. Dann starb ein an Leukämie erkranktes Mädchen, das Theriault überredet hatte, in die Kolonie zu ziehen, damit es dort »auf natürliche Weise« geheilt werde. Er wurde nun für den Tod des Mädchens verantwortlich gemacht. Etwa zur selben Zeit entschieden die Adventisten, dass Theriault nicht für ihre Kirche missionierte, sondern zur Befriedigung seines eigenen Ego, und schlossen ihn aus. Doch das berührte ihn schon nicht mehr, denn er war jetzt der Messias seiner eigenen Religion.

Am 5. Juni 1975 verließ die Gruppe – zehn Frauen und vier Männer – noch vor dem Morgengrauen die Stadt und ließ ihre unbezahlten Rechnungen hinter sich. Einen Monat lang fuhren sie nach Nordwesten in Richtung auf den Sankt-Lorenz-Strom; unterwegs hielten sie immer wieder Seminare zum Abgewöhnen des Rauchens. Am 6. Juli gab Rock Theriault dann bekannt, was ihm »geoffenbart« worden war: Im Februar 1979 werde der Zorn Gottes die Erde treffen, doch Gott habe ihn zu seinem Botschafter ernannt und ihm aufgetragen, seine Jünger an einen entlegenen Ort weitab der Zivilisation zu bringen und dort bis zur Katastrophe ein einfaches Leben zu führen.

Schließlich fanden sie den richtigen Ort, einen bewaldeten Hügel an einem kleinen See. Bis zur Küste war es eine halbe Stunde Fußmarsch, zur nächsten Straße vier Stunden, und die nächste menschliche Ansiedlung war das Dorf Saint-Jogues, 24 Kilometer entfernt. Mit einer mitgebrachten Kettensäge fällten sie Bäume und bauten eine Blockhütte. Einige schleppten Felsen für eine Feuerstelle herbei; andere gruben einen Brunnen. Es dauerte fast vier Monate, bis das Blockhaus fertig war; bis dahin lebten sie in Zelten. Um ihren Bruch mit der Gesellschaft zu symbolisieren, gab Rock ihnen allen biblische Namen wie Esther, Rachel, Ruth und Nathan. Sich selbst nannte er Moses.

Es war offenbar eine glückliche Zeit. Die Gruppe spielte Theater und hörte sich Theriaults Vorträge über die Korruptheit der modernen Gesellschaft an. Gabrielle Lavallee sagte später: »Wir haben wirklich geglaubt, er sei der Stellvertreter Gottes.«

Paul Kaihla und Ross Laver schrieben in ihrem Buch »Der Mann, der sich Moses nannte«: »Oberflächlich betrachtet sah es banal aus: eine dominante Person, die eine Gruppe schwacher, willenloser Individuen ausnutzte. Doch auf einer tieferen Ebene hatten Rock und seine Anhänger eine gegenseitige Abhängigkeit aufgebaut. Sein ganzes Leben als Erwachsener hatte er versucht, auf andere Eindruck zu machen und Anerkennung zu erhalten. Nun war er von einer Gruppe von Leuten umgeben, deren Bewunderung für ihn grenzenlos war.«

Er ließ sich einen langen schwarzen Bart wachsen und las mehr denn je in der Bibel. Als Gisele dann eines Tages zu ihm sagte, es sei unnatürlich für eine junge Frau, keinen Mann zu haben, beschloss er, dass es an der Zeit sei zu versuchen, für alle Frauen Ehemann zu sein. Ein paar Tage später schlief er mit Nicole – die mit Jacques Fiset verheiratet war. Als Gisele dies erfuhr, wurde sie hysterisch, doch Theriault schlug sie einfach nieder und schrie: »Ich bin dein Herr und Meister, und du wirst mir gehorchen!« Da sie im sechsten Monat schwanger war, hielt sie es für klüger, sich zu fügen.

Das Massaker von Jonestown in Guyana am 18. November 1978 faszinierte Theriault. Doch der Selbstmord von Jones' 900 Anhängern bescherte ihnen Probleme, denn die Behörden in Quebec interessierten sich auf einmal für die Kommune in der Wildnis. Vier Polizisten suchten das Lager auf. Um Schwierigkeiten zu vermeiden, erklärte Theriault sich einverstanden, mit ihnen nach Quebec zu fahren und sich dort psychiatrisch untersuchen zu lassen. Dem Arzt versicherte er, er sei nicht der Anführer der Gruppe, sondern diese funktioniere nach demokratischen Prinzipien. Allerdings sprach er ohne Zurückhaltung über seine religiösen Visionen, was den Arzt zu der Schlussfolgerung veranlasste: »Er leidet an einer mystischen Verblendung ... zeigte sich jedoch nie aggressiv oder bedrohlich für andere, sodass ich nicht davon ausgehe, dass eine Einweisung notwendig ist.«

Theriault kehrte mit neuem Selbstvertrauen in die Kommune zurück. Bald darauf gab er bekannt, ab sofort seien alle Ehen innerhalb der Gruppe aufgelöst – ausgenommen jene von Maryse und Jacques Giguiere, die bereits verheiratet waren, als sie sich der Gruppe anschlossen. Die anderen Frauen nahm er nach und nach zu sich ins Bett. Als Gabrielle, die Krankenschwester, an der Reihe war, sagte er ihr, sie dürfe ihn nicht küssen, sondern nur oral befriedigen. Er werde sie auch nicht penetrieren – es sei denn, sie wolle von ihm schwanger werden; sie dürfe aber, während sie ihm Vergnügen bereite, masturbieren.

Vielleicht aß Theriault wegen der erhöhten Anforderungen an seine Energie jetzt wieder Fleisch, und Gabrielle erhielt die Anweisung, im Austausch für Lebensmittel mit dem Ladeninhaber im nächsten Dorf ins Bett zu gehen. (Der Grund dafür war nicht etwa Geldmangel – die 1400 Dollar pro Monat, die die Gruppe an Sozialhilfe bezog, gingen direkt auf Theriaults Konto.) Nach zwei Jahren der Abstinenz begann er auch wieder, Alkohol zu trinken, und die Wirkung auf seinen Charakter war verheerend. Er fing an, seine Anhänger zu schlagen und »Vergehen« zu bestrafen, indem er die Betreffenden stundenlang nackt in der Kälte stehen ließ. Ein schreiendes Baby maßregelte er, indem er den Eltern befahl, es im Schnee zu rollen. Als Maryse Giguiere einmal andeutete, die Gruppe verlassen zu wollen, befahl er dem Ehemann, ihr als »Disziplinarmaßnahme« mit einer Axt eine Zehe abzuhacken. Jacques Giguiere brach in Tränen aus, woraufhin Theriault selbst die Axt ergriff und drohte, Maryse alle Zehen abzuschlagen. Nun gehorchte Jacques und hackte seiner Frau tatsächlich eine kleine Zehe ab.

Als im Februar 1979 das Ende der Welt ausblieb, verkündete Theriault, das hinge damit zusammen, dass Gott 40 Jahre wie eine einzige Sekunde erlebe und ihm deshalb leicht ein Fehler unterlaufen sein könne. Die Anhänger akzeptierten diese eigenartige Erklärung. Kurz darauf bestellte die Polizei ihn zu einer zweiten psychiatrischen Untersuchung in ein Krankenhaus. Eine andere Behörde nutzte diese Gelegenheit, um Verwandte seiner Anhänger in das Lager zu bringen in der Hoffnung, sie könnten Theriaults Herrschaft über die Kommune brechen. Doch es war zwecklos: Ohne ihren Führer waren die Anhänger wie Drogenabhängige ohne ihren Stoff – sie warteten in dumpfer Verzweiflung auf Theriaults Rückkehr. Viele sprachen nicht einmal mit ihren eigenen Eltern.

Im März 1981 kam es zu noch ernsthafteren Problemen. Guy de Veer, ein psychisch labiler Mann, der in einer Heil- und Pflegeanstalt untergebracht gewesen war, hatte sich der Gruppe angeschlossen. Als eines Tages Samuel, das Kind von Maryse und Jacques Giguiere, tot aufgefunden wurde, erklärte Theriault, Veer habe über dem Schreien des Kindes die Nerven verloren und dem Baby ins Gesicht geschlagen. Später stellte sich heraus, dass Samuel mit einer nicht sterilisierten Rasierklinge beschnitten worden war; danach hatte man ihm unverdünnten Alkohol auf den Penis gegossen. Sein Tod war wahrscheinlich durch ein Betäubungsmittel verursacht worden, das Theriault ihm eingeflößt hatte. Der Leichnam des Kindes wurde verbrannt.

Im September beschloss Theriault, wieder nach ausgiebigem Alkoholgenuss, dass Guy Veer kastriert werden müsse, um seine ständigen Kopfschmerzen loszuwerden. Er bekam mehrere Gläser Alkohol zu trinken und musste sich dann auf einen Tisch legen. Ein Gummiband wurde um seine Hoden geschlungen und diese dann von Theriault und Gabrielle entfernt; die Wunde blutete eine ganze Woche lang. Bald danach fesselte Theriault Veer an einen Baum, schlug ihn mit einem Ledergürtel und befahl dann seinen Anhängern, ihn zu erstechen. Erst als diese sich anschickten zu gehorchen, lachte er auf und nahm seinen Befehl zurück. Veer war so entsetzt, dass er ins nächste Dorf flüchtete, wo er der Polizei den Tod des Babys meldete. Er gab an, es sei von einem Pferd getreten worden. Dies führte zu einem weiteren Besuch der Polizei bei der Kommune sowie zur Verhaftung Theriaults und der meisten seiner Anhänger. Die Kinder wurden in staatliche Obhut gegeben. Am 29. September 1982 wurde Theriault zu zwei Jahren Gefängnis verurteilt, fünf Anhänger erhielten kürzere Haftstrafen. Die Gebäude der Kommune wurden verbrannt und die Überreste von einem Bulldozer niedergewalzt.

Doch selbst dies konnte die Gruppe nicht zerbrechen. Jene, die nicht ins Gefängnis mussten, zogen nach New Carlisle, wo die Gerichtsverhandlung stattgefunden hatte. Gisele wurde beauftragt, sich um sie zu kümmern; sie selbst erhielt Theriaults Anweisungen per Telefon. Er brachte es sogar fertig, drei seiner »Ehefrauen« bei Wochenendurlauben zu schwängern.

Als er am 2. Februar 1984 entlassen wurde, war die Gruppe nach wie vor intakt. Und am 2. Mai brach sie wieder in die Wildnis auf – dieses Mal zu einem trostlosen, verlassenen, von Wäldern umgebenen Landstrich im Norden von Victoria County in Ontario, etwa 50 Kilometer von der Stadt Lindsay entfernt. Theriault musste für knapp 500 Hektar Land 100 Dollar Anzahlung leisten und versprechen, den Restbetrag – 12 000 Dollar – über fünf Jahre abzuzahlen. Dort schuf sich die Gruppe nun eine neue Heimat.

Dieses Mal weigerten sich die Behörden jedoch, Sozialhilfe zu zahlen. Theriaults Reaktion darauf war der Befehl an seine Anhänger, Ladendiebstahl zu begehen. Während des Winters 1984 waren sie damit sehr erfolgreich, doch als im Januar 1985 gleich vier von ihnen erwischt wurden, verbot man ihnen, sich in Lindsay je wieder blicken zu lassen.

Da er jetzt wieder trank, trat Theriaults Aggression immer stärker zutage. Er bestrafte »Vergehen«, indem er die Täter mit der flachen Seite einer Axt schlug. Einmal verletzte er Marise Lambert mit einem Hammer so stark an der Stirn, dass die Wunde mit Nadel und Faden genäht werden musste. Manchmal befahl er einem Beschuldigten, sich auf den Boden zu legen, und er urinierte dem Betreffenden dann in den Mund. Als sich Jacques Giguiere einmal zur Wehr setzte und den »Meister« schlug, wurde er zur Strafe mit einem Messer beschnitten. Oft befahl Theriault auch mehrere der Frauen zu regelrechten Sexorgien – manchmal sogar alle acht. Es gefiel ihm ganz besonders, wenn ihm ein paar Frauen Rücken und Schultern massierten, während er mit einer weiteren schlief. Nach seinem Orgasmus mussten die Frauen dann selbst Sex miteinander betreiben, und er schaute zu.

Im Januar 1985 wurden die Behörden erneut auf die Gruppe aufmerksam, als Gabrielles fünf Monate altes Baby starb. Das Kind war bei minus zehn Grad fast zwei Stunden lang in einer Schubkarre im Freien liegen gelassen worden. Als eine in Toronto ansässige Gruppe namens COMA – Council Of Mind Abuse (eine Art Sektenberatungsstelle, A.d.Ü.) – die Kommune zu beobachten begann, wurde Theriault zunehmend paranoid. Nach seinen Gewaltausbrüchen erklärte er nun, nicht er sei dafür verantwortlich, sondern ein finsterer »Herr über Leben und Tod« würde ihn überwältigen und die Strafen anordnen. Sein obsessives Festhalten an seinen Anhängern wurde auf »perverse« Weise bestärkt, als Maryse

Giguiere die Gruppe verließ. Georgia Brown, eine der Mitbegründerinnen von COMA, konnte es kaum glauben, als Maryse ihr Geschichten über schwerste Prügelstrafen, Opferungen von Tieren und Sexorgien mit Kindern schilderte.

Am 6. Dezember 1985 wurden die 14 Kinder der Kommune abgeholt; sie bestätigten die Geschichten über Sexorgien. Ein Junge beschrieb, wie drei seiner Halbschwestern die Haut von Theriaults Penis auf und ab schieben mussten; ein kleines Mädchen schilderte, dass »Papi es gern hat, wenn ich an seinem Penis ziehe, bis das weiße Zeug rauskommt«. Ein anderes Mädchen hatte verletzte Genitalien, wieder ein anderes beschrieb, wie einer von Theriaults Söhnen versucht hatte, ein fünfjähriges Mädchen zu vergewaltigen und es dabei verletzt hatte.

Bei dieser erdrückenden Beweislast gegen Theriault schienen seine Tage als »Messias« gezählt zu sein. Doch es wurde keine Anklage erhoben; die Behörden entschieden, dass nicht genügend Beweise vorliegen würden.

In den nachfolgenden drei Jahren hatte sich Theriaults Paranoia so sehr verschlimmert, dass seine Anhänger nun ständigen Gewalttätigkeiten ausgesetzt waren. Kaihla und Laver listen in ihrem bereits erwähnten Buch auf drei Seiten 33 Gräueltaten auf; hier seien nur einige genannt: Einer seiner »Ehefrauen« fügte er mit einer Fackel am Rücken schwere Verbrennungen zu; eine andere hatte einen Abort, nachdem er sie in den Bauch getreten hatte; einer dritten verbrannte er mit einem Schweißbrenner die Brustwarzen; einem männlichen Anhänger brach er sämtliche Zehen eines Fußes und zog ihm dann mit einer Monteurzange elf gesunde Zähne; einer Frau schnitt er mit einer Drahtschere einen halben Finger ab.

Im Herbst 1988 entschied Theriault, dass Solange Boilard eine Magenoperation brauchte. Er machte ihr einen Einlauf und führte durch den Mund einen Plastikschlauch ein. Dann schnitt er ihr mit einem Messer auf der rechten Körperseite tief in den Bauch, griff in die Bauchhöhle hinein und begann, Fleischstücke herauszuziehen. Die Frau lag bei vollem Bewusstsein unbeweglich da. Schließlich befahl er jemandem, sie wieder zuzunähen. Dann musste sie aufstehen und im Raum umhergehen. Am nächsten Tag erbrach sie Blut, einige Stunden später war sie tot. Seltsamerweise war Theriault darüber bestürzt; er befahl sogar einem Anhänger, ihn zu erschießen. Solange Boilard wurde auf dem Grundstück der Gruppe beerdigt.

Einige Wochen später ordnete Theriault schwer betrunken an, Solange auszugraben. Er ließ den Leichnam aufschneiden und einige Organe entnehmen, die in einem Glas aufbewahrt werden sollten. Dann ließ er sie wieder beerdigen, um sie nach einigen Tagen aber erneut exhumieren zu lassen und noch einmal Körperteile zu entnehmen. Nachdem dieser Prozess mehrmals wiederholt worden war und der Leichnam zu verwesen begann, wurde er schließlich verbrannt.

Nun war Gabrielle an der Reihe. Sie klagte eines Tages über Zahnschmerzen, was Theriault zum Anlass nahm, ihr gewaltsam den Mund zu öffnen und ihr mit einer Zange acht gesunde Zähne zu ziehen. Als er dann versuchte, sie mit einem Messer zu attackieren, ergriff sie die Klinge und zog sich dabei einen tiefen Schnitt zu. Sie flüchtete und wurde in einem Krankenhaus behandelt; Theriault folgte ihr und bat sie zurückzukommen.

Im Juli 1989, wieder im Zustand voller Trunkenheit, heftete er mit einem Messer ihre Hand auf die Tischplatte. Nachdem er sie so fast eine Stunde lang sitzen gelassen hatte, beschloss er, ihr Arm müsse entfernt werden. Mit einem Teppichmesser begann er, an Gabrielles Schulter herumzuhacken, ihr Fleischwunden beizubringen und Sehnen zu durchtrennen. Als er des Gemetzels überdrüssig wurde, rief er andere Frauen, die ihm helfen mussten, und zusammen legten sie langsam die Knochen auf allen Seiten frei. Schließlich schlug er Gabrielles Arm mit einem Hackbeil ab. Während sie blutüberströmt am Boden lag, schlief er auf der Couch seinen Rausch aus.

Einige Wochen später, Gabrielles Armstumpf war noch nicht verheilt, mussten Helfer sie festhalten, und dann brannte Theriault die Wunde mit einer glühenden Eisenstange aus.

Jetzt endlich reagierte Gabrielle. Am 16. August 1989 floh sie in ein Krankenhaus. Aber trotz ihrer unerträglichen Schmerzen hielt sie noch immer zu Theriault und erklärte, ihr Arm sei bei einem Autounfall zerquetscht worden und ihr Freund habe ihn amputiert, um ihr das Leben zu retten. Doch die Ärzte verständigten die Polizei, die darauf hinwies, dass die Operation in jedem Falle illegal gewesen sei, auch wenn sie zum Ziel gehabt habe, Gabrielles Leben zu retten.

Als die Beamten bei der Kommune eintrafen, fanden sie alles verlassen vor. Theriaults letzte Gewaltorgie hatte schließlich alle überzeugt, dass es Zeit war zu gehen.

Gisele, Theriaults erste Geliebte, floh nach Orillia in Ontario, wo sie sich mit Gordon Manktelow anfreundete, der im Sozialamt arbeitete. Aber es dauerte noch Wochen, bis sie ihm schließlich die ganze Geschichte von Rock Theriaults »Kommune« und dem entsetzlichen Tod von Solange Boilard berichten konnte. Zufällig am selben Tag – dem 6. Oktober 1989 – wurde Theriault von zwei Polizeibeamten im Wald erkannt und verhaftet. Einige Wochen später verurteilte das Gericht in Lindsay ihn wegen der Amputation von Gabrielles Arm zu zwölf Jahren Gefängnis; aber erst am 18. Januar 1993 erhielt er eine lebenslängliche Haftstrafe für den Mord an Solange Boilard.

Einige, die Theriault kannten, behaupteten, er sei geisteskrank gewesen. Wenn das richtig ist, dann handelte es sich auch bei ihm um jene Form von Wahnsinn, die bei »Erlösern« immer wieder zu beobachten ist. Und in seinem Fall lässt sich das Entstehen dieser Wahnvorstellung sogar relativ leicht nachvollziehen.

Er war ein Mensch, dessen labiles Selbstwertgefühl davon abhing, dass er auf andere Eindruck machen konnte. Eine Gruppe ergebener Anhänger zu dominieren, war die Erfüllung seines Traums, und dieser Traum wurde für ihn zur Sucht. So weit ist dieser Fall erklärbar. Weit schwerer fällt es einem jedoch nachzuvollziehen, weshalb Theriault zu einem sadistischen Alkoholiker wurde.

Auch sein unaufhaltsamer Niedergang begann, nachdem er die anderen Frauen zu seinen »Ehefrauen« erklärt hatte. Zweifellos erwartete er sich davon höchste Erfüllung, eine Erfahrung, die ihm Sicherheit geben und keinen Raum für Selbstzweifel mehr lassen würde. Dass diese Erwartung nicht befriedigt wurde, liegt auf der Hand. Der »Supermann« scheint begriffen zu haben, dass es in der Praxis keinen Unterschied macht, ob man eine oder acht Frauen dominiert. Auch der Alkoholismus deutet auf den Versuch hin, dem quälenden Gefühl der Unzufriedenheit und Leere entfliehen zu wollen. Die Ausbrüche sadistischer Gewalt können als eine weitere Reaktion auf dasselbe Problem betrachtet werden. Der Mord an Solange Boilard und die Verstümmelung von Gabrielle Lavallee hatten das Problem nur noch verschlimmert. Wie Jim Jones, Jeffrey Lundgren, David Koresh und Bruder Zwölf fand sich auch Rock Theriault in einer endlosen Spirale negativen Feedbacks gefangen.

Kapitel 9
Die Maske der Macht

Vier Tage nach seiner Hochzeit im Oktober 1917 stellte W. B. Yeats verblüfft fest, dass seine Frau die Fähigkeit des automatischen Schreibens beherrschte. Sie versenkte sich mit einem Stift in der Hand in Trance und schrieb dann seltsame und faszinierende Dinge nieder. Wenn sie dann nach einer Weile eingeschlafen war, begannen die »Zeichengeber« durch ihren Mund zu sprechen. Deren Ziel war offenbar, alle möglichen Typen von Menschen – 28 an der Zahl – zu beschreiben und sie mit den 28 Mondphasen in Verbindung zu bringen. Die »Zeichengeber« brauchten drei Jahre, bis sie ihr kompliziertes System dargestellt hatten; als sie damit fertig waren, schrieb Yeats alles in einem seiner faszinierendsten Bücher nieder: »Eine Vision«.

Jeder der 28 Typen wird nach seinen vier charakteristischen Merkmalen beschrieben: Wille, Maske, kreativer Geist und Vorhersehung. »Wille« ist der grundlegende Typus eines jeden Menschen – der emotionale, der konkrete, der empfängliche Mensch usw. Die »Maske« ist das Äußere, das er der Welt zeigt; häufig steht sie im Gegensatz zu seinem eigentlichen Wesen. »Kreativer Geist« ist die Art und Weise, wie er sich schöpferisch ausdrückt – intellektuell, emotional, physisch usw. »Vorhersehung« schließlich ist sein Schicksal – das, was »in den Sternen geschrieben steht«.

Am faszinierendsten fand Yeats offenbar die Maske – die »Person«, die zu sein wir gerne vorgeben. Das dürfte daran gelegen haben, dass Yeats selbst im Grunde ein schüchterner und zurückhaltender Mensch war und sich für einen Versager hielt. In seiner Jugend hatte er sich als verträumter Poet gegeben und lang wallendes Haar, Hemden mit großem Kragen und schlaff herabhängende Fliegen getragen. Als er älter wurde und sich intensiver mit Theater und Politik befasste, entwickelte er eine pragmatischere Lebenseinstellung. Trotz seiner Schüchternheit wurde er ein guter Redner und lernte, auch gegen ihn eingestellten Zuhörern gefasst zu begegnen. Mit anderen Worten, er hatte gelernt, die Maske der Macht zu tragen.

Yeats zufolge sollte die Maske nicht als Täuschung missverstanden werden, denn wenn wir sie lange genug tragen, wird sie zur Realität. War Yeats ein schüchterner Mensch, der eine Maske der Dominanz entwickelte, oder war er ein dominanter Mensch, der lange brauchte, um seine Schüchternheit zu überwinden? Er selbst hätte diese Ansichten beide als wahr empfunden.

Wenn wir einmal auf die Messias-Figuren zurückblicken, trifft diese »Maskentheorie« auf die meisten von ihnen zu, wahrscheinlich sogar auf alle. Koresh war zu Beginn ein Mensch, der sich schwach und verletzlich fühlte und sich dann Schritt für Schritt eine Maske der Dominanz zulegte; dasselbe gilt für Lundgren, Wilson, Prince und Theriault – und auch für die »Christusse« von Ypsilanti: Alle drei fühlten sich vom Leben gebeutelt und begegneten dieser Situation mit der Behauptung, allmächtig zu sein.

Auch ein Kollege von Yeats im Orden der Goldenen Dämmerung probierte die Maske des Dichters. Der 1875 geborene Edward Alexander Crowley war der Sohn streng gläubiger »Plymouth Brethren«. Daher resultierte seine lebenslange Abneigung gegen das Christentum, die ihn zur Gründung einer eigenen Religion veranlasste, von der er glaubte, sie würde eines Tages die Welt erobern.

Obwohl Crowley schon seit seinem elften Lebensjahr Gedichte geschrieben hatte, entdeckte er Shelley erst, als er mit 20 Jahren in Cambridge ein Studium aufgenommen hatte. Der Einfluss dieses großen Dichters auf ihn war unmittelbar und tief gehend. Shelleys Auflehnung gegen jegliche Autorität sprach Crowley an, denn wegen eines Pamphlets mit dem Titel »The Necessity of Atheism« (Über die Notwendigkeit des Atheismus) hatte der große Dichter 1811 die Universität Oxford verlassen müssen. Aber auch von Shelleys romantischer Schreibweise war Crowley begeistert, vor allem beeindruckte ihn eines der ersten bedeutenden Gedichte Shelleys: »Alastor oder Der Geist der Einsamkeit«.

Dieses Werk erzählt die Geschichte eines Poeten, der an einem Bach einschläft und von einem schönen Mädchen träumt, das singt und sich dazu auf der Harfe begleitet; dann kommt es auf ihn zu und »nimmt seine Gestalt in ihre verzaubernden Arme«. Unfähig, dieses Bild zu vergessen, verbringt Alastor sein Leben auf der Suche nach ihr und stirbt schließlich, vorzeitig gealtert, unter dem Vollmond.

Crowley schrieb: »Schon damals wußte ich im Grunde meines Herzens, heimlich und still, daß ich Alastor war, der Wanderer in der Wildnis, der Geist der Einsamkeit.«

Als Symbol seiner neuen Identität änderte er seinen Namen von Alexander zu Aleister. Seinen ersten Gedichtband – er trug den Titel »Aceldama« (der Hakeldama oder Blutacker der Bibel, auch als Schlachtfeld zu verstehen; A.d.Ü.) – veröffentlichte Crowley unter dem Pseudonym »Ein Herr von der Universität Cambridge« und ahmte damit die Autorenangabe nach: »Ein Herr von der Universität Oxford« aus Shelleys »Necessity of Atheism«.

Neben der Veröffentlichung weiterer Gedichtbände, die allerdings unbeachtet blieben, bestand Crowleys erster Versuch, sein dichterisches Ideal auszuleben, darin, sich einer Gruppe mit dem Namen Celtic Church (Keltische Kirche) anzuschließen, die »in einer Welt der Feen und Robbenfrauen und magischem Zauber« lebte. Sie lasen Werke wie Sir Thomas Malorys »Die Geschichten von König Artus und den Rittern seiner Tafelrunde« und »Parzival« wie Christen die Bibel.

Obwohl Crowley seit seiner Jugendzeit von Sex besessen war, verschrieb er sich – wie die amerikanischen Perfektionisten der 1830er Jahre – einem Ideal der Keuschheit und der Suche nach dem Heiligen Gral. Aber leider hatte er keine Ahnung, wo er die Suche beginnen sollte. Durch Zufall entdeckte er ein Buch über Magie von A.E. Waite, den er bat, die in dem Werk enthaltenen Hinweise über eine geheime Kirche etwas zu verdeutlichen. Als Antwort empfahl ihm Waite, das Buch »Die Wolke über dem Heiligtum« von Karl von Eckhartshausen zu lesen, einem Mystiker des 18. Jahrhunderts. Crowley las dieses Werk mehrmals und schrieb dann: »Die Erhabenheit dieser Gedanken schlug mich in ihren Bann; sie befriedigte mein Verlangen nach Romantik und Poesie.« Er wandte sich »mit der ganzen Kraft meines Willens an die Adepten der Verborgenen Kirche, mich für eine Antragstellung vorzubereiten«.

Kein Adept beantwortete seine Gebete, doch 1898 lernte er einen Chemiker kennen, der ihm von der Kirche erzählte, die Waite wahrscheinlich gemeint hatte: den Orden der Goldenen Dämmerung. Acht Jahre nach Yeats wurde nun auch Crowley durch eine Zeremonie in der Mark Mason's Hall in London ein Mitglied dieser Organisation. Und bislang hatte auch seine Suche nach der »Maske« nahezu denselben Verlauf genommen wie bei Yeats: poetischer Idealismus und Rebellion, die Suche nach dem Heiligen Gral und eine Geheimkirche. Doch die Maske des verträumten und weltfernen Poeten passte zu Crowley ebenso wenig wie zu Yeats. Als Sohn reicher Eltern war es ihm möglich gewesen, seine sexuellen Wünsche von jungen Jahren an in den Armen von Dienstmädchen und Prostituierten zu verwirklichen; deshalb wuchs er schon bald über Alastors Vision der schönen Harfenspielerin hinaus. Aber wie Yeats war auch er fest überzeugt von der Realität und Effektivität der Magie. Während Yeats letztlich jedoch der träumende Poet im einsamen Turm blieb, tauschte Crowley die Maske des Poeten mit der des Magiers.

Unter dem Namen Graf Wladimir Swaroff mietete er im Londoner Stadtteil Holborn eine Wohnung an und stattete sie mit einem verspiegelten Zimmer aus, um darin weiße Magie zu praktizieren. Es gab allerdings auch einen Tempel für die schwarze Magie; darin bewahrte Crowley ein Skelett auf, dem er kleine Vögel opferte. Die Wohnung teilte er sich mit einem Freund namens Allan Bennett, der ebenfalls der Goldenen Dämmerung angehörte. Als dieser nach Ceylon ging, um sein Asthma auszukurieren, mietete Crowley eine Villa am Loch Ness in Schottland und begann dort, Magie auszuüben in der Hoffnung, er könne mit der Hilfe eines Zauberbuchs des Magiers Abramelin seinen Schutzgeist heraufbeschwören. In seiner Autobiografie schreibt er, dass das Haus bald von schattenhaften Gestalten bevölkert wurde. Als er einige Jahre darauf wieder einmal nach Schottland reiste, hörte er, wie Einheimische behaupteten, an dem Ort würde es spuken, und sich weigerten, nachts dorthin zu gehen.

Nach einem spektakulären Streit mit der Londoner Loge der Goldenen Dämmerung – die ihn nur für einen prahlerischen Scharlatan hielt – trat Crowley 1900 eine Weltreise an, auf der er einige interessante Abenteuer erlebte. Er studierte bei einem Schamanen in Mexiko, hatte eine Affäre mit einer verheirateten Frau in Hawaii (und schrieb darüber einen Gedichtband mit dem Titel »Alice: An Adultery«), besuchte Allan Bennett in Ceylon (der dort als Mönch in einem buddhistischen Kloster lebte), versuchte, den Chogori oder K2, den zweithöchsten Berg der Welt, zu besteigen, was ihm jedoch wegen schlechten Wetters misslang, und traf endlich in Paris ein, wo er Somerset Maugham kennen lernte, der in seinem Roman »Der Magier« ein nicht sehr schmeichelhaftes Porträt von ihm zeichnete.

Danach hielt er sich in Schottland im Haus eines Freundes, des Malers Gerald Kelly, auf und lernte dessen Schwester Rose kennen. Sie war geschieden und belastete ihre Familie wegen ihrer Liebesaffären mit Skandalen. Man drängte sie, einen ihrer Freier zu heiraten, was bei Crowley – ganz in der Tradition von Shelley – Entrüstung auslöste. Er überredete sie, mit ihm zu fliehen. Ein Anwalt besiegelte ihre Eheschließung, und trotz anfänglicher Zweifel fand er ihre sexuellen Techniken dann so faszinierend, dass er schon bald überzeugt war, in sie verliebt zu sein.

Seine Zuneigung steigerte sich noch, als er herausfand, dass sie es liebte, geschlagen zu werden – Crowley hatte schon immer einen Hang zum Sadismus gehabt. Für die Flitterwochen reisten die beiden nach Kairo, wo sie die Nacht in der Königskammer der Großen Pyramide verbrachten. Danach behauptete Crowley, er habe darin mit Hilfe eines lilafarbenen Glühens, das er als das »Astrallicht« erkannte, laut eine magische Beschwörungsformel lesen können. Auf ihrer Reise nach Ceylon stellte Rose fest, dass sie schwanger war, und so kehrten sie nach Kairo zurück, wo Crowley bei einem arabischen Scheich Magie studierte.

Um diese Zeit, so Crowley, habe seine Frau ihm gesagt, dass er Horus beleidigt habe. Diese Aussage weckte seine Neugier, da ihre mythologischen Kenntnisse minimal waren. Und als sie ihm im Museum eine Stele mit einem Bild des Horus zeigte, war er plötzlich davon überzeugt, dass die geheimen Großmeister der Goldenen Dämmerung versuchten, mit ihm Kontakt aufzunehmen. Das Kapitel seiner »Confessions« (Bekenntnisse) betitelten Autobiografie, in dem er seine Leistungen auf dem Gebiet der Magie beschreibt, beginnt er mit den Worten: »Dieses Kapitel ist der Höhepunkt des Buches. Sein Inhalt ist so außergewöhnlich und verlangt eine derartige Breite und Tiefe vorausgehender Erklärungen, dass es mich in Verzweiflung stürzt.«

Im Zustand der Halbtrance instruierte ihn seine Frau, wie er Horus anrufen könne, und als er dies tat, wurde ihm wiederum durch sie mitgeteilt, eine neue Epoche der Menschheitsgeschichte sei angebrochen und er solle das Verbindungsglied zwischen diesen himmlischen Kräften und der Menschheit werden. Mit anderen Worten: Crowley wurde zu verstehen gegeben, dass er als der neue Messias auserwählt sei.

An drei Tagen im April 1904 betrat er sein Arbeitszimmer genau am Mittag und hörte »eine musikalische, ausdrucksstarke Stimme«. Sie diktierte ihm eine neue Heilige Schrift mit dem Titel »Das Buch des Gesetzes«, die »sämtliche religiösen Fragen beantworten« und Crowley zufolge den Menschen helfen könne, transzendentale Erkenntnis zu erlangen. Für den Leser von heute hört es sich an wie ein Gemisch aus dem Hohelied Salomos und Nietzsches »Also sprach Zarathustra«.

Ist das »Buch des Gesetzes« ein vorsätzlicher Betrug? Crowley benutzte magische Rituale, um auf eine erhöhte Bewusstseinsebene zu gelangen. Er mag durchaus überzeugt gewesen sein, dass das »Buch des Gesetzes« in gewissem Sinne von einer Stimme diktiert wurde – vielleicht von einer Stimme seines eigenen Inneren. Außerdem muss man zugeben, dass Menschen, die versuchen mit »Geistern« in Kontakt zu treten, häufig überzeugende Resultate erzielen – wenngleich es den Rahmen dieses Buches sprengen würde zu entscheiden, ob diese Resultate wirklich oder auch nur Selbsttäuschung sind. Crowley jedenfalls hat sein Leben lang geglaubt, dass das »Buch des Gesetzes« auf göttlicher Inspiration beruhe und die Basis seiner neuen Weltreligion bilden solle.

Es fällt schwer, das »Buch des Gesetzes« als religiösen Text zu betrachten, dem im Gegensatz zu jeder anderen »Heiligen Schrift« der Welt erfährt der Aspirant hier nicht, wie er sein Leben verändern soll. Der berühmteste Satz aus dem Buch ist: »Tue, was du willst, soll das ganze Gesetz sein«, und Crowley erläuterte, sein Ziel sei »die Befreiung der Menschheit von jeglichen Einschränkungen«. Crowleys Anhänger haben erklärt, dass »Tue, was du willst« weit mehr bedeute als »Tue, was du möchtest«. Denn der wahre Wille, der tief in uns liegt, der Ausdruck des wahren Selbst, das wir unser ganzes Leben lang zu entdecken versuchen, wird hier angesprochen. Crowley allerdings legte diese Doktrin wörtlich aus und tat, was immer er gerade tun wollte bzw. wonach ihm gerade war – ohne Rücksicht darauf, wie viel Elend und Unannehmlichkeiten er dadurch verursachte.

Dies zeigte sich deutlich, als er im Verlauf seiner nächsten Reise um die Welt Bergsteiger im Stich ließ, die bei dem Versuch, den Kangchendzönga in Sikkim zu bezwingen, in eine Gletscherspalte gestürzt waren. Er ignorierte die Hilferufe seiner Kameraden, weil er einen Streit mit ihnen gehabt hatte und fand, der Sturz geschehe ihnen recht. Auf derselben Reise verließ er in Asien auch seine Frau Rose und ihr Töchterchen, um eine ehemalige Geliebte in Shanghai aufzusuchen. Als er zurückkehrte, fand er einen Brief von Rose vor mit der Mitteilung, das Baby sei in Rangun an Typhus gestorben. In der Folge zeigte Rose die ersten Anzeichen von Alkoholismus, der Krankheit, der sie später erliegen sollte.

Crowleys Überzeugung, ein Messias zu sein, scheint eine Verschlimmerung seines ohnehin zügellosen Charakters nach sich gezogen zu haben. Er hatte ein geradezu krankhaftes Verlangen nach Anerkennung und nach Anhängern. Doch die meisten, die so unklug waren, sich näher mit ihm einzulassen, mussten feststellen, dass er auch eine unglaubliche Fähigkeit besaß, Menschen ins Unglück zu stürzen.

Die Gesundheit des Dichters Victor Neuberg – der 1909 mit Crowley in Marokko magische Rituale durchführte – wurde schwer geschädigt, als dieser ihm befahl, zehn Nächte lang in einem eiskalten Zimmer auf einem Bett aus Stechginster zu schlafen. Neubergs Biografin Jean Overton Fuller meint, dadurch habe er sich die Tuberkulose zugezogen, die ihn im Alter von 57 Jahren dahinraffte. Raoul Loveday, ein Absolvent der Universität Oxford, starb, weil er eine Tasse des Bluts einer Katze trank, die Crowley bei einem magischen Ritual geopfert hatte. Ein anderer seiner Anhänger, Norman Mudd, ertränkte sich, als Crowley ihn abwies. Einige seiner Geliebten starben im Wahn oder unter anderen tragischen Umständen. Lovedays Tod veranlasste die Presse, Crowley als den »bösartigsten Menschen der Welt« zu bezeichnen; danach bekam sein selbst gewählter Titel »Das große Tier 666« plötzlich einen düsteren Unterton. Viele glaubten, Crowley sei im wahrsten Sinne des Wortes vom Teufel besessen.

Im Jahr 1929, Crowley war inzwischen 54 Jahre alt, bat der Oxford-Student Arthur Calder-Marshall ihn um einen Vortrag vor der Poetry Society seiner Universität. Crowley schlug eine Diskussion über den sadistischen Kindsmörder Gilles de Rais vor. Calder-Marshall traf sich mit ihm in einem Restaurant und fand einen übergewichtigen Mann vor, der ihn an einen Börsenmakler erinnerte. »Er hatte Falten am Hals wie ein Schauspieler in einem amerikanischen Film, der einen korrupten Senator spielt; seine Haut war rauh wie eine Kalbszunge, und das Gesicht wirkte müde und verlebt, war übersättigt und schlaff.«

Die Universitätsleitung verbot die Veranstaltung. Crowley bestand darauf, dass sein Text zumindest abgedruckt werde, obwohl er so miserabel war, dass Calder-Marshall den Drucker nur schwer dazu überreden konnte, ihn zu setzen. Trotzdem sah Crowley in Calder-Marshall einen potenziellen Schüler und lud ihn in ein Haus bei Knockholt in Kent ein.

Der junge Mann traf dort mit einer Freundin ein. Das Mädchen schickte Crowley unverzüglich mit seiner Frau, einer dicken, exotisch aussehenden Brasilianerin, auf einen Spaziergang »um das Anwesen«. Sobald er mit Calder-Marshall allein war, gab er ihm einen großen Brandy und eine berauschende brasilianische Zigarette und fragte ihn, was er zu tun gedenke, wenn er die Universität beendet habe. Calder-Marshall antwortete, er wolle Schriftsteller werden. Daraufhin bot Crowley ihm eine Anstellung an, beugte sich nach vorn und blickte ihm intensiv in die Augen.

»Plötzlich wurde mir klar ... daß er versuchte, mich so schnell wie möglich zu hypnotisieren«, schrieb Calder-Marshall. »Seine [Augen], die schwach und ziemlich feucht waren, versuchten verzweifelt zu leuchten, aber sie glommen nur wie die Birne einer Taschenlampe, deren Batterie zur Neige geht.«

Calder-Marshall spürte, wie Ernüchterung und Abscheu von ihm Besitz ergriffen. Jahrelang hatte er gedacht, Crowley sei der leibhaftige Teufel. »Aber als es darauf ankam, war da nur dieser ungepflegte, erbärmliche alte Mann, der versuchte, mich über den Tisch hinweg mit seinem Blick aus der Fassung zu bringen.« Seine Enttäuschung ließ ihn unhöflich werden. Auf Crowleys Frage, ob er seine Bücher gelesen habe, erwiderte er: »Das habe ich. Als magische Anleitungen mögen sie ja wunderbar sein, allerdings kann ich mir nicht vorstellen, daß etwas derart schlecht Geschriebenes Magie sein kann.«

Als Crowleys Frau zurückkam und ihn fragte, was sie gemacht hätten, antwortete er bissig: »Ich würde sagen, ich habe meine Zeit verplempert.«

Calder-Marshall fasst zusammen: »Mir wurde klar, daß ich all die Jahre nach Miltons Idee von Satan gesucht hatte, nach einer Verkörperung des reinen Bösen – und daß dieser schmierige Charakter, der versuchte, mich mit seinen feuchten Augen zu hypnotisieren, dieses ›echte Böse‹ war. Das Böse ist niemals rein.«

Als der Zweite Weltkrieg ausbrach, war Crowley alkohol- und drogenabhängig. Doch sein Glaube, der Messias einer neuen Religion zu sein, blieb bis zu seinem Tod 1947 ungebrochen. Hätte er ihn aufgegeben, wäre dies einem psychischen Selbstmord gleichgekommen.

Crowleys Werdegang ist hauptsächlich deshalb von Interesse, weil er um vieles intelligenter war als die meisten anderen Messias-Figuren. Auch er war von dem Wunsch nach einem »Platz an der Sonne« besessen, doch er ging bei der Verfolgung dieses Ziels subtiler und umsichtiger vor als etwa Jim Jones oder David Koresh.

Sein Interesse für Shelley verführte ihn, sich mit Alastor zu identifizieren und zu versuchen, »der Wanderer in der Wildnis, der Geist der Einsamkeit« zu werden. Wäre er als »*der* Dichter Englands« anerkannt worden – der zu sein er gerne behauptete –, dann hätte er sich wahrscheinlich ein Leben lang mit dieser Rolle zufrieden gegeben. Doch niemand interessierte sich für seine Gedichte.

Derselbe verworrene Idealismus veranlasste ihn auch, der »Keltischen Kirche« beizutreten und von einem Leben als Mönch zu träumen. Es spricht für eine unerklärliche Unkenntnis seines eigentlichen sexbesessenen und zügellosen Charakters, dass er derlei Gedanken überhaupt hegte. Möglicherweise hatte Yeats also Recht: Die Maske ist normalerweise das Gegenteil der Alltagspersönlichkeit.

Als Crowley der Goldenen Dämmerung beitrat, fand er eine sogar noch besser sitzende Maske. Der Magier oder Zauberer wird als Mensch mit Macht betrachtet, und eben das war es, was Crowley wollte. Allerdings wollte er noch mehr. Crowley war von der Magie zutiefst überzeugt. Und wie auch im Fall von Bruder Zwölf gibt es Hinweise, dass er offenbar gewisse magische Fähigkeiten entwickelt hatte, etwa Hypnose. In Sizilien, wo er eine »Abtei Thelema« (»Tue, was du willst«) begründete, beschloss er, eine Katze zu opfern, die ihn gekratzt hatte. Raoul Lovedays Frau Betty May beschrieb, wie er mit seinem Zauberstab das Zeichen des Pentagramms über das Tier machte und ihm befahl, sich nicht vom Fleck zu rühren. Tatsächlich wurde die Katze starr und unbeweglich. Betty May trug sie aus dem Haus, doch sie kam zurück und setzte sich wieder auf denselben Platz, bewegte sich nicht mehr und weigerte sich zu fressen. Später wurde sie unter Crowleys Leitung auf einem Altar »geopfert«.

Aber um ein wirklicher Magier zu sein, muss man eine größere Hingabe aufbringen, als Crowley es tat, denn er beendete nie das sechs Monate dauernde Ritual des Magiers Abramelin. (Einer seiner Biografen vertritt die Ansicht, dass dieses unvollendete Ritual der Grund für Crowleys lebenslanges Unglück war.)

Die danach folgende Weltreise war eine Suche nach sich selbst, und im April 1904 in Kairo glaubte er seine wahre Identität schließlich gefunden zu haben: Er wurde der Messias, der Guru, der Weltenlehrer. Mit dieser neuen Maske gewappnet, machte er sich daran, die Welt zu erobern.

Aber obwohl er als magischer Guru besser war als ein Dichter oder Zauberer, verließ ihn wegen seiner angeborenen Schwäche der Erfolg. Ein zorniger Anhänger kündigte ihm die Gefolgschaft mit den Worten: »Ich habe Ihre ewigen Lehren satt – als ob Sie Gott der Allmächtige wären und ich nichts als ein Stück Scheiße, das auf der Straße liegt!« Ganz offensichtlich war Crowley nicht Gott der Allmächtige, ja, er war noch nicht einmal ein guter Lehrer. Yeats hatte gesagt, ein Mensch, der die Maske zu lange trage, werde selbst zur Maske. »Ein Anschein, der ein Leben lang währt, unterscheidet sich nicht von der Realität.« Doch Crowley hatte nicht die Geduld, diesen Schein ein Leben lang aufrechtzuerhalten, er hielt nicht einmal ein paar Jahre durch. Was er wirklich wollte – Arthur Calder-Marshall hatte es erkannt – war Macht, unmittelbare Macht. Und dies ist, wie die Geschichte der selbst ernannten Erlöser uns gezeigt hat, der schnellste Weg zur psychischen Selbstzerstörung.

Das grundlegende Problem der Maske ist, dass sie ihren Träger zu Hass und Groll verleitet. Selbst Yeats zitierte gern den englischen Kunstkritiker und Sozialreformer John Ruskin: »Bei meinem Gang zum British Museum sehe ich, wie die Gesichter der Menschen mit jedem Tag verderbter werden.« Er musste die Gesichter der Menschen täglich verderbter sehen, damit er sein Gefühl der Überlegenheit rechtfertigen konnte.

In dieser Kombination von Überlegenheitsgefühl und Groll liegt jedoch der Kern von Kriminalität und Verbrechertum. Der 1836 hingerichtete französische Mörder Lacenaire schrieb in seinen Memoiren: »Da ich seit meiner Kindheit ein Opfer der Ungerechtigkeit war ... hatte ich mir eine Lebensanschauung geschaffen, die sich von der anderer Menschen stark unterschied ... Oh, ich gestehe, daß ich sehr böse und grausam wurde. Wehe jedem, der mich verletzte, wenn ich einen günstigen Augenblick erhaschte. Dann war ich um so gefährlicher, denn ich rächte mich nie, so lange ich nicht siegesgewiß war; ich zeigte meinen Haß erst, wenn sich ein günstiger Augenblick bot, ihn zu stillen.«

Diese Gefühle sind für den Verbrecher typisch. Mehr als 100 Jahre später sagte Bobby Beausoleil, ein Freund Charles Mansons, zu Truman Capote: »Ich habe meine eigene Gerechtigkeit. Ich lebe nach meinem eigenen Gesetz. Die Gesetze dieser Gesellschaft respektiere ich nicht, denn sie respektiert ihre eigenen Gesetze ebenso wenig. Ich mache mir meine Gesetze selbst und lebe danach. Ich schaffe mir meine eigene Gerechtigkeit.«

Capote zufolge war Beausoleil die unwissentliche Ursache der Manson-Morde. Bei einem Versuch, Geld zu erpressen, hatte er den Musiker Gary Hinman erstochen. Um die Polizei glauben zu machen, der Täter sei in den Reihen der Black Panther zu suchen, hatte er mit Blut »Politisches Schwein« an eine Mauer geschmiert und mit einer Pantherpranke »unterschrieben«.

Eine Woche später wurde Beausoleil verhaftet, als er Hinmans Wagen fuhr. Und deshalb – so Capote – beschloss Manson, eine Reihe ähnlicher Morde zu begehen in der Hoffnung, die Polizei würde glauben, dass Hinmans Mörder noch auf freiem Fuß sei. Aber es war natürlich klar, dass solche Nachahmungsmorde – selbst solche mit blutiger Graffiti – die Polizei von nichts dergleichen überzeugten (tatsächlich wurde Beausoleil zum Tode verurteilt).

Die Verbrechen der Manson-»Familie« waren typische Kult-Morde. Nur dass Manson sich nicht für einen manischen »Messias« hielt, der glaubte, im Besitz einer Botschaft für die Menschheit zu sein, sondern davon überzeugt war, keine Botschaft zu haben. Er glaubte einfach nur, man solle die Menschen tun lassen, was sie wollten.

Aber wie Crowley fühlte auch er sich wohler hinter einer Maske. Das bekannteste Foto von Manson zeigt ihn, wie er mit dämonischem Blick in die Kamera starrt; in seine Stirn ist ein Hakenkreuz eingeschnitten. Die meisten, die ihn kannten, hielten ihn für einen ruhigen, harmlosen Menschen, der ein wenig an Charlie Chaplin erinnerte. Filmaufnahmen, die im Gefängnis entstanden, zeigen ihn jedoch als eine äußerst dominante Persönlichkeit.

Als Charles Manson 1967 nach San Francisco kam, war er 32 Jahre alt und hatte den größten Teil seines Lebens in Gefängnissen oder Besserungsanstalten verbracht. Seine Mutter Kathleen Maddox war 15 Jahre alt, als sie mit ihm schwanger wurde; wenige Jahre später saß sie wegen bewaffneten Raubüberfalls im Gefängnis. Mit zwölf Jahren kam Manson in ein Waisenheim; bald nach seiner Entlassung begann er seine Karriere als Einbrecher. Als er 1967 nach zehn Jahren Haft für Autodiebstahl, Scheckbetrug und Zuhälterei entlassen wurde, war er an das Leben in geschlossenen Einrichtungen so sehr gewöhnt, dass er lieber im Gefängnis geblieben wäre.

Doch San Francisco zur Zeit der Blumenkinder erwies sich als eine Offenbarung. Plötzlich war er kein ehemaliger »Knastbruder« mehr, sondern ein Mitglied der Beat-Generation. Dazu war er bestens geeignet, denn im Gefängnis hatte er Gitarre spielen gelernt. Als Straßenmusiker machte er vor der Universität in Berkeley die Bekanntschaft mit der Bibliothekarin Mary Brunner und zog schon bald bei ihr ein. Kurze Zeit später traf er ein zweites Mädchen, Lynette Fromme, die er fand, als sie nach einem Streit mit ihrer Familie weinend am Straßenrand saß. Manson erzählte ihr: »Ich bin der Gott des Liebesglücks.« Nach Jahren im Gefängnis war er sexuell aktiv wie ein Kaninchen.

Junge Frauen fanden ihn attraktiv, weil er einen einnehmenden Charakter hatte, aber gleichzeitig harmlos wirkte – fast wie eine Vaterfigur. Einem Freund sagte er: »Ich bin eine absolut positive Kraft ... ich sammle Negatives.« In einem Gefängnisbericht über ihn hieß es: »Charles Manson hat ein starkes Verlangen, Aufmerksamkeit auf sich zu ziehen.« Doch das musste er jetzt nicht mehr; Mädchen im Teenageralter umschwärmten ihn wie die berühmten Motten das Licht.

Eine weitere Bekannte war die 19-jährige Susan Atkins, die ihr Elternhaus vor drei Jahren verlassen und wegen Umgangs mit Kriminellen einige Zeit im Gefängnis gesessen hatte. Sie nahm ihn mit zu sich nach Hause, und als sie beieinander lagen, sagte er, sie solle sich vorstellen, nicht er schliefe mit ihr, sondern ihr Vater. Danach behauptete sie, den größten Orgasmus ihres Lebens gehabt zu haben. Später sagte sie angeblich über Manson: »Er ist der King, der König, und ich bin seine Königin. Und die Königin tut, was der König sagt.«

Eine große Hilfe waren zweifellos Drogen. Manson und seine »Familie« nahmen nie Heroin, sondern nur Marihuana und Psychedelika. Auf einem LSD-Trip sah er sich einmal als Christus, der gekreuzigt wurde. Diese Erfahrung beeindruckte ihn tief. Seine Anhänger behaupteten später, er habe »Schwingungen wie Christus«, und Manson selbst wies gerne darauf hin, dass sein Name »Menschensohn« bedeute.

Er beschaffte sich einen alten VW-Bus, mit dem er und sein Harem – inzwischen etwa ein halbes Dutzend Frauen – die ganze Westküste der Vereinigten Staaten auf und ab pendelten, wobei sich allmählich immer mehr Anhänger zu ihnen gesellten. Irgendwann wurde der Volkswagen gegen einen größeren ausrangierten Schulbus ausgetauscht, aus dem sie die Sitze ausbauten, damit alle darin auch Platz zum Schlafen hatten.

Wie aber wurde dieser sanfte, friedfertige, Gitarre spielende Hippie zu dem Verrückten, der die Ermordung von einem halben Dutzend Menschen anordnete, die er nie zuvor getroffen hatte? Als er in San Francisco eintraf, gab er sich als ein freundlicher Pazifist, der versuchte, die Botschaft der Liebe und des Friedens zu verbreiten. Sechs Monate später hatte er eine Gruppe von Anhänger(inne)n, über die er nahezu absolute Kontrolle ausübte. Er fand die Führungsrolle anstrengend; einmal proklamierte er sogar die Auflösung der Gruppe und schickte die meisten Mitglieder weg. Doch sie kamen bald wieder zurück, und er erkannte, dass er die Rolle des Patriarchen und Gurus einnehmen musste, ob er wollte oder nicht.

Und was wird von einem Patriarchen und Guru erwartet? Er muss seine Macht auf irgendeine Weise demonstrieren. Die meisten der in diesem Buch vorgestellten Messias-Figuren hielten ihren Anhängern stundenlange Reden, behaupteten, mit Gott in direktem Kontakt zu stehen und proklamierten Furcht einflößende Prophezeiungen. Manson hingegen beanspruchte nie, Gott oder auch nur Moses zu sein – wenngleich seine Predigten über die Schlechtigkeit der modernen Welt ebenfalls stundenlang dauern konnten. Er behauptete lediglich, ein guter Musiker zu sein – so gut wie die Beatles –, doch niemand aus dem Musikgeschäft schien diese

Überzeugung mit ihm zu teilen. Nach und nach aber gewöhnte er sich daran, die Maske der Macht zu tragen. Als er und ein Anhänger namens Paul Watkins einmal eine Klapperschlange entdeckten, befahl Manson ihm, sich vor das Tier zu setzen. Watson gehorchte (»Ich muss verrückt gewesen sein, aber das war genau die Wirkung, die er auf mich hatte«), die Schlange rasselte und verschwand. Watkins war überzeugt, dass Manson eine unerklärliche Macht über Tiere besaß. Als ein gewisser Melton, dem sie 5 000 Dollar gestohlen hatten, sie verfolgte, um sein Geld zurückzubekommen, drückte Manson ihm ein Messer in die Hand und sagte, Melton könne ihn gerne töten, wenn er Streit suche. Der Mann erwiderte, er wolle lediglich sein Geld wiederhaben. Darauf meinte Manson, in diesem Falle wäre es besser, wenn er Melton tötete, um zu beweisen, dass der Tod nicht existiere. Melton entschied, ohne sein Geld das Weite zu suchen.

Auch ein Drogendealer namens Crowe, der Manson 2 400 Dollar für Marihuana bezahlt hatte, das dieser ihm nicht lieferte, wollte sein Geld zurückhaben. Manson schoss mit einem Revolver auf ihn. Es löste sich jedoch keine Schuss, deshalb drückte er noch einmal ab. Dieses Mal brach Crowe getroffen zusammen. Überzeugt, dass er ihn getötet habe, floh Manson. Doch Crowe überlebte, schaltete aber die Polizei nicht ein. Manson hatte einmal mehr bewiesen, dass er sich zu wehren wusste.

Bobby Beausoleil bekam von Manson den Befehl, den Musiker Gary Hinman zur Herausgabe von 20 000 Dollar zu überreden. Hinman weigerte sich natürlich. Daraufhin verständigte Beausoleil telefonisch Manson, der mit einem Schwert kam und Hinman ein halbes Ohr abschlug. Danach überließ er es Beausoleil, Hinman mit Schlägen und Drohungen zur Herausgabe des Geldes zu zwingen. Doch als diese Einschüchterungsversuche erneut scheiterten und Beausoleil noch einmal telefonisch bei Manson nachfragte, was er tun solle, befahl ihm dieser, Hinman zu töten. Beausoleil zögerte nicht und stach sein Opfer zweimal in die Brust; Hinman verblutete.

Manson gewöhnte sich so sehr an die Maske der Macht, dass sie schließlich zu seinem eigenen Gesicht wurde. Er war schon immer überzeugt gewesen, dass er und seine »Kinder« die Opfer einer verdorbenen, lieblosen Gesellschaft seien. Jetzt, da er sich mit der Maske identifizierte, wurde er zunehmend gewalttätiger, und sein Hass auf das Establishment wuchs immer mehr. Er lehnte wie alle Erlöserfiguren die Gesellschaft ab und kündigte das Ende der Welt beziehungsweise des kapitalistischen Systems an. Er legte Todeslisten an mit Leuten, die sterben sollten, wenn der große Zusammenbruch kam (er ging davon aus, dass die amerikanischen Schwarzen in einem Aufstand die Weißen niedermetzeln würden). Seine Einstellung gegenüber der Gesellschaft wurde immer paranoider und skrupelloser.

Zwei Wochen nach Hinmans Tod befahl Manson vier seiner Anhänger – Tex Watson, Susan Atkins, Patricia Krenwinkel und Linda Kasabian –, in einem Haus am Cielo Drive in Los Angeles, in dem ein Bekannter von ihm aus der Musikbranche wohnte, einen Mord zu verüben. Als sie auf dem Weg dorthin auf einen Freund des Hausdieners trafen, der gerade gehen wollte, erschoss Watson ihn kurzerhand. Dann drangen sie in das Gebäude ein und bedrohten die Anwesenden mit vorgehaltener Waffe – die schwangere Filmschauspielerin Sharon Tate und drei Freunde, die zum Abendessen gekommen waren. Als der »Manson-Clan« das Haus verließ, waren alle vier tot – erstochen oder erschossen.

Am nächsten Abend drang Manson in das Haus des Geschäftsmannes Leno LaBianca ein, bedrohte ihn und seine Frau Rosemary mit einer Pistole und fesselte sie. Dann überließ er die beiden Tex Watson und Patricia Krenwinkel, die sie erstachen.

Zwei Monate später, als Susan Atkins in der Untersuchungshaft zu dem Mord an Gary Hinman verhört wurde, vertraute sie einer Mitgefangenen ihre Teilnahme an der Ermordung von Sharon Tate an. Die Frau gab die Information an eine andere Person weiter, die wiederum die Polizei informierte. Anfang Dezember 1969 wurden Manson, Watson und vier der Frauen wegen der Morde angeklagt. Im März 1970 wurden sie zum Tode verurteilt, nur Linda Kasabian sagte als Kronzeugin gegen sie aus. Diese Strafe wurde 1972, als Kalifornien die Todesstrafe abschaffte, in lebenslängliche Haft umgewandelt.

Die Ähnlichkeiten zwischen Manson und Koresh sind unübersehbar. Beide waren als Kinder unaggressiv, für ihr Alter zu klein und sahen sich als Opfer. Doch Koresh konnte sich von diesem Selbstbild früher befreien, weil er ein Schulwettrennen gewann und sich dann als erfolgreicher Sportler betrachtete. Auch sein religiöser Hintergrund war von Vorteil für ihn – er instrumentalisierte die Religion, um zu einer dominierenden Persönlichkeit zu werden. Dennoch versuchte auch er jahrelang als Gitarrist und Popsänger zu Erfolg zu kommen; ein gesunder Instinkt sagte ihm, es wäre besser, Bob Dylan zu sein als Jim Jones.

Einer der intelligentesten und sensibelsten Schriftsteller der Moderne wehrte sich gegen sein Gefühl, dem Leben nicht gewachsen zu sein, indem er sich eine Maske der Macht schuf. Doch auch er endete in Selbstzerstörung, wie es für einen falschen Messias typisch ist. Der Selbstmord von Yukio Mishima, der sich nach traditionell japanischer Weise in ein Schwert stürzte, scheint darauf hinzuweisen, dass selbst literarisches Talent das Abgleiten des Messias in Ressentiment und Gewalttätigkeit nicht aufhalten kann. Mishima, der eigentlich Kimitake Hiraoka hieß, war nicht als Samurai geboren worden, wie er gerne behauptete – dies gehörte nur zur Maske, die er sich später aufsetzte. Seine Vorfahren waren vielmehr Bauern gewesen und er ein kränkliches Kind, das für sein Alter zu klein war. Erzogen wurde er von seiner hochneurotischen, besitzergreifenden Großmutter. Obwohl die Eltern im selben Haus wohnten, verbrachte er einen Großteil seiner Kindheit im fensterlosen Zimmer dieser Frau.

Spielen war für den kleinen Kimitake nur eingeschränkt erlaubt, und auch dann nur mit Mädchen; lesen durfte er allerdings, so viel er wollte. Er liebte die Märchen von Oscar Wilde und Hans Christian Andersen, aber er liebte nicht etwa die Prinzessinnen, sondern die Prinzen, die durch Mord oder ein böses Schicksal zu Tode kamen.

Besonders tief berührte ihn Andersens »Der Rosenelf« – der Prinz, der, während er eine Rose küsst, von einem Schurken mit einem großen Messer enthauptet wird. »Mein Herz zog es zu Tod und Nacht und Blut, ich konnte es nicht verleugnen.« In der Tat ist die Beschäftigung mit solchen Themen in der japanischen Literatur vom »Genji monogatari«, einem höfischen Roman aus der Zeit um 1010, bis zu Nobelpreisträger Yasunari Kawabata anzutreffen.

Später, als er beim Anblick von Männern in Badebekleidung eine Erektion bekam, wurde Mishima seine Homosexualität bewusst. Und als er beim Betrachten eines Bildes des von Pfeilen durchbohrten heiligen Sebastian seine erste Ejakulation erlebte, erkannte er auch seine sadistische Veranlagung. In seinen Tagträumen metzelte er junge weiße Männer auf einem Marmortisch nieder und aß Teile ihrer Körper.

In gewisser Hinsicht lässt sich seine Entwicklung mit der seines jüngeren Zeitgenossen Issei Sagawa vergleichen, der in Wachträumen junge weiße Frauen tötete und verspeiste – und 1981 traurige Berühmtheit erlangte, als er an der Pariser Sorbonne tatsächlich eine Kommilitonin ermordete und Teile ihres Körpers verzehrte.

Seinen ersten Roman, »The Forest in Bloom« (Der blühende Wald), schrieb Mishima als Teenager; er wurde in Fortsetzungen in einer Literaturzeitschrift veröffentlicht, die sein Lehrer herausgab. Es ist ein bemerkenswertes Werk, das sich mit drei Epochen der Vergangenheit befasst, von denen jede eine Episode aus dem Leben einer aristokratischen Heldin beschreibt – der Vorfahrin des Erzählers. Der Stil ist sehr romantisch gehalten und von einem Erotizismus des Todes durchdrungen, der an Wagners »Tristan« erinnert; der überzeugte Ton mag den europäischen Leser an Françoise Sagans »Bonjour Tristesse« denken lassen. Mit seiner ideenreichen Schilderung der Vergangenheit scheint er sich vom hässlichen, seelenlos-technischen 20. Jahrhundert abzuwenden und von nobleren Zeiten zu träumen. Das Werk wurde unter dem Pseudonym Mishima publiziert, als der Autor erst 16 Jahre alt war; die erste Auflage war innerhalb einer Woche ausverkauft. Seltsamerweise tobte Mishimas Vater, als er hörte, dass sein Sohn als Schriftsteller erfolgreich war, und zwang ihm das Versprechen ab, diese Profession aufzugeben. Oft durchsuchte er das Zimmer des Jungen und zerstörte die Manuskripte vor dessen Augen. Mishima musste die Schwester eines Schulfreundes bitten, seine Texte für ihn aufzubewahren. Doch die väterliche Opposition bestärkte seine Entschlossenheit nur noch – und natürlich auch das Gefühl, dass ein Schriftsteller immer auf Verfolgung gefasst sein müsse.

Während des Zweiten Weltkriegs arbeitete der junge Mishima in einer Fabrik, die Kamikaze-Flugzeuge herstellte, und träumte davon, für seinen Kaiser zu sterben. Doch als er 1945 eingezogen werden sollte, entging er dem Kriegsdienst, indem er den Arzt davon überzeugte, an Tuberkulose zu leiden – wofür er sich danach sein Leben lang schuldig fühlte. Er handelte stets mit einer Mischung aus realistischer Vorsicht und romantischer Inbrunst. Der Nobelpreisträger Kawabata bewunderte und protegierte Mishima, nachdem er von ihm eine Geschichte über Homosexualität gelesen hatte.

Mishimas autobiografischer zweiter Roman »Geständnis einer Maske« machte ihn 1949 im Alter von 24 Jahren schlagartig berühmt. Das Werk ist eine freimütig narzisstische Schilderung seiner Kindheit und Jugendjahre – einschließlich der Periode in der Flugzeugfabrik –, deren zentrale Handlung eine im Wesentlichen fiktive Beschreibung seiner Beziehung mit einer jungen Frau namens Sonoko bildet. Es ist jedoch die letzte Szene des Buches, die Mishimas Wesen ganz erfasst: Er befindet sich an einem heißen Sommertag mit Sonoko in einer billigen Tanzbar und ist fasziniert vom Anblick eines Gangsters, der mit nacktem Oberkörper bei seinen Kumpanen sitzt; unter den Achselhöhlen des attraktiven jungen Mannes ist schwarzes Haar zu sehen. Mishima verspürt ein starkes sexuelles Verlangen, und als der Mann gegangen ist, stellt er ihn sich vor, wie er auf der Straße in einen Kampf gerät, an dessen Ende ihm ein Messer in den Bauch gestochen wird.

Was hier vor allem deutlich zu Tage tritt, ist der Kontrast zwischen der unschuldigen Sonoko, der jungen Frau, die von Ehemann und Familie träumt, und den sadistischen Fantasien des Mannes, den sie heiraten möchte.

In Japan wurden Mishimas Romane einhellig als genial gepriesen; westliche Kritiker hingegen waren weniger euphorisch. Sie bewunderten zwar die Schönheit und Selbstsicherheit des Stils, wiesen aber auch auf unangenehme Seiten seiner Werke hin – vor allem die ihnen zugrunde liegende Grausamkeit des Autors gegenüber Frauen. Ferner spricht aus ihnen ein Hass auf alles Normale, der an den frühen Graham Greene erinnert; in einer Geschichte mit dem Titel »Sonntag« etwa lässt sich die Freude des Autors nicht verhehlen, als er beschreibt, wie ein junges Paar in einem Bahnhof von einer Menschenmenge auf die Gleise gestoßen und dann vom einfahrenden Zug enthauptet wird.

In dem sehr erfolgreichen Roman »Liebesdurst« verfällt eine Angehörige der Mittelklasse einem jungen Landarbeiter – der ähnlich beschrieben wird wie der Gangster in »Geständnis einer Maske«. Bei einem Shinto-Fest bekommt sie Gelegenheit, ihm mit den Fingernägeln den Rücken blutig zu kratzen, doch als er allmählich auf ihre Obsession reagiert, sticht sie ihm eine Hacke durch die Kehle. Es ist, als würde sich Mishima mit der Frau identifizieren und gleichzeitig versuchen, sie zu bestrafen.

1950 begann Mishima, Schwulenbars aufzusuchen – er behauptete, damit lediglich Material für sein Porträt eines verbitterten homosexuellen Künstlers sammeln zu wollen – und die Gesellschaft männlicher Frauendarsteller zu suchen. Als er eines Nachts mit einem jungen Transvestiten tanzte, erlaubte sich jemand einen Scherz über seine schmächtige Figur; dies nahm er zum Anlass, Bodybuilding zu beginnen.

Nach drei Jahren war aus dem etwas zu klein geratenen Jugendlichen der muskulöse Athlet geworden, der auf einem der berühmtesten Fotos von Mishima zu sehen ist. Er hatte sich quasi zu dem jungen Gangster in »Geständnis einer Maske« oder dem Landarbeiter in »Liebesdurst« verwandelt. »Mein Körper wurde für mich dasselbe wie ein neuer Sportwagen für seinen stolzen Besitzer.« Er prahlte mit seiner neuen Attraktivität und hatte zahlreiche Affären mit Darstellern von Frauenrollen des Kabuki-Theaters.

1950 hatte ein psychopathischer junger Novize die Goldene Halle (Kinkakuji), einen Tempel in Kyoto, in Brand gesteckt, weil er nach eigener Aussage ihre Schönheit hasste. Diesen Stoff nutzte Mishima für seinen 1956 erschienenen Roman »Der Tempelbrand«, in dem die Kritik eine neue Reife zu erkennen meinte. Die Hauptfigur des Werkes ist jedoch nicht der junge Mönch Mizoguchi, sondern dessen Freund Kashiwagi, ein Krüppel, der seinen Zynismus mit Hilfe des Zen-Buddhismus rechtfertigt. Als ein schönes Mädchen auf ihn zukommt, stolpert er absichtlich und fällt hin. Sie nimmt ihn hilfsbereit mit nach Hause und verbindet sein Bein. Er verführt sie und zeigt ihr dann, wie sie vor ihrem künftigen Ehemann den Verlust ihrer Jungfräulichkeit verbergen kann. Dann verlässt er sie.

Auch in diesem Buch tritt Mishimas Einstellung wieder deutlich zutage, insbesondere in einer von Kashiwagi erzählten Geschichte, wie die Mönche zweier Tempel darüber streiten, wer sich um ein streunendes Kätzchen kümmern soll. Ein Mönch namens Nansen fragt, ob sie ihm einen guten Grund dafür nennen können, die Katze nicht zu töten. Da sie dazu nicht imstande sind, tötet er sie. Als er die Geschichte später seinem Freund Joshu erzählt, beantwortet dieser die Frage, indem er ihm seine schmutzigen Schuhe auf den Kopf stellt. Dies sollte symbolisieren, wie absurd es ist zu glauben, die Schönheit des Kätzchens ließe sich durch seine Ermordung gleichsam mit vernichten. Nansen räumt ein, dass er das Tier am Leben gelassen hätte, wenn die Mönche auf diese Antwort gekommen wären. Diese Art von »Intellektualismus« verleiht dem Roman eine vermeintliche Tiefe. Tatsache ist jedoch, dass Mishima ein Emotionalist ist, der sich nicht aus seinen inneren Widersprüchen befreien kann und deswegen sein Sujet auch nicht intellektuell durchdringt. Die gequälten Gefühle seiner Figuren erinnern zwar häufig an Dostojewski, doch fehlt ihm dessen Leidenschaft für das Geistige.

Anfang der sechziger Jahre erkannte schließlich auch die japanische Kritik Mishimas Grenzen. Bislang waren alle seine Romane Bestseller gewesen, mehrere waren verfilmt worden, und auch seine Theaterstücke hatten großen Erfolg gehabt; nun stießen sie auf Ablehnung, ja sogar Feindseligkeit. Sein Freund Henry Scott Stokes schrieb: »Mishimas Absicht – man könnte sogar sagen, sein grundlegendes Lebensziel – war zu schockieren.« Doch Schockmethoden verlieren mit der Zeit unvermeidlich an Effektivität. »Kyoko's House« (Kyokos Haus) wurde sein erster absoluter Fehlschlag. Die vier Charaktere dieses Werks sind Nihilisten, Menschen, die glauben, das Leben sei sinnlos, oder die nicht wissen, weshalb sie am Leben sind. Zwei von ihnen kommen gewaltsam zu Tode. Der Leser wird auf eine Reise mitgenommen, die im Nirgendwo endet.

Die Kritik an dem Buch traf Mishima schwer. Er legte immensen Wert auf Erfolg und war zehn Jahre lang damit verwöhnt worden. Jetzt aber bekam er plötzlich das Gefühl, dass es in seinem Leben nicht mehr vorwärts ging.

Bald darauf reagierte Mishima beleidigt, als ein alter Freund ihm sagte, er sei ein Snob und nehme sich selbst zu ernst, auch brach er mit einer literarischen Gruppe, mit der er seit Jahren befreundet gewesen war. Er zeigte zusehends die Paranoia eines Mannes, der sich im Austausch für emotionale Sicherheit selbst zu einer Maske stilisiert hatte und diese Sicherheit nun bedroht sah.

In den Sechzigern begehrte die Jugend auch in Japan gegen das »Establishment« auf; es kam zu riesigen politischen Demonstrationen gegen die Regierung. Mishima, der sich für Politik nie interessiert hatte, verfolgte diese Ereignisse fasziniert, doch typischerweise war seine Reaktion ausgesprochen konservativ. Er schrieb eine Geschichte mit dem Titel »Patriotismus« über einen Armeeoffizier, der 1936 nach einem Aufstand rechtsradikaler junger Offiziere Harakiri begeht. Zwar hatte er an der Rebellion gegen eine Liberalisierung der Armee nicht teilgenommen, konnte es aber auch nicht ertragen, bei der Bestrafung der Rebellen mitzuwirken.

In der Novelle »Voices of the Heroic Dead« (Stimmen heldenhafter Toter) von 1966 lässt Mishima die Geister von Kamikaze-Piloten ihren Kaiser dafür tadeln, dass er sie verraten habe, als er 1946 erklärte, ein Mensch und nicht göttlicher Natur zu sein. Dieselbe Kritik am Tenno wiederholte er auch in einem Fernsehinterview. Für die japanische Literaturwelt machte er sich damit endgültig zum Außenseiter – aber sein Romantizismus verlangte eben, dass der Tenno ein Gott sein musste, ob er es nun war oder nicht.

Sein Roman »Der Seemann, der die See verriet« ist eine Rückkehr zur morbiden Todesromantik und dem Sadismus früherer Werke. Er handelt von einem Jungen, der durch ein Loch in der Schlafzimmerwand beobachtet, wie seine Mutter mit einem Matrosen schläft. Als dieser beschließt, an Land zu bleiben und ein unheroisches, bürgerliches Leben zu beginnen, plant der Junge zusammen mit zwei Freunden, ihn unter Drogen zu setzen, ihm bei lebendigem Leib die Haut abzuziehen und dann mit einem Skalpell zu vivisezieren. Die letzte Szene des Werks beschreibt, wie der Seemann den mit Drogen vermischten Tee trinkt. Es ist eines der Ekel erregendsten Werke Mishimas, das eine totale Unterwerfung unter seine dunklen Triebe offenbart. Auch in Japan fand es keinen Anklang.

Sein Biograf Henry Scott Stokes erkannte, dass Mishima sich für eine Maske entschieden hatte. »In der Öffentlichkeit war er immer temperamentvoll, gestikulierte, scherzte und ließ gern das rauhe, ziemlich häßliche Lachen hören, das ihm angeblich seine herrische Großmutter beigebracht hatte. Seine ›Maske‹ saß fest: Ein Fremder hätte ihn vielleicht für einen ehemaligen Amateurboxer gehalten, aus dem ein Nachtklubbesitzer oder Bandleader geworden war. Denn seine ›Maske‹ hatte etwas Grobes an sich; er strahlte etwas beabsichtigt Vulgäres aus ...«

1968 gründete Mishima mit rechtsradikalen Studenten eine Gruppe namens »Schildgesellschaft«. Beim Aufnahmezeremoniell mussten die Aspiranten leicht gesalzenes Blut trinken. Er entwarf für sie bunte Uniformen – gelb, grün und braun, mit Messingknöpfen und Wespentaillen –, und sie durften mit der Armee trainieren. Stokes, der ihnen an den Hängen des Fujiyama einen Besuch abstattete, beschrieb das Ganze als »exemplarischen Kitsch«.

Mishimas Stellvertreter Masakatsu Morita war gleichzeitig sein Geliebter. Er war erst spät zur »Schildgesellschaft« gestoßen – in den siebziger Jahren hatten fast alle ursprünglichen Mitglieder sie aus Abscheu oder Ernüchterung bereits verlassen. Mishima wurde Moritas Gönner, und dieser vermittelte Bekannten den Eindruck, er sei Mishimas Verlobter. Zu Freunden sagte Mishima oft: »Denkt an ihn – er wird mich einmal töten.«

Zu dieser Zeit wurde Mishima in Japan jedoch kaum mehr ernst genommen; sein Benehmen beschämte seine Landsleute eher. Der letzte Roman, eine voluminöse Tetralogie mit dem Titel »Das Meer der Fruchtbarkeit«, die ab 1969 erschien, blieb von der Kritik weltweit fast unbeachtet. Der Held stirbt am Ende jedes Bandes und wird im nächsten wieder reinkarniert, doch Mishimas Versuche, den Leser von seinem Glauben an die Wiedergeburt zu überzeugen, sind schwach und erklären, weshalb das Werk – das er als sein Hauptwerk intendiert hatte – erfolglos und nicht zufrieden stellend war.

Daher hatte er sich offenbar entschlossen, seinem Leben eine dramatische Wendung zu geben und seinen Ruf wieder herzustellen, der gleichzeitig seine Kritiker beschämen sollte. Schon mindestens ein Jahr, bevor er den Plan in die Tat umsetzte, hatte er vorgehabt, Selbstmord zu begehen, und anscheinend wollte er ihn als eine Art romantischen Liebestod mit Morita in Szene setzen.

Im Januar 1969 hatte die Polizei die Universität von Tokio gestürmt und die streikenden Studenten vertrieben. Mishima fand es widerlich, dass niemand sich entschieden hatte, für seine Überzeugung zu sterben. Zu seinen Kadetten sagte er: »Nicht einer von ihnen glaubte fest genug an das, wofür sie kämpften, um sich aus einem Fenster oder auf ein Schwert zu werfen.«

Am 25. November 1970 um elf Uhr vormittags drang er mit vier seiner Kadetten – einer davon war Morita – in das Hauptquartier der Ost-Armee in Tokio ein und überwältigte den Kommandanten, General Mashita (der ein Freund Mishimas war). Der General wurde gefesselt, und Mishima erklärte, die Bedingung für seine Freilassung sei, dass sich alle Soldaten auf dem Hof versammeln, um sich eine Rede anzuhören. Dann trat Mishima auf den Balkon und wandte sich an etwa 1 000 Soldaten. Er forderte sie auf, die erniedrigende Demokratie zu beenden, die den Geist Japans untergrabe. Doch er konnte seine Zuhörer nicht überzeugen, wurde ausgebuht und sogar mit groben Schimpfwörtern bedacht.

Nach acht Minuten verließ Mishima den Balkon, schob seine Jacke hoch und versuchte, sich mit einem Samurai-Schwert den Bauch aufzuschlitzen, doch er fügte sich lediglich eine Schnittwunde zu. Daraufhin wollte Morita ihn enthaupten, aber er war zu schwach. Erst beim vierten Schlag wurde der Kopf vom Rumpf getrennt. Dann schlug einer der anderen Kadetten mit einem einzigen Schwertstreich Morita den Kopf ab. Die drei Überlebenden befreiten schließlich den General und ließen die Polizei in den Raum.

Sie wurden nur geringer Vergehen beschuldigt und erhielten vier Jahre Gefängnis, da Harakiri in Japan legal ist.

Mishimas Tod hatte nicht den von ihm erhofften Aufstand der politischen Rechten zur Folge. Der Premierminister drückte wohl das allgemeine Empfinden aus, als er Mishima für verrückt erklärte. Viele sahen in dem Vorfall auch einen gemeinsamen Selbstmord zweier Liebender. Der Verkauf seiner Bücher ging immer mehr zurück; die letzten Bände von »Das Meer der Fruchtbarkeit« wurden mit demselben Desinteresse aufgenommen wie die ersten.

Rückblickend kann man Mishima nicht wirklich ernst nehmen. Die Fotos von sich, die er am meisten mochte, zeigen ihn als muskulösen Athleten oder Samurai-Krieger mit ausgestrecktem Arm und dem Schlachtruf »Banzai!« auf den Lippen; doch das Bild, das sein Wesen eigentlich am besten trifft, ist das Foto eines vierjährigen Jungen, der auf einem Pferd sitzt und mit einer Mischung aus Zweifel und Argwohn in die Kamera blickt. Dies war der wirkliche Mishima.

Die Schlussfolgerung aus diesem Kapitel ist, dass Yeats irrte: Die Maske wird nie zur Realität, auch wenn sie noch so lange getragen wird. Doch die Person dahinter bleibt gefangen wie die Fliege im Bernstein.

Im praktischen Leben war Yeats weitaus besser als seine Theorie. Er verwarf die Maske und ließ seine Dichtkunst durch Hinterfragung, Selbstzweifel und die Erforschung seiner Gedanken immer weiter wachsen – mit dem Resultat, dass er sich von allen Dichtern des 20. Jahrhunderts am erfolgreichsten bis zu seinem Tod kontinuierlich weiterentwickelte.

Kapitel 10
Der zweite Strom

Die einzige Erlöserfigur, mit der ich je in persönlichen Kontakt kam, war eine Frau namens Charlotte Bach. Ihr Fall ist nicht weniger lehrreich und faszinierend als die anderen in diesem Buch.

Ich erfuhr von Charlotte zum ersten Mal im Herbst des Jahres 1971, als der Postbote ein schweres Päckchen bei mir ablieferte. Es enthielt ein etwa 600 Seiten umfassendes Manuskript mit der eigenartigen Überschrift »Homo Mutans, Homo Luminens«, was sie mir später mit »Der Mensch als Veränderer und der Mensch als Bringer des Lichts« übersetzte; der Untertitel lautete »Eine Einführung in die menschliche Ethologie«. Ich musste mein Wörterbuch bemühen, um zu erfahren, dass unter »Ethologie« die Wissenschaft vom Verhalten zu verstehen ist und dass sie Fragen über dessen Ursachen, Entwicklung und Evolution in sich vereint. Doch auch dadurch wurde ich noch nicht wirklich schlauer.

Das Manuskript war in einer absolut unverständlichen Sprache verfasst und voller Zitate von und Hinweise auf Zoologen wie Desmond Morris, Niko Tinbergen und Konrad Lorenz sowie Psychologen wie C.G. Jung und Freud. Als ich ihr höflich zurückschrieb, sie möge sich doch bitte verständlich machen, schickte Charlotte ein zweites Manuskript, das ebenso voluminös und unleserlich war. Offenbar waren das erste lediglich die »Prolegomena«, eine Art Vorbemerkung, gewesen.

Ein paar Tage später, als ich mit einer Erkältung im Bett lag, unternahm ich einen beherzten Versuch, diese »Prolegomena« zu lesen, und hatte schließlich den Eindruck, dass Frau Bach, wenngleich ihr Stil zu wünschen übrig ließ, äußerst belesen und gelehrt war. Was sie zu sagen hatte, erschien mir neuartig und bedeutend. Das teilte ich ihr kurz schriftlich mit, woraufhin sie mir unverzüglich einen Brief zurückschrieb, der mit den Worten »Dankeschön, Dankeschön, Dankeschön!« begann. Später erzählte sie mir, sie sei in Tränen ausgebrochen, als sie meinen Brief gelesen hatte.

Später traf ich sie in London. Sie war eine sehr stattliche Frau mit großem Busen, tiefer Stimme und einem ungarischen Akzent. Ich lud sie zusammen mit einigen Freunden zum Abendessen ein. Mein erster Eindruck war, dass sie lesbisch sein musste, doch als einer meiner Gäste mir später erzählte, sie habe sich von ihm mit einem Zungenkuss verabschiedet, musste ich einräumen, dass ich mich diesbezüglich wohl getäuscht hatte.

An jenem Abend erzählte sie uns, ihr Ehemann und sie hätten Ungarn bei der kommunistischen Machtübernahme 1948 verlassen und seien nach England gegangen. 1965 starb ihr Mann im Krankenhaus nach einer Operation, und nur zwei Wochen später verlor sie durch einen Verkehrsunfall ihren Sohn – als sie uns dies erzählte, schluchzte sie in ihr Taschentuch. Diese Geschichte – samt Schluchzen – wiederholte sie einige Wochen darauf, als ich sie mit einem Freund bekannt machte.

Zwei Jahre später bat mich die Londoner Stadtzeitschrift *Time Out*, mit Charlotte ein Interview zu machen, da sie offenbar Dutzende von Anhängern habe. Das Problem war, dass ich ihre Theorie nach wie vor nicht verstand. Ich traf mich also mit ihr und bat sie, mir ihren Gedankengang von Anfang an zu erklären.

Es habe alles nach dem Tod ihres Mannes und Sohnes begonnen, eröffnete sie das Gespräch. Damals habe sie dringend etwas gebraucht, um sich von den ständigen Gedanken an diese doppelte Tragödie abzulenken. Da sie einmal Psychologie studiert hatte, entschloss sie sich, ein kleines psychologisches Wörterbuch zusammenzustellen. Doch bei den Definitionen diverser sexueller Perversionen sei sie auf Probleme gestoßen: Wo hörte die »Normalität« auf, und wo fing die »Perversion« an?

Sie suchte per Annonce Kontakt zu Menschen mit diversen sexuellen Anomalien. Auf diese Weise wurde sie mit Sadisten,

Masochisten, Homosexuellen, Transvestiten und so weiter bekannt und erfuhr zu ihrem Erstaunen, dass die Transvestiten ganz anders waren als »die anderen«. Ein gut gekleideter Universitätsprofessor fragte sie, ob sie etwas dagegen hätte, wenn er sich »normal« benähme; als sie verneinte, zog er die Hose aus – es zeigte sich, dass er darunter mit Damenhöschen, Strapsen und Seidenstrümpfen bekleidet war. So saß er dann da, paffte ruhig an seiner Pfeife und beantwortete ihre Fragen. Ein anderer ihrer Bekannten war der Transvestit Derrick Alexander, der der Meinung war, eine Frau in einem Männerkörper zu sein – Charlotte überredete ihn schließlich zu einer operativen Geschlechtsumwandlung. Dieser Mensch, meinte sie, sei ganz offensichtlich ein Beispiel für einen Fehler der Natur gewesen. Konnte das demnach nicht auch bei anderen so genannten »Perversionen« der Fall sein?

Eines Tages las sie einen Artikel von Desmond Morris über den Zebrafink. Offenbar führt ein zur Paarung bereites Männchen, wenn es von einem Weibchen zurückgewiesen wird, den Werbungstanz des Weibchens auf. Auch bestimmte Stichlingsarten scheinen auf dieselbe paradoxe Weise zu reagieren; wenn ein Männchen kein Weibchen findet, beginnt es häufig, sich wie ein solches zu benehmen – als würde die Frustration ein »homosexuelles« Verhalten provozieren.

Zoologen nennen solche abnormen Verhaltensmuster »Übersprungshandlungen«. Zwei wütende männliche Fische sehen aus, als würden sie sich im nächsten Augenblick gegenseitig zerreißen, doch dann stecken sie die Köpfe in den Sand und wedeln mit den Schwänzen. Auf diese Art und Weise verhindert die Natur Blutvergießen. Ein ähnliches Verhalten zeigen Menschen, wenn sie mit den Fingern auf den Tisch trommeln oder mit den Füßen wippen, um durch Frustration angestaute Energie abzulassen; auch das sind Übersprungshandlungen oder, wie Charlotte es ausdrückte, »Überlaufhandlungen«. Ein genervter Mann mag zwar mit den Fingern trommeln, doch er wird deshalb nicht gleich Frauenunterwäsche anziehen. Warum also verhalten sich Zebrafinken und Stichlinge wie das andere Geschlecht?

Die Antwort, so Charlotte, kam ihr in Form eines Geistesblitzes: Weil wir nämlich in Wirklichkeit alle zur Hälfte »Männchen« und »Weibchen« sind. In einigen von uns scheint der männliche Part die Schlacht gewonnen zu haben und in anderen eben der weibliche. Doch solch »ausgewogene« Menschen, dachte Charlotte, sind uninteressant: Sie suchen und finden einen Angehörigen des jeweils anderen Geschlechts und führen dann ein Leben der Normalität und Mittelmäßigkeit.

Weit interessanter, erzählte sie mir, seien Männer wie Michelangelo oder Leonardo da Vinci, bei denen der »innere« Geschlechterkonflikt ungelöst blieb. Nietzsche sagte einmal, man müsse Chaos in sich haben, um einen tanzenden Stern gebären zu können. Bei Menschen mit einem inneren sexuellen Konflikt sei daher die Wahrscheinlichkeit, dass sie große Kunst hervorbringen, größer. Weshalb sonst waren und sind so viele Homosexuelle Künstler und Poeten?

Eines Tages berichtete ein junger, religionsbesessener Mann Charlotte, er habe einen achtstündigen Orgasmus gehabt. Als sie dann ein Buch von Mircea Eliade über Schamanen in Stammesgesellschaften las, erfuhr sie, dass solche Menschen Ekstasen erleben, die stundenlang anhalten können. Und plötzlich dämmerte es ihr; auf einmal sei sie aufgesprungen und habe geschrien: »Ja, das ist es, worum es geht – *Evolution!*«

Sie hatte immer vor Augen gehabt, dass der Mensch sich von den anderen Arten dadurch unterscheidet, dass er nach Glück und Erfüllung strebt. Der Mensch hasst Stagnation. Dieses stete Streben ist nichts anderes als der Wunsch, sich immer weiterzuentwickeln. Daraus folgerte sie, dass der Mensch im Gegensatz zu den anderen Arten im Grunde seines Wesens sexuell unbeständig ist. Und dafür gibt es einen guten biologischen Grund, der mit dem schönen Fremdwort Neotenie bezeichnet wird.

Man könnte ihn auch »Peter-Panismus« nennen. Eine neotenische Spezies wird nie erwachsen; sie stirbt, bevor sie ihre volle biologische Reife erreicht. Der mexikanische Axolotl etwa, eine in Seen lebende Salamanderart, ist eigentlich ein Landsalamander im »Babystadium«. Der holländische Zoologe Ludwig Bolk vertrat in den zwanziger Jahren die Ansicht, der Mensch sei womöglich ein neotenischer Affe. Ein Affenembryo erreicht denselben Entwicklungszustand wie ein voll entwickelter menschlicher Embryo, doch dann entwickelt er sich weiter – er bekommt Augenbrauenwülste, Körperbehaarung, Zähne und so fort.

Charlotte betrachtete die Menschen also als eine im Wesentlichen kindliche Spezies, die nie zu ausgereiften Männern und Frauen heranwächst. »Normale« Menschen sind ihr zufolge solche, die ihr inneres Chaos mit einer Art Sperrvorrichtung zurückhalten.

Charlottes Kernaussage lautet, dass es den Mann und die Frau nicht oder zumindest nur in einem »unreifen« physischen Sinne gibt. Wir sind alle sowohl Mann als auch Frau. (C.G. Jung war zu einem ähnlichen Schluss gekommen; er meinte, der Mann trage in sich eine weibliche Komponente, die so genannte *anima,* und die Frau eine männliche, *animus* genannt.) Der hauptsächliche Unterschied zwischen den Menschen besteht darin, inwieweit jeder Einzelne von uns diesen »Teil« des anderen Geschlechts akzeptiert oder von sich weist. Charlotte nennt diejenigen, die ihn akzeptieren, die »Beteuerer«, und die, die ihn zurückweisen, die »Verleugner«. Ihrer Theorie zufolge gibt es acht Wege oder Methoden, mit unserer sexuellen Ambiguität zurechtzukommen. Zunächst einmal sind wir ganz offensichtlich dadurch festgelegt, ob wir als männliches oder weibliches Wesen geboren wurden. Dies bildet die Grundlage für zwei Typen. Es geht aber auch um die Frage, ob eine Person psychisch ein Mann oder eine Frau ist. Es gibt Männer, die sich als Frau fühlen, und umgekehrt. Daraus ergeben sich zwei weitere Typen. Einen Menschen, der psychisch demselben Typ entspricht wie physisch, nennt Charlotte »positiv«; jemanden, der psychisch nicht seinem Körpertyp entspricht, »negativ«. Einen Homosexuellen – eine Frau also im Körper eines Mannes – würde sie als »männlich negativ« bezeichnen. Doch das für Charlotte bedeutendste Charakteristikum ist, wie ein Mensch auf das grundlegende innere »Tauziehen« reagiert, den Wunsch also, dem anderen Geschlecht anzugehören. Man denke etwa an eine Person, die physisch ein Mann und psychisch eine Frau ist und dem Drang widersteht, zum anderen Geschlecht zu werden. Oder man denke an jemanden, der psychisch eine Frau, physisch aber ein Mann ist und seinen/ihren maskulinen Aspekt bekräftigt.

Diese drei Faktoren – physisches Geschlecht, psychisches Geschlecht und der Umstand, ob er oder sie den Drang hin zum anderen Geschlecht akzeptiert oder zurückweist – ergeben acht Typen. Ein »normaler Mann« ist eine männliche Seele in einem männlichen Körper, der mit seiner Männlichkeit glücklich und zufrieden ist und seine feminine Seite verleugnet. Und eine »normale Frau« ist eine weibliche Seele in einem weiblichen Körper, die sich ihrer Weiblichkeit erfreut und ihre maskuline Seite verleugnet. Charlottes Meinung über »normale« Menschen war dementsprechend nicht sehr hoch; sie meinte, diese Leute seien Feiglinge, die sich ihren grundlegenden Entwicklungsmöglichkeiten verschließen.

Seltsamerweise hatte sie aber auch für zwei weitere sexuell stabile Typen nicht viel übrig. Manche Frauen haben eine weibliche Seele und einen weiblichen Körper, aber den Wunsch, ein Mann zu sein. Die Rede ist vom »kessen Vater«, dem Zigarre rauchenden Mannweib in Männerkleidung. Und ebenso gibt es die männliche Seele im männlichen Körper mit dem Wunsch, eine Frau zu sein – der Transvestit, der versucht, auszusehen und sich zu benehmen wie eine Frau. Da diese beiden Typen den Drang hin zum anderen Geschlecht akzeptiert haben, sind auch sie unkreativ, stabil und »uninteressant«.

Was Charlotte interessiert, sind die vier instabilen Typen. »Superfeminine«, also äußerst feminin wirkende Lesben (sodass Männer sich oft fragen, weshalb sie sich an Frauen verschwenden), sind männliche Seelen in einem weiblichen Körper, die ihre Femininität geltend machen. Doch auch die Seele eines Mannes in einem weiblichen Körper kann ihren femininen Aspekt verleugnen und eine herrische, anmaßende Frau werden.

Dann gibt es die Männer, die psychologisch betrachtet weiblich sind, es aber vorziehen, ihre Männlichkeit zur Geltung zu bringen, indem sie sich wichtig machen – Charlotte meinte, diesem im Grunde homosexuellen Typ würden vor allem viele Motorradfahrer in dicken Lederjacken entsprechen.

Und schließlich gibt es noch den männlichen Typ, der psychologisch gesehen weiblich ist, aber nicht männlich werden will und deshalb zur Drag Queen, zum Homosexuellen in Frauenkleidern, wird.

Alle diese Typen sind instabil und Veränderungen unterworfen. Der Rowdy in der Lederjacke kann aufhören, seine Feminität zu verleugnen, und sich zum Schwulen entwickeln. Die superfeminine Lesbe (die psychologisch gesehen ein Mann ist) kann zur normalen Hausfrau werden. Die Drag Queen kann genug davon bekommen, ihre/seine Männlichkeit zu leugnen und eine eindeutigere Rolle einnehmen – Charlotte kannte einen solchen Menschen, der Künstler wurde. Sie lernte auch eine superfeminine Lesbe kennen, die das Leugnen ihres männlichen Aspekts irgendwann satt hatte; sie ist heute Schriftstellerin.

Charlotte zufolge ist Kreativität also eine Reaktion auf diese innere Spannung zwischen männlichen und weiblichen Anteilen. Ich meine mich zu erinnern, dass sie mir sagte, Hemingway sei eine weibliche Seele in einem männlichen Körper gewesen, der/die es vorgezogen habe, seine/ihre Männlichkeit geltend zu machen. Ich fand das alles sehr überzeugend und schrieb darüber einen Artikel für *Time Out*, was zur Folge hatte, dass sich die Zahl ihrer Anhänger beträchtlich vermehrte; einige lernte ich kennen und fand sie sehr interessant. Die meisten waren hochintelligent, viele ausgezeichnete Köpfe waren darunter und auf den ersten Blick als Homosexuelle erkennbar. Charlotte unterrichtete inzwischen an einem Polytechnikum im Londoner Zentrum und war permanent von Bewunderern umgeben. War ihr Selbstwertgefühl schon früher enorm gewesen, so wurde es nun geradezu umwerfend. Sie ließ mich wissen, dass sie nicht mit einem Nobelpreis rechnen würde, sondern mit zweien!

Ihre Popularität beruhte zweifellos auf der Tatsache, dass sie so vielen Menschen, die sich als gesellschaftliche Außenseiter betrachtet hatten, einen neuen Sinn und ein neues Selbstvertrauen gab. Mit ihrer auf einem immensen Wissen basierenden wissenschaftlichen Theorie konnte sie ihnen ein Gefühl von Bedeutung vermitteln. Durch Charlottes Verknüpfung von Religion und Evolution mit sexueller Andersartigkeit gewannen diese Menschen sogar den Eindruck, ihren »normalen« Zeitgenossen etwas vorauszuhaben: Sie waren potenziell kreativ und die normalen Leute nicht. Sie waren sozusagen die Spitze der Evolution. Kein Wunder also, dass ihre Anhänger Charlotte wie einen Messias bewunderten.

Einige Jahre nach dem Artikel in *Time Out* schrieb ich in meinem 1978 erschienenen Buch »Rätselhafte Mystik« in dem Kapitel über die Evolution auch einen Abschnitt über Charlotte. Darüber freute sie sich so sehr, dass sie diesen Teil separat drucken ließ; das Büchlein fand weite Verbreitung unter ihren Anhängern. Die Kosten dafür übernahmen einige ihrer wohlhabenden Bewunderer.

Ich sollte hinzufügen, dass sie in ihrer Arbeit sehr aggressiv und provokant war. Sie verbrachte viel Zeit damit, die konventionelle Wissenschaft und ihre Vertreter zu attackieren, und zwar immer sehr emotionell – eine Haltung, die Wissenschaftler verständlicherweise mit »Spinnern« assoziieren.

Und dann, eines Tages im Jahre 1981, wurde Charlotte in ihrer Wohnung in Highgate tot aufgefunden. Jemand hatte die Ansammlung von Milchflaschen vor der Tür bemerkt, und als die Polizei sich Zutritt verschaffte, stellte sie fest, dass Charlotte schon vor mehreren Tagen gestorben war. Die Todesursache war Leberkrebs.

Einer ihrer Anhänger, der mich anrief und mir ihren Tod mitteilte, fügte noch eine interessante Information hinzu: Charlotte war ein Mann gewesen. Jetzt erst erfuhr ich die wirklich interessante Seite von Charlottes Leben.

Sein/ihr tatsächlicher Name war Carl Hajdu gewesen, und den Papieren zufolge war Carl der Sohn eines hochrangigen Beamten in Budapest mit dem Titel eines Barons gewesen.

Doch als weitere Informationen ans Licht kamen, stellte sich heraus, dass auch dies nicht der Wahrheit entsprach. Carl/Charlotte, geboren 1920, war der Spross einer typischen Arbeiterfamilie, und obwohl er die Universität in Budapest besuchte, hatte er dafür nie ein Anmeldeformular vorgelegt und seine Lehrer mit der anmaßenden Behauptung, ein Genie zu sein, gegen sich aufgebracht. Während des Krieges war er Unterleutnant der ungarischen Armee geworden, und als sich Ungarn 1944 mit Hitler verbündete, ging er zur SS. 1948 floh er vor den Kommunisten nach England.

Er war schon damals ein Transvestit gewesen. Anscheinend hatte er eines Tages Nylonstrümpfe gekauft, um sie am Abend einer Freundin zum Geschenk zu machen. Doch sie rief an und teilte ihm mit, sie sei verhindert, und so ging er anstatt mit ihr mit einem Buch ins Bett. Als er so dalag – und zweifellos bedauerte, dass sie nicht bei ihm sein konnte –, verspürte er einen überraschenden Drang, die Strümpfe anzuziehen und zu masturbieren. Das Ergebnis war ein Orgasmus von beispielloser Intensität.

Später bewahrte ein Freund einen Koffer mit Kleidung seiner Frau in Carls Wohnung auf, der daraufhin begann, sich Frauenkleider anzuziehen und erneut ungeahnte Erregungen erlebte. Und als er schließlich eine Affäre mit einer verheirateten Frau hatte, die einen Teil ihrer Kleidung in seiner Wohnung ließ, und er diese anzog, bereitete ihm dies mehr Vergnügen, als mit ihr zu schlafen.

Er gab vor, ein Psychiater zu sein, und »verlieh« sich selbst einige Titel, schrieb für Zeitschriften Artikel mit Titeln wie »Sollten große Mädchen geschlagen werden?« oder »Warum muss ich nur immer wieder stehlen?« und begann ein neues Leben unter dem falschen Namen Michael Karoly.

Ein unveröffentlichter Roman mit dem Titel »Fiona«, den er schrieb, ließ jedoch keinen Zweifel an seiner Heterosexualität. Er hatte zahlreiche Freundinnen, fand großes Vergnügen an sexuellen Eroberungen und konnte seine Geliebten offenbar auch voll befriedigen. Doch der Roman ließ erkennen, dass er eigentlich ein schrecklicher Snob war.

Eine seiner Geliebten, eine geschiedene Frau namens Phyllis, die einen kleinen Sohn hatte, heiratete Hajdu. Er arbeitete als freiberuflicher Grundstücksmakler und kam einmal mit dem Gesetz in Konflikt, weil er Geld für ungarische Flüchtlinge sammelte, das aber dann auf seinem eigenen Bankkonto verblieb. Möglicherweise änderte er deshalb seinen Namen in Michael Karoly. Doch Phyllis und ihr Söhnchen starben; daraufhin sperrte er sich in seiner Wohnung ein und trug meistens ihre Kleider. Rechnungen blieben unbezahlt, und er war nahe daran, sich umzubringen. Die Person, die schließlich aus der Wohnung kam, kleidete sich als Frau und nannte sich Dr. Charlotte Bach.

Als ich von einem Anhänger namens Bob Mellors all diese biografischen Daten bekam, gelangte ein weiterer seltsamer Aspekt ans Licht. Charlotte hatte einen starken Hang zur Kriminalität gehabt. Bob Mellors hatte herausgefunden, dass Charlotte gewohnheitsmäßig in Läden stahl. Doch offensichtlich war das noch nicht spannend genug. Sie sah sich zum Beispiel Unterwäsche an und ließ dabei einen BH unter dem Mantel verschwinden. Aber am nächsten Tag ging sie dann in das Geschäft zurück und sagte, der BH habe die falsche Größe, und sie wolle ihn umtauschen. Nach dem Kassenzettel befragt, erklärte sie mit hilflosem Blick, sie habe ihn verlegt. Trotzdem bekam sie jedes Mal einen Umtausch bewilligt.

Einmal war ich mit Charlotte zum Essen ausgegangen, und unterwegs hatte sie mir ihre Druckerei gezeigt, in der man sie offensichtlich sehr verehrte. Doch einem ihrer Anhänger erzählte sie, sie würde aus dem Betrieb nie herauskommen, ohne eine Kleinigkeit »mitgehen« zu lassen.

Als ich dies erfuhr, wurde mir klar, dass die Beziehung mit mir ihr großes Vergnügen bereitet haben musste. Sie hatte mich ebenso hereingelegt, wie sie jeden anderen Menschen getäuscht hatte. Diese Täuschungen und Irreführungen mussten ihr einen unbeschreiblichen Kick gegeben haben. Und deshalb folgte sie auch nie Derrick Alexanders Beispiel und ließ sich umoperieren – denn dann wäre sie eine Frau gewesen und hätte niemanden mehr täuschen können.

Nun wurde mir auch klar, weshalb ich mit Charlottes Evolutionstheorie nicht übereinstimmte. Sie beruhte auf der Annahme, dass Evolution aus einem inneren sexuellen Konflikt heraus geschieht und dass dieser Konflikt das Resultat einer Unreife ist. Das lief aber auf eine doppelte Verdrehung der Tatsachen hinaus. Sie hatte nicht nur ihren Transvestismus zur Grundlage ihrer Theorie gemacht, sondern auch die ihr eigene Unreife – diese seltsame, kindische Unehrlichkeit, dieses Vergnügen daran, zu lügen, zu stehlen und zu hintergehen.

Und dies war eine Frau – oder ein Mann – gewesen, dessen tiefste Sehnsucht darin bestand, »jemand«, eine bekannte Persönlichkeit, ein Guru zu sein: kurz gesagt, wie die meisten anderen in diesem Buch Erwähnten, ein Messias. Und ich hatte, zumindest bis zu einem gewissen Grad, dazu beigetragen, diese Sehnsucht zu verwirklichen – am Beginn unserer Bekanntschaft hatte ich Charlotte erlaubt, eine Empfehlung von mir auf ihrem Briefpapier zu verwenden.

Natürlich wurde die Berühmtheit, die sie schließlich erreicht hatte, von einem grundsätzlichen Hindernis erschwert. Es wäre zum Beispiel riskant für sie gewesen, im Fernsehen aufzutreten, denn irgendein Transvestit hätte mit Sicherheit erkannt, dass sie ein Mann war, und dies öffentlich geäußert. Selbst ihr Tod verdeutlichte dieses Problem. Sie hatte ja viele Ärzte als Freunde gehabt, konnte aber keinem erlauben, sie zu untersuchen. Deshalb starb sie allein, ohne jegliche Hilfe.

Charlotte trägt zur Lösung vieler Aspekte der in diesem Buch behandelten Probleme bei. Beginnen wir mit dem Problem der sexuellen Perversion. Charlotte/Carl war ein Mensch mit einem ungewöhnlich starken Sexualtrieb. In seinen posthum bekannt gewordenen Aufzeichnungen erwähnt er, dass er schon mit zehn Jahren zu masturbieren begann, »und ich habe nie damit aufgehört«. Mit 15 Jahren kam es zur ersten sexuellen Erfahrung mit einer Prostituierten, die zu dem erhofften großen Vergnügen wurde. Als er die Frau danach beobachtete, wie sie ihre Strümpfe wieder anzog, wurde er erneut erregt und wollte noch einmal von vorne anfangen, doch dazu fehlte ihm das Geld.

Später erklärte ihm ein Psychiater, wenn er ein zweites Mal mit dieser Frau geschlafen hätte, wäre er wahrscheinlich nie ein Transvestit geworden. Ob dies der Wahrheit entspricht, mag dahingestellt sein. Sicher ist, dass weibliche Unterwäsche – wie bei den meisten Sexbesessenen – für sein Vergnügen am Sex eine wichtige Rolle spielte.

Und plötzlich wird auch erkennbar, weshalb Carl zum Transvestiten wurde. Sexuelle Erregung scheint einen Wunsch zu erzeugen, sich mit dem anderen Geschlecht durch gegenseitige Penetration zu »vereinigen«. Und wenn er vollständig als Frau gekleidet war, hatte er sich sogar noch intimer »vereinigt«, indem er zu der Frau, die er begehrte, »geworden« war. Sein Penis brauchte also gar nicht einzudringen, denn in einem gewissen Sinn war er bereits in ihr. In ihren Kleidern zu sein, gab ihm das Gefühl, zu ihr geworden zu sein. Er hatte sozusagen Sex mit sich selbst. Das Resultat war wahrscheinlich ein sanfter, aber dafür kontinuierlicher Orgasmus, etwa wie ein niedriger elektrischer Strom.

Es versteht sich von selbst, dass kein Tier zu einer so eigenartigen Mutation imstande wäre, denn dies ist ein höchst absonderlicher Gebrauch der menschlichen Fantasie, oder, besser gesagt, dessen, was ich als »transformatives Vermögen« bezeichnet habe.

Allerdings lässt sich auch erkennen, dass das Ganze ein seltsames Element von Unreife in sich birgt. W.H. Auden gestand einmal ein, dass er in einer homosexuellen Beziehung etwas Unanständiges sah. Er meinte, sie sei in etwa dem vergleichbar, wenn sich zwei Schuljungen in der Toilette »ungehörig« benehmen. Es ist jedoch äußerst schwierig, die menschliche Sexualität von diesem Element des »Ungehörigen« zu trennen. Die kindliche Sexualität ist, wie Freud erkannte, in mancher Hinsicht stärker als die des Erwachsenen, weil sie durch das Gefühl, ungehörig und verboten zu sein, noch verstärkt wird. Das Kind kann sich nicht vorstellen, dass seine Eltern etwas so »Schmutziges« wie Sex miteinander treiben könnten.

Die Sexualität der Erwachsenen wird im Alltag schnell zur Routine und verliert alle ihre Erregung aus der Jugendzeit und damit die mystische Erfahrung, die Sex bieten kann. Und ein Erwachsener, der entschlossen ist, sich diese jugendliche Erregung zu erhalten, benimmt sich nur allzu leicht wie ein Kind. Kann es etwas Absurderes geben als einen Mann, der wie ein Kleinkind in einen Spielanzug schlüpft und eine Prostituierte bittet, ihn zu schlagen?

Aber auch: Kann es etwas Absurderes geben als Jeffrey Lundgren, der halb nackt auf einem Bett sitzt, mit einem Damenhöschen um den Penis gewickelt, während eine Anhängerin vor ihm einen erotischen Tanz aufführt?

Charlotte erkannte dieses Element der Absurdität in ihrem Inneren. Aber anstatt es als Dummheit zu verwerfen und zu versuchen, erwachsen zu werden, erklärte sie es mit ihrer hervorragenden Intelligenz zur »Neotenie« und nahm sich ganz entschlossen vor, unreif zu bleiben.

Um aber begreifen zu können, weshalb wir nach einer sexuellen Frustration wieder in uns zusammenfallen, müssen wir einen weiteren Begriff beleuchten: den des Selbstbildes. Damit wir in der Gesellschaft und in unserer Umwelt effektiv funktionieren können, brauchen wir eine klare Vorstellung von uns selbst, ein Gefühl der Identität. Ein Lehrer zum Beispiel hat ein klares Identitätsgefühl, weil ihm die Aufgabe zugewiesen ist, Kindern etwas beizubringen, was sie nicht wissen. Sein Selbstbild ist also das eines Lehrers. Eine junge, verheiratete Frau freut sich über ihr Selbstbild als Ehefrau. Wenn sie ein Kind bekommt, erweitert sich ihr Selbstbild zu dem einer Ehefrau und Mutter. Ohne eine derart definierte Rolle empfinden viele Menschen ihr Leben als unglücklich oder gestört. Sie wissen letztlich nicht sicher, wer sie sind.

Unsere Gesellschaft ist der Spiegel, in dem wir uns sehen und der uns ein Gefühl der Identität verleiht. Wir sehen unser Spiegelbild im Auge anderer Menschen. Wenn wir am besten aussehen, wenn wir die Bewunderung unserer Mitmenschen fühlen (vor allem die des anderen Geschlechts), dann wird unser Selbstbild scharf und deutlich. Fühlen wir uns schlecht und unsicher, wird es unscharf.

Für unsere geistige Gesundheit ist ein gutes, klares Selbstbild Voraussetzung, andernfalls bricht unser Ego in sich zusammen. Ein Selbstbild zu haben ist für uns ebenso wichtig wie Nahrung und Wasser.

Jetzt wissen wir auch, was mit Carl Hajdu nicht stimmte. Er wusste, dass er faul, unehrlich und unzuverlässig war. Aber anstatt sich um eine Verbesserung seiner Selbstachtung zu bemühen, entschied er sich für ein Leben des Betrugs und der Täuschungen. Er wurde zu einem gewohnheitsmäßigen Dieb und Lügner; da er aber ein geschliffenes, selbstsicheres Auftreten hatte, wurde er von vielen Frauen bewundert. Sie waren sein hauptsächlicher Schutz gegen den Abscheu vor sich selbst. Doch sie durchschauten ihn relativ bald und verließen ihn dann, und er musste eine neue Geliebte finden. Phyllis, die Frau, die er heiratete, scheint ihn so bewundert zu haben, wie er meinte, bewundert werden zu müssen. Als sie starb, war ihm, als sei ihm sein Spiegel weggenommen worden, denn sein gewohnheitsmäßiges Lügen war bereits zu fest in ihm verwurzelt. Gerade sein Erfolg als Messias wurde zur Falle für ihn; für seine Anhänger musste er Dr. Charlotte Bach sein, die große Psychologin und Wissenschaftlerin.

Dieses Konzept des Selbstbildes ist auf praktisch alle Messias-Figuren dieses Buches anwendbar. Am Anfang ihrer Biografie standen Identitätsprobleme, die sie zu lösen versuchten, indem sie sich als Gurus oder Lehrer etablierten. Ihr erstes klares Selbstbild hatten sie, wenn sie von Anhängern und Bewunderern umgeben waren. Dieses Muster lässt sich bei Bruder Zwölf, Jim Jones, David Koresh, Rock Theriault, Jeffrey Lundgren und Shoko Asahara erkennen. Das ihnen allen gemeinsame Problem war auch jenes von Charlotte: ein grundlegendes Fehlen des Glaubens an sich selbst, und aus diesem Minderwertigkeitsgefühl heraus entwickelte sich allmählich eine Paranoia, die letztlich zu ihrem Scheitern führte.

Und offenbar ist der beste »Spiegel« für die meisten Männer eine bewundernde Frau. Deshalb ist sexuelle Eroberung für Messias-Figuren von so großer Bedeutung. Das ewig Weibliche zieht uns hinan »und erhebt sich auf Stufen aus toten Selbsten zu höheren Dingen« – und die wirkungsvollsten Stufen sind unterwürfige Frauen. Das Problem dabei, Sex als »Weg nach oben« zu benutzen, ist, dass die Hälfte der Stufen fehlt. Wie wir aus Charlottes Fall ersehen können, ist unser Sexleben auf Träumereien gebaut, und Träumereien – Luftschlösser – sind nun einmal keine guten Leitern.

Dr. Johnson aß immer »wie ein Schwein« und ihm lief die Bratensoße über das Kinn. Der Grund dafür sei, so erklärte er, dass er als Student nie genug zu essen bekommen habe und sich seither auf jede Mahlzeit stürze wie ein Verhungernder. Dies veranschaulicht, weshalb die Menschen in Bezug auf Sex so leicht Illusionen erliegen: Die meisten von uns wurden jahrelang »ausgehungert«, bevor sie ersten Sex erlebten; unsere Erwartungen beruhen also auf unrealistischen Fantasien. Diese frühe Konditionierung – sie beginnt unter Umständen bereits Jahre vor der Adoleszenz – kann uns ebenso ein Leben lang anhaften wie Dr. Johnson sein Heißhunger, den er auch noch verspürte, als er längst an drei Mahlzeiten pro Tag gewöhnt war.

Die meisten Messias-Figuren haben also mit demselben Problem zu kämpfen wie Charlotte – einer inneren Verwirrung, die aus einer völlig falschen Bewertung der Bedeutung des Sex resultiert.

Eine Sekte unserer Zeit behauptete, sexuelle Promiskuität sei der rascheste Weg zum Heil. David Berg, der wegen Immoralität aus einer religiösen Gemeinschaft ausgeschlossen worden war, gründete in den sechziger Jahren seinen eigenen Kult unter den Blumenkindern von San Francisco. Bis 1972 war die Bewegung der »Children of God« auf über 200 Ableger in 50 Ländern angewachsen.

Seine Tochter Linda erklärte, ihr Vater – der seinen Namen in Moses geändert hatte – habe absolute sexuelle Freiheit gepredigt. »Bei meiner ersten sexuellen Begegnung mit meinem Vater war ich erst acht Jahre alt ... Als ich älter wurde, sperrte ich mich gegen seine Avancen, aber meine jüngere Schwester Faith tat das nicht.« Mit 17 Jahren wurde Linda zur »Königin der Kinder Gottes« gekrönt – und zwar in Bromley in der englischen Grafschaft Kent, denn inzwischen hatte Berg die Vereinigten Staaten verlassen müssen, weil er dort gesucht wurde. »Später an diesem Abend im September wollte er Sex mit mir haben ... Kurz danach bin ich dann davongelaufen. Das war mein erster Versuch, seinem Einfluss zu entkommen. Ich hätte beinahe Selbstmord begangen. Aber nach ein paar Tagen in London – ich war ganz allein und hatte mich aus Angst versteckt – ging ich wieder zurück. Ich sah keine Alternative, als klein beizugeben.

Mein Vater wusste immer, welchen Knopf er drücken und welche Schwachstellen er angreifen musste, damit er meine Abwehr durchbrechen konnte. Wenn er mit mir fertig war, glaubte ich jedes Mal, dass er im Recht und ich total im Unrecht war.«

Eine andere Anhängerin, die 18-jährige Kristina Jones, beschrieb, wie sie im Alter von zehn Jahren mit einem »Jünger«, den sie widerwärtig fand, ihre Jungfräulichkeit verlor und dieser sie dann wiederholt vergewaltigte; mit zwölf Jahren hatte sie bereits mit 25 Männern geschlafen. Von den »Kindern« wurde erwartet, dass sie sexuell gefügig waren – indem sie sich den Männern hingaben, demonstrierten sie ihre »Liebe zu Gott«; wenn sie Zeichen des Widerstands zeigten, wurden sie bestraft.

Die Kommune hielt regelmäßige, wöchentliche »Gruppen«-Nächte ab, in denen einzelne Pärchen in Schlafzimmern verschwanden, während andere auf Matratzen in der Mitte des Raums dem Gruppensex frönten. Kinder, manche erst fünf Jahre alt, mussten sie mit Striptease-Einlagen unterhalten; diese »Vorführungen« wurden auf Video aufgenommen und mit anderen Kommunen ausgetauscht. Die Briefe von »Moses« Berg wurden laut vorgelesen; darin beschrieb er im Detail Sex mit seinen Enkeln.

Kristina Jones wurde mit zwölf Jahren schließlich von ihrer Mutter gerettet, die aus der Sekte geflohen war. Doch es fiel ihr äußerst schwer, sich im Leben außerhalb der Gruppe, wo sie selbstverantwortlich denken und handeln musste, zurechtzufinden. Da sexuelle Forderungen für sie zur Normalität geworden waren, fand sie es überdies schwierig, solche abzuweisen. »Seine Prophezeiungen haben sich nie bewahrheitet«, fügt sie hinzu. »Wenn, dann wäre Kalifornien ins Meer gestürzt, und Jesus wäre 1993 wieder auf die Erde gekommen. Aber wenn Berg seinen Mitgliedern sagen würde, sie sollten sich morgen umbringen, dann würden sie es tun.«

Bergs Überzeugung, dass Sex der Weg zum Heil sei, ist absolut nichts Neues. Der Tantra-Yoga betrachtet Sex als eine Form der Kontrolle des Geistes. Für Crowleys Ordo Templi Orientis war er der wesentliche Teil eines magischen Rituals. Aber was Berg vorschwebte, war nicht Sex als eine Disziplin, sondern als ein Selbstbedienungsladen, in dem selbst Kinder als »Sexspielzeug« frei zur Verfügung stehen sollten. Er behauptete, totale sexuelle Freiheit würde den Menschen zu einem vollkommeneren und gottähnlicheren Wesen machen. Kurz gesagt, er glaubte ebenso wie Charlotte, dass Sex mit Evolution zusammenhänge.

Dieser Gedanke mutet durchaus plausibel an. In einem persönlichen Sinn bedeutet Evolution, erwachsen zu werden und die eigene Unreife zu überwinden. Aus diesem Grunde reisen wir auch alle gern. Reisen eröffnet uns neue Erfahrungen und neue Horizonte;

niemand wird bestreiten, dass das zum Erwachsenwerden beiträgt. Und gilt dies nicht auch für Sex? Jeder Teenager will einen Freund oder eine Freundin, denn die Erfahrung des anderen Geschlechts ist ein bedeutender Teil des Erwachsenwerdens. Aber wir erkennen auch, dass das nur in einem gewissen Maße zutrifft und dass Promiskuität langweilig und sinnlos werden kann. Der Grund dafür ist einfach der, dass wir sich ständig wiederholenden Erfahrungen keine große Aufmerksamkeit mehr schenken, sie werden mechanisch.

Wenn wir sagen, eine Erfahrung sei mechanisch geworden, meinen wir damit, dass wir den tiefen Bezug zu ihr verloren haben. Sie ereignet sich nur mehr in unserem Kopf. Deshalb ist Autoerotizismus nicht der persönlichen Entwicklung dienlich – er ist im Wesentlichen ein in sich geschlossener Kreis.

Und deshalb ist auch Charlottes Vorstellung, dass sexuelle Perversion mit Evolution zu tun habe, ein Trugschluss. Ihr Transvestismus war ein ausgeklügeltes Spiel, das aber ausschließlich in ihrem Kopf stattfand.

Unser Unvermögen zu begreifen, dass Sex größtenteils »mental« ist, beruht auf einem falschen Vergleich mit Nahrung. Es ist zwar richtig, dass Nahrung ebenso wie Sex einen »mentalen« Aspekt mit beinhaltet. Für die »Nouvelle Cuisine« zum Beispiel ist das Aussehen und die Art der Präsentation der Gerichte von großer Bedeutung; das Essen muss attraktiv auf dem Teller angerichtet sein. Aber unser Bedürfnis nach Nahrung ist trotzdem ein richtiges, echtes Bedürfnis und nicht etwa eine Einbildung, denn ohne Nahrung hungern wir.

So hat auch sexuelle Erregung zunächst eine rein physische Seite. Sie hängt ab von einer elektrischen Spannung, die sich in den Lenden konzentriert und sich durch Reibung entlädt. Wird zu viel von dieser »statischen Ladung« akkumuliert, kann dies zu einer ständigen Erregung führen, die einen Mann zu einem Lüstling macht und eine Frau nymphoman werden lässt. Und ein Mensch mit einer großen Menge nicht entladener sexueller Erregung in den Lenden fühlt sich gequält wie ein hungerndes Tier, das an nichts anderes denken kann als an Nahrung. Aber so stark dieser rein körperliche Aspekt des Begehrens auch sein mag, es ist der Geist, der entscheidet, wohin es gelenkt wird. Rein physischer Sex wäre grundlangweilig. Sexuelle Aktivität muss begleitet sein von dem Gedanken daran, was wir tun. Je stärker diese gedankliche Komponente ist, desto befriedigender ist der Sex. Ohne sie wäre Sex etwas rein Mechanisches. Diese gedankliche Komponente ist auch der Grund dafür, dass die Vorstellung von »Sex als Evolution« im 20. Jahrhundert so sehr in Mode kam.

Auch D.H. Lawrence, ein weiterer Anhänger des mystischen Sex, bezeichnet den Penis als »dasjenige, was uns mit den Sternen ... verbindet«. Er trat eine Zeit lang für totale sexuelle Freiheit ein; sein 1920 begonnener, aber unvollendet gebliebener Roman »Mr. Noon« basiert auf der Philosophie des österreichischen Arztes und Psychoanalytikers Otto Groß, der die Ansicht vertrat, dass »Vergnügen die einzige Quelle von Wert« sei. Dass Lawrence – der einmal schrieb: »Was viele Frauen nicht geben können, kann eine geben« – den Gedanken, dass in der Promiskuität die vollkommene sexuelle Erfüllung liege, auch nur in Betracht zog, zeigt, wie verwirrt seine Sexualphilosophie im Grunde war.

Wenn wir also begreifen, weshalb sexuelle Illusion in Frustration enden muss, dann verstehen wir auch, warum die meisten der hier besprochenen Messias-Figuren paranoid wurden. Da sie fest daran glaubten, dass ein Harem der Schlüssel zu ihrer persönlichen Weiterentwicklung sein würde, wurden sie umso frustrierter, je mehr sie erkennen mussten, dass sie trotzdem ein seltsames Gefühl der Leere nicht loswurden. Ich zitiere hierzu noch einmal D.H. Lawrence, der in »Söhne und Liebhaber« schreibt: »Er verbrachte die Woche mit Miriam und erschöpfte sie mit seiner Leidenschaft, noch ehe diese bei ihm vorüber war ... danach verspürte er immer ein Gefühl von Scheitern und Tod.« Durch den wiederholten Liebesakt schwindet seine Leidenschaft, und es bleibt nur ein Gefühl von Scheitern und Tod, weil seine sexuelle Verzückung einer Illusion nachjagt und ihn mit leeren Händen zurücklässt.

Wenn es aber bei der Evolution nicht um Sex geht, worum geht es dann?

Charlotte war auf einen wichtigen Aspekt gekommen, als sie über Genies schrieb – Menschen wie Beethoven, Leonardo oder

Michelangelo. Doch sie kam zu dem unhaltbaren Schluss, dass deren Kreativität dem Wunsch entsprang, zum anderen Geschlecht zu *werden*. Charlotte zufolge waren Michelangelo und Leonardo kreativ, weil ihre Sexualität sie quälte. Das klingt plausibel, weil beide homosexuell waren. Inwieweit trifft dieses Argument jedoch auf Beethoven zu, der eindeutig heterosexuell war?

Aber warum sollte ein sexueller Konflikt nicht auch in einem solchen Fall große Kunst hervorbringen können?

Wir müssen nur an Charlotte denken, wie sie sich als Frau kleidete, um die Antwort zu erkennen. Sie konnte mit Faust behaupten: »Zwei Seelen wohnen, ach, in meiner Brust.« Die eine war ein intellektueller Mann mit dem Ehrgeiz, Schriftsteller zu werden; die andere eine Frau, die sich gehen ließ und es liebte zu stehlen und zu lügen. Charlotte war also eine Art Dr. Jekyll und »Mrs.« Hyde, und Letztere war im Teufelskreis des Autoerotizismus gefangen. Die Entscheidung, diesem Teil Priorität einzuräumen, enthält ein Element der Trivialität, ein Element, das in allen Kriminellen spürbar ist. Mit dem Entschluss, zu lügen, zu stehlen und zu betrügen, verurteilen sie sich quasi selbst zu einem kindischen Verhalten. Kriminalität ist eine Form von Selbstsucht, ein Entschluss, sich selbst immer an erste Stelle zu setzen, wie es auch verwöhnte Kinder tun. Sie führt keineswegs dazu, große Kunst oder große Ideen zu kreieren.

Diese Trivialität wird auch sichtbar in der Einstellung der Messias-Figuren zum Sex und vor allem in ihrer Selbstsucht, denn letztlich versuchen sie nichts anderes, als einen kindlichen Traum von absoluter Macht wahr werden zu lassen.

Doch all dies bringt uns nur zu unserer Ausgangsfrage zurück: Wenn es bei der Evolution nicht um Sex geht, worum geht es dann? Beethovens Tagebücher liefern uns mit ihren Einblicken in sein intensives kreatives Ringen einen Hinweis. Wie es scheint, baut sich eine tiefe Frustration immer weiter auf bis zu einem Punkt, dessen Überschreitung einer Explosion gleichkäme. Hier kommt dann das Unbewusste zu Hilfe, und was zunächst ungeschickt und ein wenig falsch erschien, wird plötzlich anmutig und vollkommen richtig.

Wir haben diesen Prozess schon an anderer Stelle angetroffen, nämlich in Lindners Fall Kirk Allen. Bei Allens erster sexueller Begegnung lag der gesamte Verführungspart bei der Frau; jeglicher »Zauber«, den sie vielleicht für ihn gehabt hätte, muss schon bei diesem ersten Mal verflogen sein. Danach war er eine Art Sexsklave, der sein Bestes tat, um ihr unersättliches Begehren zu befriedigen. All das muss für seine Selbstachtung katastrophal gewesen sein. Später lernte er dann eine andere Frau kennen, die alle seine Traumata von neuem wachrief und für ihn wieder die Gefahr eines vernichtenden Verlustes seiner Selbstachtung heraufbeschwor. Seine Reaktion war, in seine marsische Identität zurückzuflüchten. Er bat sozusagen sein Unbewusstes, ihn wieder zum Mars zu schicken. Und das Unbewusste erkannte die Gefahr und tat genau das.

Man kann den Fall Kirk Allen zwar auf einer abstrakten Ebene einigermaßen verstehen, aber praktisch ist es dennoch unmöglich, sich in einen Menschen zu versetzen, der mentale Reisen zum Mars unternehmen konnte. Das überschreitet unseren Erfahrungshorizont ganz einfach. Wir können eine beharrliche Fantasie verstehen, aber nicht, wie diese vollkommen real werden kann. Wir können uns nicht vorstellen, auf dem Mars von einem *wirklichen* Schreibtisch in einem *wirklichen* Zimmer aufzustehen und zu einem *wirklichen* Aktenschrank zu gehen. In unserer normalen Welt gibt es immer eine klare Trennungslinie zwischen Fantasie und Realität. Wenn wir jedoch diesen Fall richtig begreifen, erkennen wir, dass die Realität nicht einfach und unzweideutig ist. Wenn die Selbstachtung in höchster Gefahr ist, kommt ihr das Unbewusste mit Täuschungen oder Einbildungen zu Hilfe.

In E.T.A. Hoffmanns Erzählzyklus »Die Serapions-Brüder« gibt es eine Geschichte über einen Diplomaten, der verrückt geworden und fest davon überzeugt ist, ein Mönch namens Serapion zu sein, ein Märtyrer während der Herrschaft des römischen Kaisers Decius. Er lebt in einem Wald in Süddeutschland, den er jedoch für die Wüste Thebais in Ägypten hält. Wenn »geistig Gesunde« ihm dies auszureden versuchen, schüttelt er freundlich den Kopf und fragt, wer besser dran sei: er, der in Frieden mit Gott und der Natur lebe, oder »zivilisierte« Menschen, die ihr Leben lang hinter Geld, Ruhm und anderen Verblendungen herjagen.

Jeden Morgen, so erzählt er seinem Besucher, besteigt er den nahe gelegenen Hügel, von dem aus die Türme Alexandrias zu sehen sind, und sieht die erstaunlichsten Dinge. Er nennt dafür ein Beispiel, und der Besucher ist von der Poesie und Fantasie der Beschreibungen so überwältigt, dass er sich schließlich tief beunruhigt wieder auf den Weg macht und sich fragt, ob der Wahnsinn dieses Verrückten seinem gesunden Verstand nicht vorzuziehen sei.

Der Mönch Serapion entsprang der Feder eines Dichters. Doch wie der Fall Kirk Allen zeigte, kann eine solche Fantasie durchaus zur Realität werden. Betrachten wir einmal das sonderbare Phänomen der Hypnose, bei dem der bewusste Geist ausgeschaltet wird und das Unbewusste seine Kräfte entfaltet. Jeder gute Hypnotiseur hätte Kirk Allen, während dieser auf seiner Couch lag, zum Mars schicken können, und die Erfahrung wäre für ihn absolut real gewesen. Tatsächlich aber folgte in diesem Fall Kirks Unbewusstes seinem eigenen Wunsch, zum Mars zu reisen, und nicht den Befehlen eines Hypnotiseurs. Und damit demonstrierte Kirk Allen, dass sich das Unbewusste nicht nur eine Wahnvorstellung zu Eigen machen, sondern diese auch zur Realität transformieren kann.

Letztlich hypnotisierte sich Kirk Allen selbst. Nun ist aber normalerweise Hypnose ein Zustand, in dem der Hypnotiseur den bewussten Geist sanft in einen Zustand der Trance versetzt und dann die Kräfte des Unbewussten mobilisiert. Freuds Hypnoselehrer Charcot konnte einem Patienten suggerieren, von einem glühend heißen Schürhaken berührt worden zu sein, obwohl es ein Eiszapfen gewesen war, und das Unbewusste ließ an der betreffenden Stelle eine Brandblase entstehen. Das Außerordentliche am Fall Kirk Allen aber ist, dass sein Bewusstsein die Rolle des Hypnotiseurs übernommen und sein Unbewusstes überredet hatte, ihn zum Mars zu transportieren.

Natürlich setzen wir die Kräfte unseres Unbewussten tagtäglich ein. Die meisten Menschen können es beispielsweise als eine Art inneren Wecker benutzen – wir sagen uns, dass wir zu einer bestimmten Stunde aufstehen müssen, und wachen dann genau zu diesem Zeitpunkt auf. Und wenn wir wissen, dass uns eine schwierige Aufgabe bevorsteht, hilft das Unbewusste mit, sie zu bewältigen.

Doch ein Hypnotiseur kann das Unbewusste noch zu weit größeren Leistungen anspornen. Der im 19. Jahrhundert lebende Hypnosemeister Carl Hansen konnte einer Person befehlen, steif wie ein Brett zu werden und den Kopf auf einen Stuhl und die Füße auf einen zweiten zu legen; dann setzten sich noch mehrere Menschen auf den Betreffenden wie auf eine Bank.

Weshalb aber kann ich mein Unbewusstes nicht dazu »überreden«, dieselben Leistungen zu vollbringen wie Carl Hansen? Weil ich nicht daran glaube, dass ich es kann. Wenn also mein bewusster Geist dem Unbewussten etwas befiehlt, spürt dieses meine fehlende Überzeugung und gibt mir deshalb nicht die Kraft.

Kirk Allen fand sich plötzlich auf dem Mars, nachdem er sich gefragt hatte: »Warum denn nicht?« Er hatte also erkannt, dass er die Kraft besaß, sich zum Mars zu transportieren. Was mit Kirk Allens Psychiater Robert Lindner geschah, ist allerdings nicht weniger bizarr und lehrreich. Er war sich vollkommen im Klaren darüber, dass sein Patient an Wahnvorstellungen litt, und entschied, sich mit der Partizipationstherapie bewusst in sie einzubringen. Doch dann fand er sich auf einmal unerbittlich in dieses Wahngebilde verstrickt. Da nützte es ihm auch nichts zu wissen, dass es sich doch nur um eine Illusion handelte. Er hatte sich vorgenommen, mit Hilfe seines Unbewussten in Kirk Allens Wahnvorstellungen einzutreten, und es »gehorchte« ihm so effektiv, dass es ihn schließlich selbst in den Strudel des Wahnsinns hineinkatapultierte. Er hatte die Furcht einflößende Kraft des Unbewussten völlig falsch eingeschätzt – ebenso wie die Messias-Figuren Koresh, Jones oder Lundgren, die tatsächlich paranoid wurden.

Wir leben heute mit dem Gefühl, dass unsere Zivilisation zu komplex geworden ist. Wir haben sie zu weit vorangetrieben und fühlen uns nun überfordert. Der Grund dafür ist simpel. Unser zu vielschichtig gewordenes Alltagsleben tendiert dazu, sich auf ein rein mechanisches Funktionieren zu reduzieren; doch auf einer solchen Ebene erscheint jede Anstrengung sinnlos.

Und nun endlich erkennen wir die volle Bedeutung von Kirk Allens Reisen zum Mars. Die immense Kraft des Unbewussten war in der Lage, seine Realität permanent zu transformieren. Kirk Allen nutzte diese Fähigkeit in einer defensiven Weise, doch warum sollte man sie nicht auch positiv und kreativ einsetzen können?

Der Grund, weshalb wir so gerne glauben, sexuelle Ekstase könne zur individuellen Evolution beitragen, ist, dass sie offenbar verborgene Kräfte wachrütteln kann. Und schließlich geht es genau darum bei der Evolution. Der Mensch muss lernen, seine verborgenen Kräfte einzusetzen.

Unsere Energie lässt sich mit einem Strom vergleichen, der eine Ebene durchquert. Fließt er zu langsam, so beginnt er zu mäandern und Schlamm und Sand abzulagern. Doch ein starkes Gewitter im Gebirge kann eine tosende Flut talwärts schicken, die den Schlamm wegtransportiert und die Schleifen begradigt, sodass der Strom wieder gerade fließt und Tiefe bekommt. Deshalb sehnen wir uns alle nach der Erfahrung des Fließens. Wenn aber unsere Energie blockiert und unsere Entschlusskraft gehemmt ist, erleben wir ein Gefühl der Stagnation, das leicht zu einer Art Energieverstopfung werden kann, alle unsere Lebenskräfte erstarren zu einer bleiernen Masse. Das erklärt auch, weshalb wir uns Sex als die ideale Fließerfahrung vorstellen – weil er nämlich konzentrierte Energie freisetzt. Das verführt jedoch zu der irrigen Meinung, dass Sex uns zu mystischen Höhen transportieren könne.

Richtig und wichtig im Hinblick auf die sexuelle Erfahrung ist ihre Intensität. Ein Mann, der eine Frau intensiv genug haben will, stellt sich auf sie ein mit aller Konzentration, derer er fähig ist, und er ist bereit, ein enormes Maß an Energie aufzubringen, um sein Ziel zu erreichen. Dies ist genau das Gegenteil von Alltagserfahrung, und nur in diesem Sinne kann der Zusammenhang zwischen individueller Evolution und Sex gedeutet werden.

Möglicherweise ist aber eine noch grundlegendere Evolution bereits im Gange. Es scheint H. G. Wells gewesen zu sein, der als Erster auf den Gedanken kam, dass der Mensch bereits einen entscheidenden neuen Schritt in seiner Evolution getan hat. Interessant ist dabei, wie er zu dieser Einsicht gelangte. Es geschah in einer Nacht des Jahres 1932, als er nicht schlafen konnte und deshalb zwischen zwei und fünf Uhr morgens sein Elend und seine Frustration zu Papier brachte.

»Ich brauche Geistesfreiheit. Ich will Ruhe haben für meine Arbeit. Ich werde von unmittelbaren Umständen gequält. Meine Gedanken und meine Arbeit sind von Ansprüchen und Verdruss belastet, und ich sehe keinerlei Hoffnung, mich davon zu befreien; keine Hoffnung auf eine Zeit heiteren und förderlichen Tuns, bevor Gebrechlichkeit und Tod mich übermannen. Ich befinde mich in einer Phase der Ermüdung und Entmutigung, die wiederum eine Begleiterscheinung der Ermüdung ist. Die unbedeutenden Dinge des morgigen Tages martern schon jetzt mein schlafloses Hirn, und es fällt mir schwer, meine Kräfte zu sammeln, um mich mit diesem Problem, das den richtigen Einsatz meiner selbst lähmt, zu konfrontieren ...«

»Den richtigen Einsatz meiner selbst.« Diese Phrase war es, die einen neuen Gedankengang in Bewegung setzte. Offenbar meinte Wells damit, seinen Geist für kreative Zwecke einsetzen zu können.

»Ich sehe in meiner Situation als geistiger Arbeiter nichts Außerewöhnliches. Verwirrung gehört zu unser aller Schicksal. Ich glaube, diese Sehnsucht nach einer Befreiung von Verdruss, von alltäglichen Anforderungen und Nöten, von Verantwortung und verführerischen Ablenkungen wird von einer wachsenden Zahl von Menschen geteilt, die sich, anstatt eine spezielle und besondere Arbeit zu verrichten, von vordringlichen Dingen aufgezehrt fühlen. Die meisten Kreaturen werden ständig von Furcht und Sehnsucht getrieben und müssen auf den unermüdlichen Antagonismus ihrer Umgebung reagieren. Ihr Leben ist im wesentlichen eine ständige Anpassung an Ereignisse; gute und schlechte Dinge füllten es vollständig aus. Sie hungerten und aßen, und sie begehrten und liebten; sie waren belustigt und gefesselt, sie verfolgten oder entkamen, sie wurden überwältigt, und sie starben.«

Dies ist das Bild eines Menschen, der an die physische Welt gebunden ist.

»Aber«, so Wells, »mit dem Erwachen der menschlichen Voraussicht und dem plötzlichen Aufkommen eines großen Energiegewinns im Leben, wie es etwa das letzte Jahrhundert gezeigt hat, kam es zu einer fortschreitenden Befreiung von der Aufgabe, sich um alltägliche Dringlichkeiten kümmern zu müssen. Was einst das ganze Leben war, ist immer mehr zum bloßen Hintergrund geworden, vor dem sich das eigentliche Leben abspielt. Heute kann man eine Frage stellen, die vor 500 Jahren höchst außergewöhnlich gewesen wäre: ›Ja, Sie haben ein Einkommen, Sie ernähren eine Familie, Sie lieben und hassen, aber *was tun Sie*?‹

Wells hat erkannt, dass der Mensch ein neues Leben begonnen hat, in dem er nicht mehr wie das Tier an die Erde gebunden ist, und er erkannte, dass dies erst vor relativ kurzer Zeit geschah. Seine Aussage ist im Grunde die, dass der »Natur-Mensch« passiv und unwillkürlich ist. »Doch der schöpferische intellektuelle Arbeiter ist kein gewöhnlicher Mensch mehr; er führt auch kein gewöhnliches Leben und verspürt auch gar keinen Wunsch danach. Er will ein ungewöhnliches Leben führen.«

Dies ist es, was die außerhalb der Normalität stehenden Künstler des 19. Jahrhunderts in ihren »eskapistischen« Fantasien suchten. Doch Wells weist darauf hin, dass Kunst und Wissenschaft nicht eine »Suspendierung des ursprünglichen oder grundsätzlichen Lebens« bedeuten. Im Gegenteil, sie sind »der Weg zur Beherrschung dieses ursprünglichen Lebens«. Er lässt keinen Zweifel daran, dass das, wonach wir uns sehnen, Macht über unser physisches Leben ist, damit wir ein geistiges Leben führen können.

Wells neigte dazu, die Dinge im Sinne sozialer Veränderungen und eines Fortschritts der Zivilisation zu betrachten. Es ist aber der menschliche Verstand, der zu schwach ist und der dazu neigt, sich treiben zu lassen und auseinander zu fallen.

Was Wells allerdings klar erkannt hatte, war, dass der Mensch in eine neue Phase, die geistige Phase seiner Evolution, eingetreten ist. Und in einem Satz trifft er den Nagel – fast unabsichtlich – auf den Kopf: »Ich will, dass der Alltag wie ein Strom einfach weiterfließt ... wenn ich dann mit meiner Arbeit aus diesem Strom auftauchen kann.«

Hier ahnt Wells, dass das menschliche Leben genau genommen aus *zwei Strömen* besteht. Der ursprüngliche, der Grundstrom, ist der Strom mit all diesen Alltäglichkeiten; der zweite jedoch wird bestimmt durch geistige Aktivität. Und er fließt parallel zum Strom des alltäglichen Lebens – oder sollte es zumindest. Allerdings neigen die Menschen aus Gewohnheit dazu, diese beiden Ströme sich vermischen zu lassen – und wenn das geschieht, wird unsere Leistungsfähigkeit beträchtlich herabgesetzt.

Jeder kennt die Erfahrung, sich krank zu fühlen und die Krankheit dann dadurch loszuwerden, indem man an etwas Interessantes denkt. Hier vermischen sich die beiden Ströme zunächst miteinander und werden durch »das Denken an etwas Interessantes« wieder voneinander getrennt, was ein Gefühl der Freude und Erleichterung hervorruft. Fließen die beiden Ströme so, wie sie sollen, nämlich parallel, dann ist unsere Leistungsfähigkeit weitaus höher. Dieser Zustand ist jedem intellektuell Arbeitenden bekannt, und er ist so angenehm, dass er hochgradig süchtig macht – es ist, als würde der Verstand »abheben«.

Am 17. Dezember 1903 brachten die Gebrüder Wright ihren ersten motorgetriebenen Flugapparat an den Strand von Kitty Hawk in North Carolina, und er hielt sich für etwa zwölf Sekunden in der Luft. Dieses Ereignis markiert den Beginn der Luftfahrt. Die Wright-Brüder hatten entdeckt, dass ihr Flugzeug vom Boden abhob, wenn es sich nur schnell genug vorwärts bewegte. Heute kennt jeder Flugreisende dieses Gefühl – die zunehmende Geschwindigkeit beim Start und das darauf folgende Abheben von der Erde. »Intellektuelle Arbeiter« wie Wells machen diese Entdeckung normalerweise schon früh: zuerst die zunehmende Erregung bei einer faszinierenden Lektüre, dann das plötzliche Abheben, das atemberaubende Gefühl des Fliegens und des Sehens der Landschaft von oben, aus der Vogelperspektive. Manchmal dauert der Flug stundenlang, aber er endet immer damit, dass die Räder wieder holpernd auf der Erde aufsetzen.

Dabei gelingt es dem Verstand, in den »zweiten Strom« hinüberzuwechseln. Das geschieht auch jenen Außenseitern, den außerhalb der Gesellschaft stehenden Künstlern des 19. Jahrhunderts –

dieses Abheben, das Gefühl wunderbarer Freiheit und der Blick aus der Vogelperspektive, die intuitive Erkenntnis, dass diese Freiheit real ist und dass der Mensch fliegen kann. Doch wenn man auf der Erde wieder aufsetzt, beschleichen einen plötzliche Zweifel und der Argwohn, dass alles eine schöne Illusion war, ein Rausch nur.

Wells war jedoch einen entscheidenden Schritt weitergegangen als diese tragischen Außenseiter; er hatte erkannt, dass dies nicht etwa eine Selbsttäuschung ist, sondern ein kurzes Gewahrwerden eines realen, aber ansonsten unerkannten Bereichs des menschlichen Geistes. Doch er zweifelte, ob der Mensch lernen könne, diesen Bereich zu aktivieren, ehe seine Höhlenmenschen-Instinkte alles, was er geschaffen hat, wieder in Chaos verwandeln. Er geht auch nicht darauf ein, dass der Mensch einen unsichtbaren Verbündeten hat – nämlich die immensen Kräfte des Unbewussten. Allerdings wusste er auch noch nichts über moderne Forschungen auf einem Gebiet, das auf diese Kräfte ein interessantes, neues Licht wirft: die so genannte »Split Brain«-Physiologie.

Viele Menschen wissen heute, dass unsere beiden Gehirnhälften sehr unterschiedliche Funktionen haben. Die linke Seite ist zuständig für Logik, Sprache und Rechnen, die rechte für Intuition und das Erkennen von Form und Gestalt. Vereinfacht gesagt: Die linke Gehirnhälfte ist der Wissenschaftler, die rechte der Künstler. Weniger bekannt ist jedoch, dass unser normales Bewusstsein in der linken Gehirnhälfte angesiedelt ist und dass die »Person« auf der anderen Seite uns praktisch fremd ist. Dies zeigt sich, wenn ein Epileptiker einer Gehirnoperation unterzogen wird, bei der der so genannte *corpus callosum* durchtrennt wird, eine querliegende Faserverbindung ähnlich einem Balken, der die beiden Gehirnhälften miteinander verbindet. Durch diesen Eingriff »verwandelt« sich der Patient in zwei verschiedene Persönlichkeiten. Aus Gründen, die bislang noch nicht wirklich verstanden werden, ist die linke Gehirnhälfte mit der rechten Körperseite verbunden und umgekehrt. Dasselbe gilt, vereinfacht gesagt, auch für die Augen. Tatsächlich sind beide Augen mit beiden Gehirnhälften verbunden; es wäre also korrekter, vom linken und rechten Gesichtsfeld zu sprechen. In

Sehexperimenten mit »Split Brain«-Patienten werden diese gebeten, die Augen entweder nach rechts oder links zu fokussieren. Hält man einem »Split Brain«-Patienten einen Apfel vor das rechte Auge (das mit der linken Gehirnhälfte verbunden ist) und eine Orange vor das linke und fragt ihn, was er sieht, so antwortet er »einen Apfel«. Bittet man ihn, mit der linken Hand zu schreiben, was er soeben gesehen hat, schreibt er »Orange«. Fragt man nun, was er geschrieben hat, ist die Antwort »Apfel«. Als einer »Split Brain«-Patientin ein »schmutziges« Bild vor das linke Auge – die rechte Gehirnhälfte – gehalten wurde, errötete sie. Gefragt, warum sie erröte, erwiderte sie: »Ich weiß es nicht.« Unser »Ich« lebt in der linken Gehirnhälfte (der Wissenschaftler), während auf der anderen Seite ein »Fremder« wohnt.

Nur, was hat das mit uns zu tun? Wir sind doch keine Patienten mit durchtrennten Balken. Mozart sagte, dass ihm seine Kompositionen immer »fertig in den Kopf« kämen und er sie nur noch niederschreiben müsse. Woher kamen sie aber? Von ebenjenem »anderen Selbst« in der rechten Gehirnhälfte. Und da Mozart kein »Split Brain«-Patient war, gilt dasselbe sicherlich auch für uns.

Das Unbewusste scheint also mit der rechten Gehirnhälfte verbunden zu sein. Praktisch kann das oben über die linke und rechte Gehirnhälfte Gesagte also auch auf das Bewusstsein und das Unbewusste angewendet werden. Das heißt, wenn ein Hypnotiseur einen Patienten in Schlaf versetzt, tut er das mit dem Bewusstsein, während das Unterbewusste hellwach bleibt.

Als Kirk Allen mit dem verzweifelten Bedürfnis, zum Mars zu fliegen, in sein Zimmer flüchtete, war der Gedanke »Warum denn nicht?« die Gewissheit, dass das Unterbewusste sehr wohl dazu in der Lage war.

Der Mensch ist also durchaus in der Lage, die immensen Kräfte des Unbewussten für sich zu nutzen. Das lässt sich am Fall von Kirk Allens Psychiater Robert Lindner erkennen; hier setzte er die Kraft des Unbewussten auf seinen Wunsch hin, sich in die Wahnvorstellungen seines Patienten einfühlen zu können, so effektiv frei, dass Lindner mit größten Ängsten zu kämpfen hatte.

Lindner aber befand sich im Gegensatz zu seinem Patienten nicht in einem neurotischen Zustand der Verzweiflung, sondern hatte sehr viel geistige Energie eingesetzt, um sich in seinen Patienten einzufühlen. Dies führte zugegebenermaßen weiter, als Lindner eigentlich wollte. Das ist jedoch lediglich ein Hinweis darauf, dass man sich dem Unbewussten wie jeder anderen Naturgewalt mit Vorsicht nähern muss.

Doch die wichtigste Einsicht aus dem Fall Lindner ist, dass das Unbewusste für sanfte Überredung empfänglich ist – dass es auf den bewussten Geist ebenso reagiert wie auf die Suggestionen eines Hypnotiseurs. Die Möglichkeiten für die menschliche Evolution sind also gewaltig, sobald wir die Existenz der beiden Bereiche, die sich wiederum in die »beiden Ströme« ergießen, erkennen und lernen, wie wichtig es ist, »in den zweiten Strom abheben« zu können.

Ich will versuchen, dies anhand einer persönlichen Anekdote klarer zu machen.

Am Neujahrstag 1979 saß ich wegen eines Schneesturms in einem einsamen Bauernhaus in Devon fest, wo ich einen Vortrag gehalten hatte. Nach 24 Stunden entschieden wir uns für einen Versuch, uns aus dieser Einöde zu befreien. Wie es der Zufall wollte, war mein Wagen der einzige, der es den Hang hinauf aus dem Farmgelände hinaus schaffte. Nach mehreren Stunden beschwerlichen Schaufelns und Schiebens schafften wir es schließlich bis zur Straße.

Die Straße war voller Schneematsch, der das Fahren sehr erschwerte. An Stellen, wo der Schnee noch unberührt war, konnte man kaum feststellen, wo die Fahrbahn endete und der Graben begann; ich musste also mit allergrößter Vorsicht und Konzentration fahren.

Als ich endlich die schneefreie Fernstraße erreicht hatte und mich etwas entspannen konnte, merkte ich, dass alles, was mir ins Auge fiel, seltsam real und interessant aussah. Die stundenlange Konzentration hatte mein Bewusstsein auf eine erhöhte Ebene der Wahrnehmung befördert. Zudem spürte ich einen immensen Optimismus und ein Gefühl, dass die meisten unserer Probleme aus

Unbestimmtheit, Nachlässigkeit und Unaufmerksamkeit resultieren und dass sie mit Entschlusskraft alle spielend leicht zu meistern wären. Dieser Zustand hielt während der ganzen restlichen Fahrt an. Selbst wenn ich heute nur an diese Erfahrung zurückdenke, spüre ich diese Einsicht und die damit verbundene Gewissheit erneut.

Was damals geschah, war lediglich, dass durch meine totale Aufmerksamkeit all meine inneren »Lecks« geschlossen wurden, sodass mein Bewusstsein einen Druck aufbauen konnte, der das normale Maß weit überstieg.

Was wir »Depression« nennen, ist lediglich ein niedriges Niveau dieses inneren Drucks aufgrund eines »Lecks«. Jeder würde aber bestätigen, dass mit einem Eimer oder einem Reifen, der undicht ist, etwas nicht stimmt. Und dasselbe gilt für das Bewusstsein; was wir »normales« Bewusstsein nennen, bewegt sich eigentlich unterhalb des normalen Bereichs. Denn bevor wir wirklich »normale« menschliche Wesen werden können, müssen wir lernen, wie wir unsere Lecks schließen können. Der Erste, dem das auf Dauer gelingt, wird das erste wahrhaft menschliche Wesen auf dieser Erde sein.

Seit jener Fahrt durch den Schnee habe ich mehrmals solch ein konzentriertes, da »leckfreies« Bewusstsein erlebt – einmal, als ich in einem Hotel in Japan eine ganze Nacht wach lag und mich abwechselnd stark konzentrierte und dann wieder tief entspannte. Ein anderes Mal passierte es nach Stunden der Konzentration in einem Zug auf dem Weg nach Northampton und ein drittes Mal, als ich in Japan als Beifahrer auf einer Autobahn unterwegs war. Es geschah nicht oft – aber oft genug, um mich davon zu überzeugen, dass es nicht eine Art »Heimsuchung« war, sondern ein Zustand, der durch zielgerichtetes Bemühen erreicht werden kann.

Diese Konzentration ermöglicht es dem Geist, den Druck aufzubauen, den er braucht, um in den zweiten Strom hinüberwechseln zu können. Und in diesem Zustand erhöhter Aufmerksamkeit befinden wir uns oft, wenn wir nur knapp einer Katastrophe entgehen. Es ist im Wesentlichen das konzentrierte Bemühen, mit dem

wir uns zu totaler Achtsamkeit zwingen und sicherstellen, dass wir noch einmal mit dem Leben davonkommen.
Ich muss gestehen, dass ich zu Beginn meiner Auseinandersetzung mit den falschen Messias-Figuren nicht erwartet hatte, dass es mich mit solcher Unvermeidlichkeit zur Lösung jener Probleme führen würde, die ich 40 Jahre zuvor in meinem Buch »The Outsider« (Der Außenseiter) aufgegriffen hatte. Anfänglich dachte ich, es sei im Wesentlichen eine Studie über Selbsttäuschung und Machtbesessenheit. Aber schon bald erkannte ich, dass das paranoide Verhalten eines David Koresh, Jim Jones oder Bruder Zwölf sich nicht allein mit bloßem Opportunismus oder Selbsttäuschung erklären ließ. Hier ging es vielmehr um ein überwältigendes Bedürfnis danach, die Realität, die sie vorfanden, zu verändern – und das war dieselbe Sehnsucht, die auch so viele »Außenseiter« des 19. Jahrhunderts zerstört hatte. Denselben Wunsch verspürte auch Yeats, aber er war ein zu großer Skeptiker, um zu glauben, dass es mehr war als ein Zwang, schöne Lügen zu erzählen. Aber Propheten wie Sabbatai Zwi, Joseph Smith und andere fühlten sich gezwungen, eine eigene Gemeinschaft von Gläubigen zu gründen, um der ganzen Welt als Beispiel voranzugehen. Aber wie die Beispiele von Rock Theriault, Jeffrey Lundgren oder auch Adolf Hitler zeigten, ist ein solcher Zwang mit Gefahren verbunden. Der Drang, der Welt seine eigene Vision aufzuzwingen, endet in Skrupellosigkeit, Brutalität und letztlich Paranoia.

Die mit diesem Wunsch nach einer »Umwandlung der Realität« in Zusammenhang stehende Frage führte mich zu den drei »Christussen« von Ypsilanti und Kirk Allen und dies wiederum zu der Erkenntnis, dass Messias-Figuren versuchen, ein »Transformationssystem« zu schaffen, welches imstande ist, ihre Sicht der Realität zu verändern.

Die bedeutendste Erkenntnis aus diesen Aufzeichnungen ist jedoch diejenige bezüglich der Kraft des Unbewussten, die so stark werden kann, dass sie zur Transformierung der Realität führt. Natürlich war mir schon seit langem bewusst, dass man mit »Gestaltungsvermögen« die Realität verändern kann; ich war allerdings nicht auf den Gedanken gekommen, dass es das Unbewusste so weitgehend zu beeinflussen vermag, dass im wörtlichen Sinne eine Realität durch eine andere ersetzt werden kann.

Und doch hätte ich es schon vorher sehen können. Ich hatte vor 25 Jahren in einer Biografie von Abraham Maslow über Freuds Fall Bertha Pappenheim geschrieben und zehn Jahre darauf noch einmal in einer Biografie von Wilhelm Reich. Was mich irregeführt hatte war, dass Berthas Wahnvorstellungen auf ihr Trauma wegen des Todes ihres Vaters zurückgingen und ihr Fall deshalb ein rein pathologischer zu sein schien.

Doch Freud hatte schon damals verstanden, wie die gewaltige Kraft des Unbewussten die Realität transformieren kann. Unglücklicherweise aber hatte Freud sich durch diesen Fall auch zu der irrigen Annahme verleiten lassen, dass alle Neurosen sexuellen Ursprungs seien, und diese Haltung – die uns so überzogen erscheint – mit der ganzen Aggressivität des Rechthabers verteidigt.

Schon da gewann ich den Eindruck, dass die Psyche von Messias-Figuren sehr viel komplexer ist, als ich angenommen hatte. Dass beispielsweise eines ihrer grundlegendsten Prinzipien die Schaffung einer Maske ist, die selbst bei so unterschiedlichen Persönlichkeiten wie Yeats, Crowley, Manson und Mishima erkennbar wird. Die wichtigste Erkenntnis, die wir aus der Beschäftigung mit falschen Erlöserfiguren ziehen können, ist, dass wir nicht nur die trostlose Wahl haben zwischen Selbstbetrug und einer deprimierenden Realität. Vielmehr vermittelt uns diese Erkenntnis, dass das Unbewusste die Wirklichkeit auch ohne Selbsttäuschung transformieren kann. Denn es gibt keinen ersichtlichen Grund, weshalb diese Kräfte nur auf Selbsttäuschung reagieren sollten. Die simple Wahrheit scheint vielmehr zu sein, dass sie für eine Form von Selbsthypnose oder -überredung empfänglich sind.

Das Gestaltungsvermögen, von dem ich spreche, ist natürlich nicht die »nächste Entwicklungsstufe des Menschen«, die Wells meint, denn diese geht über ein gelegentliches intensives Aufblitzen hinaus und könnte genetisch an unsere Kinder weitergegeben werden. Doch solche plötzlichen Bewusstseinszustände, darüber habe ich keinen Zweifel, sind Vorboten höherer Wahrnehmungsformen, zu denen der Mensch imstande ist. Es wäre schade, wenn die Botschaft jener Messianisten, die erklären, unsere Zivilisation stehe kurz vor ihrer Zerstörung, sich als richtig herausstellen würde, denn nie zuvor in der Geschichte der Menschheit hat es eine aufregendere Zeit gegeben.

Dank

Ursprünglich sollte dieses Buch in Zusammenarbeit mit meinen beiden Söhnen Damon und Rowan entstehen. Das ließ sich letztendlich jedoch nicht in die Praxis umsetzen, aber ich danke Damon für seine Hilfe bei den Recherchen, vor allem zu David Koresh und Rock Theriault.

Maurice Bassett und Ted Browne danke ich für ihre hilfreichen Kommentare und Howard Dossor für die Abschrift des Manuskripts. Durch Ted Browne habe ich zudem das Buch »Der Mann, der sich Moses nannte« von Paul Kaihla und damit die Geschichte von Rock Theriault kennen gelernt.

Ein großer Dank gilt nicht zuletzt meiner Frau Joy, die das Manuskript las und einige unschätzbare Verbesserungen vorschlug.

Register